JEAN PRIEUR

Les témoins de l'invisible

PRÉFACE DE GABRIEL MARCEL,
DE L'INSTITUT

FAYARD

LES TÉMOINS DE L'INVISIBLE

Jean Prieur est né à Lille, en 1914. Enfance et jeunesse à Paris. Lycées Buffon et Condorcet. Diplôme de Sciences politiques. Licence ès lettres. Licence d'allemand. Il débute dans le professorat auquel il reviendra après ses divers séjours à l'étranger. Son premier roman Navires pour l'Atlantide *paraît en 1941, réédité en 1947 et en 1980. De 1945 à 1953, il est en Autriche, puis en Allemagne, d'abord comme officier de contrôle, puis comme attaché, puis comme lecteur d'Université populaire. C'est en cette qualité qu'on le retrouve en Suède puis en Norvège.*
De 1944 à 1972, il écrit pour le théâtre; ses pièces sont représentées soit sur scène : La Cour des Miracles *(Studio des Champs-Elysées, Park Lane Theatre de Londres),* Vivants contre Divins *(Der Quell : Cologne, Essen),* Gabrielle and C° *(Théâtre Monceau); soit à la radio :* Le Vol du feu, L'Affaire Calas, Raphaël Noir, La Grande Terreur, L'Homme de Diamant, L'Invitation à la mort, La Hantise du chevalier Reinhold. *Dans ces derniers textes dramatiques, on voit apparaître les thèmes qu'il traitera dans la deuxième partie de sa carrière : mort, résurrection immédiate, interférences du monde invisible. Ses recherches sur la survivance donnent la matière de sept ouvrages qui s'éclairent les uns les autres :* Swedenborg *(1970),* Les Témoins de l'invisible *(1972),* Cet Au-delà qui nous attend *(1974),* Les « Morts » ont donné signes de vie *(1976),* L'Apocalypse, révélation sur la vie future *(1976),* Les Visiteurs de l'autre monde *(1977),* Les Tablettes d'or *(1979),* L'Aura et le Corps immortel *(1979),* Le Livre des Morts des Occidentaux *(1981).*
A propos de Vivants contre Divins, *Pierre Fresnay lui écrivait en 1950 : « Vous avez le sens des hauts sujets et la vigueur qu'il faut pour y atteindre. »*

ŒUVRES DE JEAN PRIEUR

Dans Le Livre de Poche :

LES « MORTS » ONT DONNÉ SIGNES DE VIE.
LES VISITEURS DE L'AUTRE MONDE.

PRÉFACE

Paris, le 5 décembre 1968.

Mon cher Jean Prieur,

Très légitimement, puisque vous m'avez tenu au courant au fur et à mesure, et dans le plus grand détail, des progrès de votre recherche, vous avez exprimé le désir que j'écrive quelques lignes en tête de votre ouvrage. Décliner votre requête équivaudrait pour moi à un désaveu qui me paraîtrait injustifiable. Il m'est agréable de rendre ici hommage à la probité, même à la minutie avec lesquelles vous avez non seulement étudié tous les messages qui ont été portés à votre connaissance, mais encore procédé à la confrontation qui s'imposait et dont je crois pouvoir dire que les résultats ont rempli votre attente.

Vous serez d'ailleurs sûrement d'accord avec moi pour penser que cette enquête devra être prolongée et poursuivie dans des domaines auxquels vous n'aviez pas accès, puisque vous n'aviez guère à votre disposition que des textes français et anglo-saxons.

Il convient de louer grandement le courage – aujourd'hui fort rare – avec lequel vous avez entrepris une recherche immense et qui, de toute évidence, s'exerce à contre-courant de la plupart des tendances que nous voyons s'affirmer, non seulement dans ce qu'on appelle assez improprement, je pense, les sciences humaines, mais aussi, ce qui est beaucoup plus grave, dans le domaine religieux. C'est là, d'ailleurs – vous l'avez su depuis que nous nous connaissons, et nos nombreux entretiens ont achevé de le démontrer –, que l'accord entre nous est profond. Oui, nous sommes embarqués sur le même esquif, nous avons à faire face, je ne dirai pas aux mêmes critiques, mais, ce qui est pire, aux mêmes silences méprisants.

Lorsque, au lendemain de la Libération, j'écrivis dans la Revue de Métaphysique et de Morale, un article intitulé *De l'audace en métaphysique,* où je proclamais la nécessité, pour le philosophe, de prendre en considération les faits métapsychiques, précisément parce qu'ils nous placent dans la nécessité de remettre en question des postulats regardés comme inébranlables par une certaine pensée officielle, je constatai, non sans mélancolie, que cette sorte de manifeste n'éveillait aucun écho et semblait n'intéresser personne. Et pourtant si! je devais trouver un peu plus tard, non sans surprise, une allusion précise à cet article, dans le discours de réception de Cocteau à l'Académie française. C'était bien, mais c'était peu de chose.

Ce qui me frappe d'ailleurs, et qui mérite d'être

sûrement longuement médité, c'est le contraste absolu entre cette attitude négative des doctes, et l'immense attente des gens de bonne volonté : c'est-à-dire de nous tous, et très particulièrement de ceux qui ont fait l'expérience térébrante de la mort, la seule qui compte, celle de l'autre, celle de l'être aimé. Il suffit, pour s'en rendre compte, de constater le retentissement qu'a pu avoir le témoignage d'Hélène Bouvier, paru chez Fayard, il y a un ou deux ans.

Mais nous sommes d'accord, vous et moi, pour nous étonner, et j'irai même jusqu'à dire, pour nous indigner de la fin de non-recevoir des Eglises qui, à une exception près, semble-t-il, paraissent bien s'opposer de plus en plus à cette attente, à cette angoisse. Ce qui joue ici, n'en doutons pas, c'est, comme dans d'autres domaines, la peur assez ignoble d'être considérés comme des retardataires, d'être jugés comme les tenants de craintes ou d'espérances superstitieuses que les clartés émanant d'une raison progressiste auraient dissipées une fois pour toutes. On ne redira jamais assez combien un grand nombre de prêtres ou de pasteurs sont contaminés par un rationalisme, dont pourtant les philosophes vraiment novateurs, un Bergson ou un Blondel, ont depuis longtemps démontré la faiblesse. Ce rationalisme prend, bien entendu, les formes les plus variées, et il semble que l'on voie aujourd'hui se conclure sous nos yeux les alliances les plus inattendues entre un certain marxisme et un certain freudisme. On se garde bien de se rappeler, d'ailleurs, que Freud, à la fin de sa vie, avait découvert l'intérêt et l'importance de la recherche métapsychique. On laisse aussi de côté la passionnante enquête menée par Jung avec une intrépidité à laquelle on ne saurait trop rendre hommage et dont les *Réminiscences,* publiées après sa mort, nous apportent de bouleversants témoignages.

Ce que je souhaite, mon cher Jean Prieur, c'est que quelque part, peut-être à Ascona ou dans tout autre lieu favorable à la méditation, s'ouvre une série de colloques au cours desquels des esprits non seulement informés, mais dégagés des partis pris qui stérilisent toute recherche, considérant les résultats auxquels vous a conduit votre enquête, les confronteraient avec les conclusions d'ailleurs singulièrement ouvertes et nuancées auxquelles a abouti Jung. Il faudrait en effet se demander si la théorie des archétypes peut rendre compte des convergences si remarquables que vous avez mises en évidence, bref, s'il est possible de s'en tenir à l'idée d'après laquelle l'imagination inconsciente comporterait des structures relativement invariables. Personnellement, vous le savez, je ne suis guère tenté de souscrire à une conception de cette sorte, mais du point de vue d'une bonne méthodologie, j'incline à croire que cette étude[1] devrait être entreprise avec beaucoup

1. Un an plus tard, dans l'échange de vues qui suivit l'hommage que lui rendit l'Institut métapsychique international à l'occasion de ses quatre-vingts ans, Gabriel Marcel déclara : « Je recommande vivement à Jean Prieur de poursuivre le travail excellent auquel il s'est livré sur les messages, en étudiant, dans l'histoire de la philosophie et, en particulier, à partir du néo-platonisme, ce qui, chez les penseurs eux-mêmes, va dans cette direction. » (N.d.E.)

de soin et de rigueur. Ce qui me paraît certain, et que je veux souligner en terminant, c'est que votre patient effort a apporté à une telle recherche une contribution tout à fait précieuse.

Bien amicalement.

Gabriel Marcel
de l'Institut.

PREMIÈRE PARTIE

LES TÉMOINS

CHAPITRE PREMIER

LE PAYS OÙ L'ON ARRIVE TOUJOURS

Il est un sujet que les croyants et les incrédules s'accordent à ne pas vouloir considérer, une énigme des énigmes que l'on résout en ne l'évoquant jamais, une question qui concerne tout le monde et qui n'intéresse personne ou presque. La question, la voici : brutale, naïve, inopportune : que se passe-t-il après la mort ? Eh oui ! la mort, puisqu'il faut l'appeler par son nom; la mort certaine comme notre existence, évidente comme le soleil.

Cette règle absolue nous apparaît toujours comme une exception, un accident, un événement qui aurait pu, qui aurait dû ne pas se produire. Qu'elle soit considérée comme une impasse ou comme un passage, qu'elle conduise à l'anéantissement ou à la lumière, elle est le thème qu'il est malséant d'aborder, elle est le sujet tabou par excellence, le dernier tabou d'une civilisation qui se flatte de n'en connaître aucun.

Une fois par an, certes, on pense aux disparus, mais on ne se sent pas concerné, même les plus âgés d'entre nous. La mort s'appelle « plus tard », le mort s'appelle « autrui ».

D'ailleurs, ce n'est pas de mort qu'il s'agit dans cet ouvrage, mais de vie, de vie indestructible, visible ou invisible, de vie omniprésente dans l'infiniment petit comme dans l'infiniment grand, universelle dans la dimension espace, éternelle dans la dimension temps, éternelle et universelle dans la dimension amour.

Un homme cultivé connaît, plus ou moins, des quantités de sciences dont la plupart sont inutilisables dans la vie quotidienne. En revanche, il ignore complètement la science de l'ailleurs, l'art de se diriger dans l'autre vie. On apprend tout, sauf l'essentiel. On ne se risquerait pas sans boussole dans la jungle et l'on se lance, on est lancé dans les deux vies successives sans la moindre notion de ce qui nous attend dans la seconde.

L'humanité visible, c'est la surface de la mer; l'humanité invisible, ce sont les profondeurs abyssales. Etrange mer, dont le niveau monte sans cesse; étrange mer, dont la pellicule de surface se croit seule réelle. Trois milliards de visibles, des millions de milliards d'invisibles...

Dans les églises et dans les temples, on ne nous parle jamais de l'essentiel ou si rarement ! Que les incroyants refusent d'évoquer ce qu'ils pensent être un néant, que pour eux la vie présente soit un voyage au bout de la nuit, cela va de soi. Mais que des croyants, que ceux qui ont reçu les paroles de la vie éternelle, que ceux, dont tout l'édifice métaphysique repose sur la Résurrection, adoptent la même attitude, voilà qui est inconcevable.

Qu'on le veuille ou non, la survie est le premier des problèmes, problème auquel nous serons tous confrontés dans un demi-siècle, dans dix ans, dans un an, demain, cette nuit même. « Insensé, cette nuit même, ta vie te sera redemandée ! »

Tous : vieux ou jeunes, Blancs ou Noirs, milliardaires ou économiquement faibles (grâce au vocabulaire, il n'y a plus de pauvres), ceux qui tiennent dans leurs mains la destinée du monde comme ceux qui ont le bonheur de n'être rien, ceux qui croient au Ciel comme ceux qui n'y croient pas, ceux qui défendent les messages de l'Au-delà comme ceux qui les combattent, ô paradoxe, tout en croyant au Ciel.

Mais, objectera-t-on, s'il est un sujet sur lequel on ne sait rien, on ne pourra jamais rien savoir, c'est bien celui-là. Quelle erreur ! quel préjugé ! Si on lit attentivement le Nouveau Testament, alpha et oméga de toute connaissance des choses cachées, on découvre que la survie est le thème central des Evangiles, des Actes, des Epîtres et surtout de l'Apocalypse.

On a trop répété qu'on ne connaissait rien sur les conditions de l'existence *post mortem.* L'obscurité, qui enveloppe ces problèmes, n'est pas aussi épaisse qu'on veut bien le dire. Les mystères de l'Au-delà sont beaucoup moins incompréhensibles que les mystères économiques et financiers.

Le voile se lève peu à peu, la révélation se poursuit, elle n'est pas une chose achevée, définitivement close, mais une chose en devenir perpétuel.

Comme la vie, dont elle est la manifestation la plus haute, la révélation évolue, progresse, se complète. Elle se complète au XXe siècle par les messages christiques, dont l'ensemble constitue une doctrine cohérente : le survitalisme.

Notre époque, âge d'or de la technique, est aussi l'âge d'or du surnaturel, qu'il s'agisse des communications inter-mondes ou de Thérèse Neumann, de Padre Pio ou des apparitions mariales. On a voulu chasser le surnaturel, il est revenu au galop, au galop des quatre chevaux de l'Apocalypse. Même aux âges de grande foi, on n'a jamais vu de phénomènes aussi extraordinaires que la danse du soleil à Fatima.

Notre époque, qui voit à l'Ouest comme à l'Est l'hégémonie du matérialisme, a besoin de preuves matérielles; elle les reçoit, elle les reçoit en abondance. Jamais l'action des Invisibles n'a été plus pressante qu'en nos jours. Sans doute parce que les périls sont pressants.

Notre époque fertile en guerres et guérillas, en catastrophes naturelles et humaines, en accidents surtout, organise de perpétuels triomphes de la mort. Le progrès, qui est surtout un progrès dans l'art de détruire, projette dans le monde spirituel des quantités d'êtres jeunes nullement préparés à ce nouvel état. Toutes ces évolutions, brutalement interrompues, devront se poursuivre vaille que vaille dans l'Au-delà. Tout ce qui n'aura pas été accompli de ce côté-ci devra l'être de l'autre côté.

D'où la nécessité de préparer dès maintenant notre seconde existence, celle qui sera de beaucoup la plus longue : les choses visibles étant transitoires, les invisibles inaltérables. D'où la nécessité de connaître les expériences de ceux qui ont soulevé le voile, qui traitent de ce problème enfoui dans une monumentale conspiration du silence, qui nous préparent à cet accident contre lequel il n'est point d'assurance et qui, c'est bien connu, arrive toujours aux autres.

La survie n'est pas *un* problème, c'est *le* problème. Le monde ne sera sauvé que par une croyance solide et positive en la résurrection immédiate de l'autre côté. L'homme n'est pas, comme nous l'enseigne un existentialisme épris de tirets, un être-pour-la-mort, mais bien un être pour la Vie[1]. Cette majuscule signifie qu'il s'agit de vie surnaturelle, de vie éternelle opposée, ou plutôt succédant à la vie physique, naturelle et présente.

L'homme est un être pour la survie. Cela, toutes les grandes civilisations l'ont su et enseigné. La nôtre, qui est une fuite générale devant cette réalité, n'est qu'une triste parenthèse.

Les Egyptiens ont mieux que les autres peuples de l'Orient appréhendé l'Au-delà parce que, mieux que quiconque, ils ont compris ce qu'est le double. Ce double ou Ka, qui reparaîtra dans l'enseignement de saint Paul sous le nom de corps

1. Les langues modernes, toujours si primitives par rapport aux langues anciennes, n'ont qu'un seul mot : *Leben, life,* vie, mais le texte grec, auquel il faut toujours se reporter, a deux termes qu'il distingue soigneusement. S'il s'agit de vie éternelle, il écrit : ζωη.« Les paroles que je prononce sont esprit et vie. » S'il s'agit de vie présente : Ψυχη. « Je donne ma vie pour la reprendre. »

spirituel, est la projection subtile, l'exemplaire primordial, le principe directeur du corps physique qu'il reproduit exactement. Il s'en détache exceptionnellement dans le sommeil, les évanouissements, les syncopes, le coma et obligatoirement à l'heure de la mort. Le double est le support de l'immortalité. Si la croyance au double s'effondre, la seconde ne tarde pas à suivre : c'est ce qui s'est produit en Occident.

La croyance en l'immortalité de l'âme, figurée par le gui et le chêne qui vivent en symbiose, résumait toute la religion des druides. Leurs idées fondamentales : libre arbitre donné par Dieu à l'homme, nécessité pour ce dernier de combattre en vue de son évolution, caractère transitoire du mal, caractère éternel du bien, mort considérée comme un passage, comme un voyage, vie dans l'Au-delà beaucoup plus active que contemplative, importance des triades, pluralité des mondes, se retrouvent curieusement dans les messages.

La croyance en la survie était au centre de l'ésotérisme antique qui rassemblait tous les déçus de la religion officielle : froide, impersonnelle, collective, uniquement préoccupée des affaires de ce monde. Offrant à leurs adeptes la connaissance des états *post mortem* et l'espoir de la vie future, les mystères grecs et orientaux étaient au premier chef une initiation aux mystères de l'Au-delà.

La croyance en la survie était et demeure au centre de l'hindouisme, qui demande au croyant de consacrer le quatrième et dernier âge de sa vie à la préparation de son éternité. Ayant rempli ses devoirs envers sa famille et sa race, il envisagera, par une vie de méditation et de contemplation, l'accès à l'autre rive.

La croyance en la survie est l'alpha et l'oméga du christianisme. Certes, le mot, de formation récente, n'est pas prononcé dans le Nouveau Testament, mais les synonymes abondent : héritage, adoption, maison du Père, Jérusalem céleste, tabernacles éternels, royaume des cieux, vie du siècle à venir, vie éternelle et tout simplement vie.

La notion de vie éternelle est le leitmotiv de l'enseignement christique, paulinien et johannique. La notion de vie éternelle contient tout et explique tout : elle est par excellence le mystère de clarté.

Des quantités de concepts, usés à la façon des pièces qui ont trop circulé, reprennent toute leur force, si on leur restitue leur véritable contenu : la survie. Ainsi l'espérance, si on la définit comme l'attente d'un bonheur terrestre, c'est un sentiment vague, un peu mièvre; l'espérance est le mirage qui se voit régulièrement déçu, mais si on la définit par son but qui est la vie éternelle, elle est la force audacieuse qui pénètre comme par effraction jusqu'au-dedans du voile.

Mais qu'est-ce que la vie éternelle? La vie qui ne saurait s'éteindre, le jour sans déclin dont le Christ, Etoile du Matin, annonce l'avènement. La vie éternelle est la vie même de Dieu : il nous avait donné la vie comme à nos frères les animaux, les petites âmes que nous devons guider dans leur évolution, il lui a plu de nous donner en outre sa propre vie.

Magnifique hiérarchie : de la vie organique émerge la vie consciente, de la vie consciente la vie spirituelle, de la vie spirituelle la vie éternelle. La survie est le prolongement et l'aboutissement de l'évolution. La survie est la flèche de l'édifice cosmique. Echelle à sept degrés : les minéraux, les végétaux, les animaux, les hommes charnels, les hommes désincarnés, les anges, Dieu.

« Si les morts ne revivent pas, écrit saint Paul, Christ n'est pas ressuscité. Si Christ n'est pas ressuscité, notre foi est sans objet. Si nous croyons au Christ pour cette vie seulement, nous sommes les plus malheureux des hommes. » Ce grand mystique, qui aime à parler en termes de logique, exprime parfaitement cette désintégration en chaîne.

Si les morts ne ressuscitent pas, l'homme est bien un être-pour-la-mort, il est celui qui naît-vit-et-meurt-par-hasard; c'est Marx, c'est Sartre qui ont raison. Si les morts ne ressuscitent pas, c'est le néant, non seulement après la mort, mais dès cette vie. Si les morts ne ressuscitent pas, l'espérance est vraiment le pain des lâches. Si les morts ne ressuscitent pas, soit pour les sphères opaques, soit pour les sphères blanches, le bien et le mal sont équivalents, tout est possible, tout est permis. Mangeons et buvons, au besoin tuons, car demain nous mourrons.

Si les morts ne ressuscitent pas, il n'y a plus de christianisme, il n'y a même plus de marxisme ou d'existentialisme, puisque c'est toute l'infrastructure humaine qui s'écroule. Si les morts ne ressuscitent pas, il n'y a plus rien.

On objectera que les christianismes enseignent la résurrection... Oui certes, une résurrection qu'ils situent presque toujours à la fin de l'histoire, ne voulant pas admettre la réalité des résurrections immédiates.

Si la résurrection était reportée à la consommation des siècles, si les morts dormaient dans cette attente, comment expliquer que le Christ soit descendu auprès d'eux pour leur annoncer la bonne nouvelle de la vie éternelle ? Si la résurrection n'était pas immédiate, Dieu serait seul dans un ciel désert : il serait le Dieu des morts et non pas le Dieu des vivants. Si la résurrection n'était pas immédiate, comment expliquer les apparitions, non seulement du Christ, mais de la Vierge et des saints ? Non, les morts ne dorment pas jusqu'à la fin des siècles. Ils vivent, ils pensent, ils se souviennent, ils agissent.

Dans l'Apocalypse, les disparus qui sont sous l'autel, bien loin de dormir, voient ce qui se passe sur la terre et sont scandalisés que Dieu n'ait pas encore fait justice; et cette justice, ils la réclament à grands cris. Toujours dans l'Apocalypse : « Heureux dès à présent les morts qui meurent dans le Seigneur car ils se reposent de leurs travaux. » Inutile d'insister sur l'importance du *dès à présent.* Se reposer ne signifie pas dormir, mais cesser de souffrir et de travailler.

On objectera cette fois que Jésus, parlant de Lazare, a dit : « Notre ami dort ! » Et de l'enfant de Jaïrus : « La petite fille dort ! » Il s'agit du premier temps de la mort qui est, en effet, un sommeil.

Les apôtres divergent sur des points de détail, mais dès qu'il est question de la vie éternelle, ils sont unanimes : Pierre, Jean et Paul affirment la même espérance. De même, au cours de l'histoire, toutes les religions chrétiennes, malgré leurs haines scandaleuses, furent d'accord sur l'essentiel : la résurrection. Résurrection qui n'est pas réservée au seul Christ, mais promise à tous les hommes.

Le christianisme primitif est axé sur la survie et même sur les communications avec l'Au-delà. Mais déjà des désordres se produisent et saint Jean recommande à ses disciples « d'éprouver les esprits pour savoir s'ils sont de Dieu ». Saint Paul compte « le discernement des esprits » parmi les dons spirituels. Il écrit aux Corinthiens : « Les esprits des prophètes sont soumis aux prophètes. » Il est bien question d'esprits hors de la chair.

Les railleries dont on accable ceux qui annoncent la survivance ne sont pas chose nouvelle. Quand, à Athènes, Paul s'adresse aux philosophes épicuriens et stoïciens, ils l'écoutent avec attention. Mais dès qu'ils entendent parler de résurrection des morts, les uns s'esclaffent et les autres s'en vont en disant : « Nous t'entendrons là-dessus une autre fois. »

Mais aux moqueries vont succéder les persécutions violentes : Paul est traîné devant Félix, gouverneur de Judée, qui le laissa deux années en prison. « C'est à propos de la résurrection des morts, constate l'apôtre, que je suis aujourd'hui mis en jugement devant vous. »

Etrange humanité qui éprouve pour la mort tant d'attrait qu'elle n'a que sarcasmes, vexations et tortures pour ceux qui lui apportent les paroles de la vie éternelle. « Vous ne voulez pas venir à moi pour avoir la Vie. » Car la vie des sphères blanches n'est pas une chose automatique, pour l'obtenir il faut encore la vouloir, la mériter et l'aimer. Mais la lumière n'est pas aimée et la Vie pas assez désirée. Comme si les hommes craignaient d'aliéner la vie physique, de lâcher la proie pour l'ombre, alors que c'est un lâcher tout pour la lumière.

La croyance en la vie future ne déprécie pas la vie présente. Bien au contraire, elle la stimule et la revalorise, elle lui redonne un intérêt cosmique. Puisque l'évolution commencée ici-bas se poursuit de sphère en sphère, au lieu de tourner court après quelques décades de séjour terrestre, notre vie d'aujourd'hui est véritablement illuminée par la réverbération de la survivance.

L'Eglise des premiers siècles débordait de charismes. Les uns avaient la connaissance, les autres les miracles, d'autres les prophéties, d'autres les langues, d'autres la vision du monde éthérique. C'est leur croyance absolue en la résurrection immédiate qui permit aux martyrs, pendant trois cents ans, de supporter ces indescriptibles tortures.

Le christianisme médiéval ne discerna, ni ne

domina les esprits avec autant de maîtrise. Les communications avec l'Au-delà se poursuivirent, mais la plupart du temps, ce furent les forces diaboliques qui répondirent. Cet âge de foi fut aussi l'âge d'or de la sorcellerie. Avec des exceptions comme saint François, le christianisme médiéval fut une religion de la mort. Il se complut dans les descentes de croix, les danses macabres, les Christs humiliés, souffrants, torturés. Il choisit, pour symboliser la Mort, le squelette armé de la faux, et les hommes ne verront plus le passage à travers le voile que sous la forme de ce hideux épouvantail. Quelle régression par rapport à l'hellénisme, qui représentait la mort sous la forme d'un éphèbe cosmique ! Il savait que le corps subtil est jeunesse éternelle...

La Réforme jeta la suspicion sur les divers phénomènes de la vie mystique dès qu'ils se produisent après le siècle apostolique : miracles, visions, apparitions. Or, le fait nommé apparition est justement une preuve de la résurrection immédiate.

Le christianisme du XVIIe siècle, atteint de triomphalisme et d'intolérance, fit sa cour aux monarques et aux grands et s'attacha plus à la gloire de ce monde qu'à la gloire de l'autre.

Le christianisme du XXe siècle, atteint de misérabilisme, fait sa cour aux masses. Oublieux de cette parole : « Je ne prie pas pour le monde », obnubilé par le social, la réussite en ce monde, l'ouverture sur le monde, le dialogue avec le monde, il se met à parler comme lui. L'enfer, le purgatoire et le paradis, les anges et les démons, l'existence de Satan en tant qu'entité sont relégués par ses soins dans le domaine de la mythologie. Le christianisme du XXe siècle prétend marcher avec son temps : c'est très joli, mais il faudrait tout de même voir où l'on met les pieds.

On entend répéter : Ces textes néo-testamentaires sur lesquels repose l'édifice chrétien sont bien vieux. Leur message est tellement encombré de mythes et de symboles qu'il ne saurait nous concerner. Il est si loin de nous dans l'espace et le temps qu'il ne peut nous toucher.

Ce message, que l'on veut si lointain, s'est étrangement rapproché de nous. Il a été confirmé et renouvelé par les « messages », notamment par les messages des trois enfants uniques, des trois jeunes qui nous ont parlé au travers du voile : Pierre Monnier, Paqui, Roland de Jouvenel. Les morts ne se taisent plus, ils ont donné signe de vie, ils ont donné les signes de la Vie. Le beau risque devient de plus en plus une belle certitude. Les chances du pari se sont multipliées.

Mais qu'est-ce qu'un message? Une communication venue de l'Au-delà. Il convient de faire tout de suite la différence entre communication et communion. Nombreuses sont les personnes qui sont en communion avec leurs Invisibles; rares sont celles qui sont en communication. Le phénomène communication est en effet exceptionnel; et il doit le rester. Il s'agit là d'une grâce accordée par Dieu à certains disparus et à certains incarnés. La grâce est le libre arbitre de Dieu. L'Esprit souffle où il veut, quand il veut, chez qui il veut.

Cette communication est donnée, non provoquée. L'esprit du disparu s'impose à l'esprit du terrestre, ne disons pas du vivant, puisque tous deux sont vivants. Ce n'est pas le second qui évoque, c'est plutôt lui qui est évoqué. L'appel vient de l'autre côté.

Le message est toujours reçu dans la solitude, le silence, le recueillement; dans un esprit d'amour avec Dieu et le disparu. Le scripteur est en tête-à-tête avec l'être invisible, qui vient le trouver à son heure. Etre invisible connu de lui, aimé de lui, souvent relié à lui naguère par le sang. Il n'y a ici ni séance, ni médium, ni petit groupe autour d'une table. Rien de collectif, rien de spectaculaire, rien d'expérimental non plus. On ne saurait expérimenter le secteur divin.

Le message est dit christique, quand l'esprit qui dicte et l'esprit qui reçoit confessent l'un et l'autre Jésus-Christ.

La grande preuve d'authenticité du message, c'est son contenu, sa densité, sa profondeur, sa valeur d'enseignement, les espérances et les connaissances qu'il apporte, sans parler des prophéties reconnues véridiques.

Le message christique est bien conçu et clairement énoncé. Il est cohérent, explicite, intelligent et intelligible. Il a l'éclat, la pureté et la solidité des gemmes. Sa profondeur n'est pas faite de confusion, d'imprécision; comme un lac de montagne, sa profondeur est transparence.

Le vocabulaire utilisé est volontairement simple. Les mots sont pris dans leur sens plein, dans leur sens originel. Point de jargon pseudo-scientifique, point de termes pédants et abstrus masquant l'indigence ou le vague de la pensée.

Le message christique n'oppose pas connaissance rationnelle et connaissance révélée; il participe des deux.

Nous sommes ici dans des régions pures, tant du point de vue intellectuel que du point de vue spirituel. Nous sommes ici dans le domaine si fragile du témoignage. L'édifice survitaliste (comme l'édifice évangélique) repose sur le témoignage du scripteur. C'est pourquoi la personnalité de ce dernier est si importante. En aucun cas, il ne doit être un détraqué, un mythomane, un naïf, un crédule, ou bien un menteur, un malin désireux de faire parler de lui. Les scripteurs des messages christiques sont des êtres équilibrés et véridiques. Ils savent que toute imposture en ces matières engagerait leur responsabilité en ce monde et dans l'autre.

Tous les disparus ne se manifestent pas. L'obstacle peut venir d'eux : soit qu'ils ne veuillent pas, soit qu'ils ne puissent pas, soit qu'ils n'aient pas reçu la permission divine. L'obstacle peut venir de nous : nous sommes trop attachés à la matière, trop peu réceptifs, trop oublieux de ceux qui nous ont devancés, trop peu attentifs aux signes qu'ils s'efforcent de nous envoyer.

Depuis une centaine d'années la communion entre le monde physique et le monde métaphysique est très intense. Jamais le monde invisible ne s'est autant manifesté, jamais il n'a été si près. Dans notre atmosphère terrestre, il n'y a pas que les esprits de méchanceté dont parle saint Paul, il y a aussi, il y a surtout la grande nuée de témoins qui nous environnent.

Un axiome de droit précise : *testis unus, testis nullus :* témoin unique, témoin nul. C'est pourquoi, ayant d'abord pensé à une étude soit sur Roland, soit sur Pierre, il m'a semblé infiniment préférable de faire appel à d'autres témoins.

Ces autres témoins, citons-les d'ores et déjà. Ce sont du côté français : sœur Marie-Gabrielle, Albert Pauchard, Paqui, Max-Getting; et du côté britannique : John Heslop, Bertha, le juge Hatels, Thomas Dowding, A. T. Robinson, Philip Gilbert; A. B., l'inspirateur de Mary Bruce Wallace, les boys de Lord Dowding, Lancelot et Christopher.

Ils vont se lever et nous dire la vérité. Tels des voyageurs qui sont allés dans un même pays, le pays où l'on arrive toujours... Ils nous diront ce qu'ils ont vu et ce qu'un jour, plus ou moins proche, nous verrons. Qui mourra verra !

CHAPITRE II

PIERRE MONNIER

Pierre Monnier était un officier de vingt-trois ans, qui tomba sur le front d'Argonne, dans les premiers mois de la première guerre, au cours d'un combat qu'il savait sans issue, à la tête d'une unité qu'il savait sacrifiée. Un fils unique, dont la disparition fut un drame qui, pour s'être joué un million et demi de fois, n'en fut pas moins déchirant, atroce... unique. Un disparu privilégié qui obtint de Dieu la permission de crier à sa mère à travers le voile : « Je suis vivant. »

De 1891 à 1914, il est difficile d'écrire la biographie de Pierre, il est difficile de faire la chronique du bonheur. La vie, qui se présente à lui, est entièrement exempte de ces soucis d'argent, de santé, de situation qui se partagent habituellement les existences. Son avenir est assuré : sa fortune, ses solides études, le prestige de sa famille : il descend des maréchaux Ney et Molitor, sa séduction physique lui promettent la réussite dans tous les domaines.

Sa formation est aussi complète que possible : il a passé simultanément et avec mention les baccalauréats latin-sciences et latin-langues. L'année suivante, il enlève avec brio le baccalauréat de philosophie. Puis ce sont les hautes études commerciales et le droit, qui doivent le préparer à entrer dans les affaires de son père.

Il a reçu également l'éducation protestante de jadis, éducation que l'on dit rigide, mais qui avait l'avantage de former des âmes et des caractères. Tout en lui est droit; le regard, l'attitude, les sentiments, les idées. Mais droiture ne signifie pas raideur et Pierre est un jeune homme plein de joie de vivre et de charme, de ce charme des enfants qui furent beaucoup aimés.

Dans sa famille, on pratiquait la lecture quotidienne de la Bible, on disait la prière avant les repas, on célébrait le culte familial avec les domestiques. Mme Monnier, qui avait été élevée par un pasteur, tenait à ce style de vie. Nulle bigoterie, nul rigorisme cependant chez cette femme élégante qui apprécie les plaisirs du monde. Elle aime monter à cheval, voyager, accompagner son mari dans ses déplacements professionnels à travers l'Europe, donner des réceptions : mondaines dans sa demeure en bordure du parc Monceau, à la bonne franquette en son domaine de La Presle, dans l'Allier.

Mais ce qui fait le bonheur des Monnier, ce n'est pas qu'ils appartiennent à cette catégorie d'êtres à qui tout réussit, c'est leur amour réciproque. Alors que dans tant de familles, on est des étrangers du même sang, partagés entre l'hostilité et l'indifférence, ici l'union est profonde. Cet amour est solide, parce qu'il est fondé sur l'admiration, la confiance et une foi commune dans les valeurs fondamentales.

Pierre Monnier avait donc reçu de cette terre tout le bonheur qu'elle peut donner. Mais à qui reçoit beaucoup, il est beaucoup redemandé. Dans son cas, c'est tout qui brusquement sera redemandé.

La première brèche dans ce bonheur s'ouvrit le 3 août 1914.

Quand la guerre éclata, il était sous-lieutenant de réserve au 46e régiment d'infanterie, en garnison à Fontainebleau. C'est de là qu'il partit pour le front.

Dès la fin d'août commence la retraite de l'armée française. Lors de violents combats à l'est de la Meuse, il fut blessé au cours d'une charge à la baïonnette. Bien qu'il perdît son sang en abondance, il resta jusqu'à la fin de l'engagement à la tête de ses hommes. Evacué sur Paris, il fut le premier grand blessé qui arriva à l'hôpital où sa mère était infirmière.

Le 15 septembre, à peine rétabli, il refusa son congé de convalescence; impatient de reprendre sa place au front, il rejoignit le dépôt de son régiment à Chirac, en Lozère.

Son nom est inscrit parmi d'autres sur une plaque de l'église de ce village, il l'est aussi sur les murs du temple du Saint-Esprit, à Paris. Cette comptabilité en partie double est un signe : ce n'est pas un hasard si dans les deux sanctuaires des deux confessions, jadis rivales, figure le nom d'un homme, dont toute la doctrine, élaborée dans l'invisible, est une sorte de catholicisme épuré, repensé par une intelligence protestante.

Cette doctrine, on ne saurait mieux la comparer qu'à un gigantesque tableau de la Renaissance, où la magnificence des couleurs s'allie à l'exactitude, à la rectitude du dessin, où le symbolisme mystique de l'ensemble s'appuie sur le réalisme honnête du détail. Réalisme honnête, exactitude et rectitude du dessin : c'est le protestantisme. Magnificence des couleurs, symbolisme mystique : c'est (ou c'était) le catholicisme.

D'ailleurs, de nos jours, la frontière ne passe plus entre catholicisme et protestantisme, mais, à l'intérieur de chaque religion, entre ceux qui admettent les messages et ceux qui les rejettent, entre ceux qui espèrent en la résurrection immédiate et ceux qui se résignent à la résurrection dans des millions de siècles, entre ceux qui croient au sacré et ceux qui n'y croient guère, entre ceux qui croient au surnaturel et ceux qui n'y croient pas, entre ceux qui croient à la survivance et ceux qui n'y croient plus.

Le 1er octobre 1914, Pierre Monnier reçoit son ordre de mise en route. Il commande un détachement de quatre cents hommes. Le 19, il est promu lieutenant.

Dans son premier message de l'Au-delà, le 5 août 1918, il se souvient non sans nostalgie : « Il y a quatre ans, comme j'étais fier ! Fier d'être un officier, fier d'avoir à donner l'exemple à tous ces hommes, la plupart plus âgés que moi... Le désir de se montrer à la hauteur de la situation dominait parmi eux... beaux soldats de France. »

A travers ses lettres, je parle cette fois de ses lettres terrestres, celles qu'il écrivait chaque jour, du front, à ses parents, on voit se dérouler le film de la première année de ce qui s'appela, jusqu'en 1939, la Grande Guerre.

« Mes hommes marchent à peu près à mon idée, je leur fiche la paix en général, mais je veux que ça barde quand je le demande. Ils le savent et nous sommes très bien ensemble. D'ailleurs les hommes aiment en général les officiers qui ne craignent pas de mettre la main à la pâte et de leur témoigner la sympathie de mille manières. »

Il décrit la vie des combattants immergés dans le froid, l'humidité, la pluie :

« Les tranchées sont devenues une mare de boue. Mes hommes sont de véritables statues de terre glaise où tout a la même couleur, tête, armes et corps. On se demande où la nature humaine puise l'énergie et la force de résister à une vie pareille. »

Il conte avec humour ce qu'il appelle le jeu de Robin des bois.

« Mes tranchées sont entre trois et quatre cents mètres des Allemands. On s'envoie des injures dont Homère rougirait et des invites à se rendre, conçues en termes appréciables. Dire qu'il y a des gens qui trouvent l'existence monotone et sans imprévu ! Je leur proposerais volontiers une cure d'air à mes côtés, il y a encore dans les bois de la fougère pour faire un lit moelleux et notre administration pourvoirait à leur donner une nourriture abondante, sinon très variée. »

Au seuil de l'année 1915, dont il ne connaîtra que la première semaine, il écrit cette phrase qui prend une étrange résonance :

« Il me semble que nous sommes dans *une autre vie*. Ce qui s'est passé avant le mois d'octobre est tellement différent, tellement changé de ce qui nous entoure à présent qu'on croit l'avoir rêvé. On s'étonne de pouvoir comprendre certains mots, de réaliser certains actes qui ne correspondent plus à rien pour nous. L'humanité qui nous entoure est terre à terre (sans jeu de mots). On pense à manger, à dormir, à être autant que possible au chaud et au sec, à ne pas recevoir de mauvais coups, mais à en donner à ceux qui sont devant nous. Ce n'est plus de la vie, c'est de l'animalité, où l'instinct irréfléchi a remplacé l'intelligence. Alors on est tout surpris quand la conversation ayant dévié sur un mot, on se trouve avoir discuté pendant une heure art, musique ou philosophie. Et puis, brusquement, on retombe dans l'âge de pierre. »

Le 8 janvier 1915, des éléments avancés de l'armée allemande parvinrent à pénétrer jusqu'au ravin des Meurissons où se trouvait le poste de commandement du 46e. Un tireur d'officiers, monté sur un arbre, ayant abattu successivement le colonel, le commandant et le capitaine, le commandement revenait à Pierre. Il entraîna ses hommes dans une nouvelle charge, mais le tueur d'officiers visa une quatrième fois : Pierre Monnier s'écroula, atteint en plein cœur...

Ses derniers instants, c'est dans son troisième message, en date du 8 août 1918, qu'il les évoque d'une façon à la fois rassurante et dramatique :

« La mort... Maman, ne la crains pas! J'en avais peur malgré moi... je l'ignorais... c'était un visage inconnu que je me représentais voilé de sang. Oui, j'en avais peur! Mais quand elle est venue, elle avait un clair visage qui ressemblait au tien! Je me suis endormi dans ses bras; elle me consolait avec une voix qui avait les inflexions de la tienne. N'était-ce pas la tienne, chère maman, vers qui se tendait toute la tendresse de ma pensée? Tout cela n'a duré que quelques instants... pas le temps d'avoir peur, je t'assure. Le sentiment de la responsabilité, les décisions à prendre... la volonté de défendre mon poste quoi qu'il puisse arriver... Puis, un grand choc dans la poitrine et dans la tête... comme un coup de poing qui m'aurait empêché de respirer, mais non pas de crier mes ordres à mes hommes... puis un vertige... puis... plus rien! Pas même le sentiment de la chute. Et soudain, ta voix désespérée qui appelait : Pierre, Pierre, mon petit! Et le réveil complet pour courir vers toi... J'étais là près de toi et de mon pauvre papa, cherchant à te consoler, et ne pouvant arriver à te faire comprendre que j'étais près de toi. »

Le 20 janvier 1915, un service *in memoriam* était célébré à Paris, au temple du Saint-Esprit.

Le pasteur Sautter, qui avait baptisé Pierre et présidé aux deux actes de sa confirmation et de sa première communion, avait pris comme épigraphe de son sermon cette phrase du psaume 89 : « J'ai prêté mon secours à un héros. J'ai élevé du milieu du peuple un jeune homme. » Cette citation allait devenir une prophétie.

S'adressant à tous ces jeunes de la génération sacrifiée, M. Sautter s'écria : « Pour vos morts glorieuses, ces morts qui vous ont mis déjà, ou qui vous mettront bientôt peut-être en possession de la couronne éternelle, nous saurons ne pas vous plaindre. Mais à une condition : c'est que vous restiez nos fils, nos maris, nos frères, même lorsque la mort étend entre vous et nous un voile épais que, pour un temps, nous n'avons pas le droit de soulever. »

Tout le survitalisme est en résumé dans le déjà et le bientôt de cette déclaration véritablement inspirée : résurrection immédiate après un court temps de repos, et non résurrection à la fin des temps, conservation intégrale de la mémoire, donc de la personnalité et des liens d'amour. Quant au voile épais, il était réservé à Pierre de le rendre plus mince. Ce voile auquel, pour un temps, nous n'avons pas le droit de toucher, il devait le soulever trois ans plus tard, après l'avoir demandé à Dieu.

Le chagrin fut à la mesure du bonheur détruit, c'est-à-dire sans mesure. Il prit au début des proportions démentielles : Mme Monnier s'enfermait dans sa chambre pour sangloter pendant des heures. Un enfant qui meurt, c'est la fin du monde. Cela peut aussi être la fin de Dieu. Tel ne fut pas le cas de Mme Monnier, sa foi ne fut pas entamée, mais dans son orthodoxie trop stricte, elle ne croyait qu'à la résurrection du dernier jour.

La vocation de Pierre fut justement de lui annoncer, de nous annoncer à travers elle la réalité de la présence des disparus qui, bien loin de dormir, continuent à penser, à aimer, à œuvrer dans les espaces de l'éther.

Ce chagrin cessa miraculeusement le jour où Mme Monnier entendit très distinctement la voix de son fils qui l'appelait par trois fois. Elle demanda, bouleversée :

« C'est toi, Pierre ?

— Mais oui, maman ! Ne crains rien, je suis vivant ! »

Puis la voix de Pierre se tut...

« Ce fut l'unique fois de ma vie, confia Mme Monnier à Mme Stuart-Roussel, qui écrivit la première biographie de Pierre, que j'eus la perception physique de la voix de mon fils. Ce phénomène ne devait plus jamais se répéter. Nous restions cependant en communication très étroite... Pierre continuait de s'adresser à moi, mais d'une manière différente : j'entendais en quelque sorte par intuition. C'était comme une pensée qui émanait de l'extérieur pour jaillir en mon cœur. Ce phénomène, quoique comparable à celui de ma pensée, était cependant très différent et je sentais avec une absolue certitude que ces pensées n'étaient pas les miennes... »

Jusqu'alors il ne s'agissait pas de messages proprement dit. Pierre communiait avec sa mère dans la prière, dans la spiritualité. Entretiens muets se réalisant par télépathie : la télépathie n'est pas réservée aux terrestres entre eux.

Mme Monnier confia à son mari que Pierre lui parlait intérieurement. Il ne la crut pas, persuadé que ces dialogues étaient le fruit du subconscient et de l'imagination d'une femme inconsolable. Cependant il ne chercha pas à combattre une conviction qui apportait à sa compagne tant de sérénité, tant de bonheur.

Ce bonheur n'avait qu'une ombre : le scepticisme de M. Monnier. Elle aurait tant voulu lui faire partager sa foi et sa force. Elle se tourna vers Pierre, qui lui répondit : « Il faut prier, je prierai avec toi. »

L'exaucement devait se produire trois années plus tard. Durant tout ce temps, Pierre ne cessa de parler à l'âme de sa mère.

Jusqu'au jour où les puissances invisibles jugèrent que parler ne suffisait plus, qu'il fallait écrire. Il fallait qu'une trace demeurât de ces entretiens et que la grande joie qu'ils avaient apportée à une mère douloureuse fût annoncée partout, en tout temps et à tous.

Le 4 août 1918, Pierre ordonne : « Ne pense à rien! Ecris! » Mme Monnier regarde autour d'elle, cherchant un crayon. En voici un! Pas de papier à lettres... juste un petit carnet de comptes. Elle le saisit et commence à tracer, sans hésiter ni réfléchir, les mots suivants :

« Oui, c'est moi qui t'ai demandé d'écrire. Je

crois que par ce moyen nous arriverons à communiquer bien plus facilement. Je suis si heureux de pouvoir te parler comme autrefois... Je le faisais bien, mais tu n'entends pas toujours. Il y aura parfois des idées changées dans ta conception des choses, mais certainement, plus nous écrirons, plus cela deviendra rare. J'ai des amis qui correspondent ainsi avec les leurs, couramment et constamment. Ils me conseillent d'essayer, cela se perfectionne assez rapidement. Laisse ton esprit bien vide de tout ce qui peut te préoccuper... »

Désormais, chaque jour ou presque, après avoir prié Dieu et s'être recueillie dans la chambre de son fils, Mme Monnier reçoit des communications. Elle les présente à son mari, qui se montre toujours sceptique, mais elle-même n'a-t-elle pas eu la plus grande peine à réaliser la grâce exceptionnelle qui lui était accordée ?

« Si cela était arrivé à une autre, déclara-t-elle à Mme Stuart-Roussel, je n'aurais ressenti, je l'avoue, que méfiance. J'étais de par mes goûts si éloignée de tout intérêt occulte, que je ne soupçonnais même pas que ces communications puissent exister, et la pensée d'en être moi-même l'objet me plongeait dans l'étonnement le plus absolu. Mais mon fils semblait trouver cette communication si naturelle que bientôt je m'y habituais aussi. »

Cependant, devant la beauté de ces textes, M. Monnier est obligé de se rendre à l'évidence. Leur profondeur théologique, les lumières qu'ils projettent tant sur l'Au-delà que sur la vie terrestre, l'ampleur et le rythme de leur style, les immenses connaissances qu'ils supposent, connaissances que sa femme n'a jamais possédées, finissent par emporter sa conviction.

Il devient désormais le propagandiste efficace de l'œuvre de son fils, il y consacre son temps et sa fortune, dont il comprend alors le sens et la mission. Il prépare à la fois l'édition complète (sept grands volumes, 2879 pages en tout) et les morceaux choisis qui ont pour titre : *Je suis vivant, Le Chemin, La Souffrance, Au-delà de la Mort...*

Quant à celle qui ne veut être « qu'une main obéissante », qui, pour ne pas se laisser influencer, évite avec soin la lecture d'ouvrages de théologie ou d'occultisme, elle continue à déclarer : « Le pire des blasphèmes serait pour moi de laisser croire que les paroles que je transmets viennent de moi et non de lui. Mais je ne suis pas une âme exceptionnelle et ce phénomène a certainement dû se rencontrer souvent. »

Ayant toujours peur que son subconscient ou ses idées personnelles ne fassent interférence, elle prie Dieu avant chaque communication de la maintenir dans les domaines de la vérité.

Pendant dix-neuf années, dans la chambre de Pierre, les messages succèdent aux messages. Tantôt ils contiennent des expressions latines que son mari doit lui traduire, tantôt des mots rares qu'il faut chercher dans le dictionnaire. Quelquefois le dictionnaire interrogé reste muet, tout simplement parce que Pierre vient d'inventer un terme. D'autres fois, il débute sa lettre en anglais, parce que, de son vivant, il s'amusait à converser en cette langue avec celle qu'il nomme Adi dearest. Il déploie toutes les nuances de sa personnalité intacte, tour à tour affectueux, énergique, inspiré, dialecticien, ironique même : ces lettres sont spirituelles dans les deux sens de ce vocable.

Quand ces psychogrammes s'achèvent le 9 janvier 1937 (« Je ne peux rien vous dire sur les événements futurs de la terre fratricide, car Dieu n'a pas voulu que l'homme connaisse l'avenir »), ce fut une épreuve pour Mme Monnier, comme une nouvelle séparation. Mais si la communication avait cessé, la communion subsistait. Elle subsista jusqu'en 1956, l'année où s'immobilisa la main qui avait transcrit cette somme imposante, d'où l'on peut tirer non seulement une espérance, mais aussi un enseignement, une philosophie, une théologie : la théologie du Dieu Vivant.

L'activité terrestre de Pierre ne s'arrête pas au moment où sa mère le rejoignit. Elle continua, pendant la dernière guerre, de s'exercer en faveur des siens. Voici un fait qui m'a été rapporté par Mlle Hélène B., qui fut la secrétaire de Mme Monnier, donc la première lectrice des « Lettres », et qui dactylographia trois mille pages de texte.

Une cousine de Pierre, Solange de L., qui avait fait de la résistance, fut arrêtée et déportée à Ravensbrück... On est en 1945. Désespérée, épuisée, au bout de son rouleau, Solange de L. veut se laisser mourir.

Or, un matin, sa voisine de bat-flanc, une communiste, lui déclare :

« Ecoute, Solange, j'ai fait un drôle de rêve, la nuit dernière. J'ai vu un garçon, un soldat de l'autre guerre, qui voulait te parler, mais qui ne pouvait pas; alors il s'est adressé à moi. Il m'a murmuré son nom : Pierre Saunier, ou quelque chose d'approchant.

– Ah ! je vois... Pierre Monnier !

– Oui, c'est ça, Pierre Monnier !

– Et qu'est-ce qu'il t'a dit ?

– Il faut absolument que Solange tienne le coup encore trois semaines... ! »

Encore trois semaines !

Les Américains n'étaient plus très loin, mais les déportées l'ignoraient. Solange de L. se ressaisit. A présent, elle voulait, elle pouvait vivre. Trois semaines plus tard, le camp était libéré. Et Solange de L. vit toujours.

Encore un cas qui rend irrecevable l'hypothèse du subconscient : il est trop évident que la militante communiste n'avait jamais entendu parler de celui qui lui était apparu en songe. A son insu, cette femme, qui selon toute vraisemblance devait être incroyante, possédait certains dons psychiques, ces derniers n'étant pas forcément en rapport avec la vie spirituelle.

Bien que nul ne soit prophète en son pays, bien que les réformés soient encore plus hostiles que les catholiques aux communications venues de l'autre côté, les lettres de Pierre ne rencontrèrent pas que de l'indifférence dans les milieux évangéliques.

L'évolution du pasteur Schaffner est caractéristique. Comme beaucoup de ses collègues, il n'aimait pas du tout parler de la destinée *post mortem* et fuyait soigneusement ces sujets. A la suite des entretiens qu'il eut avec M. Monnier, un revirement complet s'opéra en lui et il prit nettement position en faveur des messages de Pierre.

Un autre pasteur, M. Ramette, de Nice, entreprit et mena à bien ce travail de bénédictin que constitue l'index se trouvant à la fin de chaque volume.

Quant au pasteur Georges Marchal, chargé de cours libre à la Faculté de Théologie protestante de Paris, il affirma publiquement son estime pour les lettres de Pierre. Devant répondre à une enquête menée par *Plaisir de France,* dans son numéro de Noël 1952, il déclara que certains messages d'une grande élévation de pensée sont fort au-dessus du niveau mental et moral de l'expérimentateur. « On est donc en droit de les tenir pour des participations à des réalités transsubjectives, soit terrestres (télépathie), soit supraterrestres (communion avec nos invisibles). Les Eglises, catholique ou protestante, insistent sur l'extrême prudence qui doit présider à ces tentatives de communication directe. La communion avec les morts et la communication avec eux ne sont pas une même chose. Mais il doit être parfois difficile de les distinguer. Il existe d'admirables recueils de lettres, exemple les lettres de Pierre, dans les milieux protestants, qui sont très évidemment ceci et cela. »

Les textes de Pierre sont en effet communion et communication.

Cependant, c'est dans certains milieux catholiques que l'approbation fut la plus chaleureuse. Cela n'a rien d'étonnant, puisqu'ils retrouvaient, dans l'œuvre de Pierre, l'essentiel de leurs dogmes : purgatoire, présence réelle, valeur de la vie contemplative, importance des mérites et leur réversibilité, intervention des anges, des archanges, des saints et de la Vierge, nécessité de prier pour les « morts », toutes notions absolument étrangères aux Eglises de la Réforme.

A ce propos, il convient de saluer l'honnêteté, le courage, que montra Mme Monnier, en publiant intégralement des textes, dont quantité de passages devaient choquer la foi dans laquelle elle avait été élevée, la foi dans laquelle elle avait elle-même élevé son fils. Elle aurait pu couper et garder pour elle certains messages qui critiquaient trop ouvertement ses croyances. Elle ne l'a pas fait, obéissant ainsi aux impératifs d'une religion, dont le principal mérite est d'avoir une haine viscérale pour l'équivoque et le mensonge.

Pour Raymond Chasles qui fut, avec son épouse Madeleine, l'initiateur du renouveau biblique dans l'Eglise romaine, les lettres de Pierre sont « des messages si remarquables qu'ils dominent tous les autres par l'élévation, l'ampleur, la fréquence, la continuité et les critères d'authenticité. Ils sont d'une puissance incomparable qui force l'adhésion, d'une valeur spirituelle et biblique incontestée ». Et l'auteur de *De la Mort à la Vie* ajoute : « Seuls les esprits systématiquement réfractaires aux possibilités de communications avec l'Au-delà et certains chrétiens rigoristes se refusent à les accepter. Ces lettres sont en dehors et au-dessus de toutes barrières confessionnelles. »

Ces lettres réalisent en effet une étonnante synthèse du protestantisme et du catholicisme, ne gardant de chaque confession que la partie vivante, la partie divine. Profondément œcuméniques, elles ne cesseront plus de rayonner et d'exercer leur séduction, en particulier sur les âmes catholiques. Et il y a dans le protestantisme plus d'âmes catholiques qu'on ne croit.

Ce fut un prêtre, le R. P. Sanson, qui rendit aux messages de Pierre l'hommage le plus fervent. Voici quelques extraits d'une lettre qu'il adressa à Mme Monnier, le 10 août 1937. Il lui dit le réconfort qu'il y trouva dans la circonstance la plus douloureuse de sa vie :

« Au soir de la fête de la Transfiguration, expirant dans mes bras, comme si souvent elle l'avait demandé à Dieu, ma mère m'était enlevée subitement. Certes, pas un instant je n'ai mis en doute la survivance de son âme...

Cependant, comme il devient lourd à certains jours le silence de nos morts ! Que sont-ils devenus ? Où sont-ils ? Entre eux et nous la séparation est-elle irrémédiable ? Ne pouvons-nous plus rien pour eux ? Ne peuvent-ils plus rien pour nous ? A ces questions obsédantes qui étreignent le cœur, les messages que vous avez pieusement recueillis apportent une réponse... Puisqu'ils vivent en Dieu et sont « dans le Seigneur » selon l'expression de l'Apôtre, ils ne nous ont pas quittés et ils continuent de nous aimer. Ils sont présents à nous avec plus d'efficacité, si nous y consentons... Il ne tient qu'à nous, en effet, qu'ils soient nos instructeurs, eux qui vivent dans la lumière, eux qui savent et qui expérimentent, si j'ose ainsi parler, que nous ne sommes vivants que pour devenir immortels... Me recueillant en présence de ce Christ, notre Sauveur, et sous le regard du fils bien-aimé qui vous inspirait ces lignes, c'est du profond de mon cœur que je vous remercie, Madame, de m'avoir offert Je suis vivant.

Pierre SANSON, prêtre de l'Oratoire. »

C'est intentionnellement que le père Sanson avait dit « notre » Sauveur. Ce « notre » a certainement réjoui Pierre qui, ainsi que le font les disparus, avait lu ces lignes dans la pensée de sa mère. L'œcuménisme, qui se réalise dans les années 60 et 70, se préparait dans l'Au-delà dans les années 20 et les années 30.

Le père Sanson avait lu, relu et fait lire autour de lui *Je suis vivant.* Il y avait trouvé non seulement des consolations après la mort de sa mère, mais un enrichissement pour sa foi, un approfondissement de sa connaissance des Ecritures. Pierre, en effet, projette sur la Bible des fulgurations qui font brusquement comprendre des passages obscurs, ou qui remettent en valeur, en actualité, des versets cent fois lus et cent fois méconnus.

Pierre avait écrit sur son évangile : « Voici ma lampe qui ne s'éteindra point, mais qui brûlera éternellement ! » Le message de Pierre n'est pas près de s'éteindre, un demi-siècle plus tard sa lampe brûle encore, dans cent ans, dans des centaines d'années, elle brûlera toujours.

S'il fut en ce monde un entraîneur d'hommes, il est dans les deux mondes un entraîneur d'âmes. Il continue à intervenir comme à Ravensbrück, il soutient, il enseigne, il inspire.

La première communication écrite date du 5 août 1918. Soixante ans ont passé : les textes de Pierre continuent à être lus, médités, commentés, réédités. Des ouvrages écrits en 1918, combien sont dans ce cas ? Quelles sont les œuvres publiées cette année-là qui peuvent se vanter d'avoir fait date dans la pensée ?

Lorsque sa mère, en butte aux critiques, aux dénigrements et aux attaques, était tentée de céder au découragement, Pierre lui recommandait d'opposer à ses adversaires l'argument si décisif de Gamaliel : « Si mon entreprise vient de mon humanité décevante, elle se détruira d'elle-même. Mais si véritablement elle vient de Dieu, vous ne pourrez lui faire obstacle et vous risquez d'avoir combattu Dieu lui-même. »

Maintenant nous savons que cette entreprise était d'origine christique, était, au sens exact du terme, une théurgie : une œuvre de Dieu.

CHAPITRE III

MESSAGERS BRITANNIQUES

Le British Empire ne fut pas seulement une hégémonie de commerçants et de soldats : il fut aussi un grand empire spirituel. La force explosive de ce peuple se libéra en conquêtes tantôt militaires, tantôt métaphysiques. Sa nostalgie pour les autres mondes : Inde, Egypte, îles Australes, se transposa en nostalgie de l'autre monde. La vérité de l'évolution, que ses savants avaient mise en lumière, se poursuivit dans le domaine de l'invisible.

Les communications furent nombreuses en Grande-Bretagne; elles furent aussi de qualité. Une solide connaissance de la Bible, une grande probité intellectuelle et spirituelle, de remarquables dons psychiques constituèrent le sol fertile qui vit lever, depuis cent ans, de grandes moissons.

Il est remarquable que John Heslop, à qui l'on doit, au début du siècle, tant de révélations *post mortem,* ait éprouvé, de son vivant, la plus grande défiance pour tout ce qui est surnaturel, occulte et mystique. Tout ce qui ressemblait au spiritisme le hérissait et, bien qu'il fût croyant, cet Ecossais typique : sportif et positif, répugnait à exprimer ses sentiments profonds, même sa tendresse pour sa femme. Gravement malade, il était tacitement convenu avec elle de ne jamais parler de la mort qui s'approchait de lui. Ni l'un ni l'autre n'envisageaient la possibilité d'un retour en esprit et d'une communion à travers le voile. C'est avec courage qu'il supporta une douloureuse agonie et s'avança vers ce que tous deux se représentaient comme une séparation définitive. Mrs. Heslop avait une tante douée de grands pouvoirs psychiques. C'est par son intermédiaire qu'elle obtint les premières preuves d'identité et les premières communications. Dès lors, son existence devint, comme elle le dit elle-même, un cantique de joie.

A la même époque, Miss Alice Mortley (1873-1934) reçut des communications d'un être spirituel qui avait vécu, il y a bien longtemps, au Pays de Galles et qui disait se nommer Bertha.

Miss Mortley avait l'habitude de se détacher du monde extérieur et de, selon son expression, *enter the silence.* Alors elle recevait des messages d'une très haute valeur. Ces textes ont été réunis en une plaquette, *Le Sillon de Lumière,* et en deux livres : *Christ en vous*[1] et *Reconstruction spirituelle.* Une quatrième partie, sans doute la plus importante, demeure encore inédite. Le cas de Miss Mortley, qui n'avait jamais connu Bertha, réduit à néant la théorie selon laquelle les visitations ne seraient que la projection fabulatrice d'un amour désespéré et le fruit d'un subconscient qui se refuse à l'évidence de la mort.

Autre cas similaire : celui d'Elsa Barker, qui capta un message d'un homme qu'elle connaissait assez peu et dont elle ignorait la mort récente. Se trouvant en 1912 à Paris, la romancière anglaise reçut une communication dictée par un de ses compatriotes qui se disait *lawyer,* homme de loi, juriste. La missive très claire, de nature toute personnelle, était signée Mr. X. Qui pouvait être Mr. X ? Elsa Barker n'en avait nulle idée. Dans son embarras, elle s'adressa à l'une de ses amies, lui montra le texte qu'elle s'était sentie contrainte d'écrire et lui demanda qui se cachait derrière cette signature.

« Comment, s'écria l'amie, vous ne vous souvenez pas ? Ce surnom ne vous dit rien ? Mais Mr. X n'est autre que le juriste Hatels... D'ailleurs, ce monsieur est tout ce qu'il y a de plus vivant. Il voyage en ce moment dans la partie ouest des Etats-Unis... »

Le surlendemain, Elsa Barker recevait une lettre d'Amérique lui annonçant, entre autres

1. Les messages de Bertha sont présentés dans la traduction de Geofranc. Ceux de Christopher dans la traduction d'Abeille. Quant aux autres textes anglais, inédits dans notre langue, ils ont été traduits par l'auteur.

choses, le décès de l'homme de loi, survenu quelques jours avant qu'elle eût reçu, en France, le message signé Mr. X. Donc impossible ici d'incriminer le subconscient d'une personne éplorée : Elsa Barker ignorait que l'homme de loi fût mort. Même si elle l'avait su, son chagrin eût été très modéré, puisqu'elle le connaissait fort peu.

Encore un exemple qui va à l'encontre de la célèbre psychose de deuil : la curieuse expérience de Wellesley Tudor Pole, qui fut sollicité par un disparu dont il ignorait jusqu'à l'existence. Il a raconté comment il fut évoqué par le private Thomas Dowding. C'était le 12 mars 1917, l'écrivain marchait le long de la mer, quand il sentit autour de lui une présence. Il eut l'impression que quelqu'un le suivait et cherchait à l'atteindre par la pensée. Son intuition réalisa bientôt qu'un soldat, tué sur le front, désirait s'entretenir avec lui.

Le soir même, il se rendit chez une amie clairvoyante. Elle lui confirma l'existence auprès de lui d'un homme d'âge mûr, en uniforme kaki, qui semblait abattu et inquiet.

Rentré chez lui, Wellesley Tudor Pole saisit un crayon et l'inconnu se présenta. Il s'appelait Thomas Dowding. Avant d'être mobilisé, il avait été maître d'école dans une petite ville de la côte Est de l'Angleterre. Il reconnaissait lui-même qu'il avait été un homme timide, sans importance, sans prestige intellectuel ou physique, myope, le dos rond, grisonnant avant l'âge.

Ayant perdu prématurément ses parents, puis

son frère, ne s'étant jamais marié, il avait vécu dans une complète solitude. Il n'avait pas cherché à en sortir, fuyant les gens, n'ayant pas d'amis, se retranchant dans ses livres, qui n'étaient jamais des ouvrages de littérature ou de culture générale, mais toujours des manuels de science ou de mathématiques. Comme tous ceux que les circonstances de la vie obligent à vivre seuls, Thomas Dowding était taxé d'égoïsme et traité de vieil ours. Il n'avait même pas la compensation d'un métier intéressant. Son école l'assommait : « Je faisais de l'enseignement, déclara-t-il à son scripteur, simplement pour gagner mon pain et mon fromage. »

Sa religion, sans doute l'anglicanisme, ne signifiait rien pour lui. Elle lui apparaissait comme un ensemble de pratiques vides de sens autour d'un vide. Comme il ne croyait pas en la vie future, la vie présente lui semblait inepte et insipide. Cependant il redoutait la mort, il la redoutait en tant que passage. En tant qu'état définitif, il pensait qu'elle était synonyme d'extinction.

Convoqué sous les drapeaux en automne 1915, il reçut son instruction dans le Northumberland, fut embarqué avec son bataillon en juillet 1916 et dirigé aussitôt vers les tranchées du Nord de la France. Un mois plus tard, il fut tué par un éclat d'obus. Il avait trente-sept ans. Il n'y eut personne pour porter son deuil. Son corps fut-il brûlé ou enterré? Lui-même, parvenu de l'autre côté, ne le sut jamais.

A cet homme qui ne fut rien en ce monde, il plut aux puissances supérieures de remettre quelques-unes des paroles de la Vie Eternelle. L'humble maître d'école fut autorisé à faire la leçon à ceux qui, ayant tout étudié, n'ont rien compris du tout. Une fois de plus, les derniers sur la terre étaient les premiers dans l'Au-delà.

D'une rive à l'autre, une amitié se noua entre les deux hommes et la suite de leurs entretiens forma le livre *Private Dowding.* La partie la plus intéressante de l'ouvrage est constituée par les prophéties d'une intelligence qui se nomme le Messenger, prophéties dont toutes sauf une, cinquante ans plus tard, se sont réalisées[1].

La sœur de Wellesley Tudor Pole, Mary Bruce Wallace, fit, elle aussi, des expériences psychiques très intéressantes. Elles se produisirent en août 1916, de façon tout aussi inattendue.

Un de leurs amis, qu'elle nomme A. B. et qui était passé dans l'ultra-monde cinq années auparavant, commença à lui décrire les sphères de l'existence future. A son grand étonnement, elle pouvait entendre l'intonation de sa voix, tendre, grave ou joyeuse, suivant la nature des pensées qu'il exprimait. Elle la percevait non par audition physique, mais par audition intérieure.

Quelques jours plus tard, vint un instructeur céleste, conduit par l'ami invisible, et elle put entendre cette nouvelle voix plus clairement encore. Les messages que Mary articulait mot par mot, phrase par phrase, dans une parfaite succes-

1. Voir le chapitre « Connaissance et Prophétie ».

sion logique, étaient pris en sténo par son mari, J. Bruce Wallace. Elle entendait une seule phrase à la fois et seulement quand elle écartait ses propres pensées. Elle se sentait dans un état parfaitement normal, gardant toute sa conscience, ne pouvant deviner le mot suivant, jusqu'à ce qu'il fût prononcé.

Les messages, recueillis de 1916 à 1924, donnèrent la matière de deux livres : *The Thinning of the Veil,* publié en 1919, et *The Coming Light* en 1924. La plupart d'entre eux furent reçus à Limavady, en Irlande, loin de toute grande ville. Mais plus que le calme de l'environnement, c'était le calme intérieur qui comptait pour Mary.

Elle ne retira que des bienfaits de ces expériences. Pour commencer, sa santé s'améliora notablement. Non seulement les habitants et les conditions de la seconde vie lui devinrent de plus en plus perceptibles, mais surtout, elle comprit enfin la signification de la vie présente et son étroite relation avec les plans supérieurs.

Mary Bruce Wallace dit que jamais elle ne vit ou n'entendit quelque chose de laid ou de bas, et que nul ne doit s'effrayer de ses facultés psychiques aussi longtemps que tout se passe naturellement, spirituellement, sans être provoqué par des moyens matériels. Elle met seulement en garde contre les interférences des désirs personnels et de l'imagination, ainsi que contre les interventions d'esprits grossiers ou maléfiques. Il en est des pouvoirs surnaturels comme de toute chose, on peut les dégrader, on peut en faire un mauvais usage et aboutir à de graves dangers. L'unique sauvegarde est la prière. Toute recherche de phénomènes psychiques à travers la médiumnité d'autrui ne doit jamais être entreprise autrement.

Consciente à un très haut degré de la personnalité de chaque esprit, Mary Bruce Wallace sentait que ses impressions variaient avec chacune. Ainsi quand descendait l'instructeur céleste, elle éprouvait une profonde paix dominée par une sensation de puissance. L'atmosphère spirituelle de son ami A. B. était faite de bonté et de sympathie et elle décelait, à son approche, une fragrance de fleurs.

Dans l'apparence des visiteurs de l'ultramonde, elle note une plus grande différence qu'entre les terrestres. Ceux qui sont passés récemment de l'autre côté gardent leurs caractéristiques de silhouette et de visage, mais leurs corps deviennent de plus en plus éthérés et brillants. Les esprits gardiens qu'elle voit, veillant sur les terrestres, ont une radiance encore plus intense.

La vérité que les instructeurs célestes semblaient le plus désireux de communiquer par son intermédiaire est que la qualité de nos pensées, de nos émotions et actions en cette vie déterminera notre état et notre environnement, lorsque nous entrerons dans la vie à venir.

Nous verrons, au cours de cet ouvrage, cette idée capitale affirmée par tous les autres Britanniques, ainsi que par Pierre, Roland et Pauchard. Cela éclaire cette parole du Christ : « Car où est ton trésor, là aussi sera ton cœur. »

Tandis que le private Thomas Dowding tombait sur le front de France, le lieutenant-colonel A. T. Robinson mourait de ses blessures reçues sur le front de Salonique. Peu de temps après son passage, ses maîtres lui révélèrent que sa tâche consisterait à combattre le matérialisme et à répandre la bonne nouvelle de la résurrection immédiate. Les vérités qu'il apprendrait dans les royaumes supérieurs, il devrait les transmettre à sa femme qui servirait de lien entre les deux mondes.

Marjorie Robinson se retira donc à la campagne, gardant son esprit calme et réceptif, prêt à être utilisé à tout instant. Elle vécut désormais avec ses chevaux et ses fleurs, ses chiens et ses arbres; bien enracinée dans la terre, bien entée sur le ciel. Cependant, ses contacts avec la seconde vie ne l'empêchaient pas de s'intéresser à la vie présente et de payer de sa personne. Durant les deux guerres, elle servit en France dans le cadre du Scottish Women's Hospital. De même, dans son village du Hampshire, elle ne vivait pas en recluse, mais animait une troupe d'éclaireuses et une meute de louveteaux. Quand, l'âge étant venu, elle dut renoncer à ses mouvements de jeunesse, à ses longues promenades et à ses chevauchées, elle se mit à tisser et à filer, trouvant dans l'artisanat un contrepoids à ses activités ésotériques.

A. T. Robinson explique qu'il y a beaucoup de sphères à travers lesquelles l'esprit doit passer quand il progresse. Il met l'accent, lui aussi, sur le fait que, par nos propres pensées et notre mode de vie terrestre, nous fabriquons notre Au-delà, et que nous irons simplement et naturellement vers la sphère où nous aurons mérité de séjourner.

Le nom de Dowding devait, une fois encore, retentir entre les deux mondes. Mais cette fois, il ne s'agissait plus d'un vivant de l'espace, mais d'un vivant terrestre. Il ne s'agissait plus d'un anonyme, d'un simple soldat de la première guerre mondiale, mais d'un contemporain, d'un officier du plus haut rang qui s'illustra dans la deuxième : Lord Dowding, Air Chief Marshall, commandant en chef de la Royal Air Force durant la bataille d'Angleterre.

Lord Dowding ne pourrait être comparé qu'à Churchill : même énergie, même courage, même opiniâtreté! Toutes qualités qui jaillissent tant de sa photographie que de son écriture. Lord Dowding est tout le contraire d'un sentimental. Réaliste impitoyable, zélateur de l'égoïsme sacré, c'est lui qui, en mai-juin 1940, voulut que la force aérienne britannique n'intervînt pas en France, et demeurât *at home* dans l'attente du choc hitlérien.

Le sort de tous ces jeunes aviateurs, envoyés prématurément dans l'Au-delà, ne cessait de le préoccuper. Il voulait les aider et les rassurer dans cette nouvelle vie pour laquelle, en général, ils n'étaient pas préparés. Avec sa collaboratrice Mrs. Hunt, douée de remarquables facultés de clairvoyance et de clairaudience, il s'efforça d'entrer en contact avec ses boys, de les guider par la prière et le dialogue. Beaucoup de ces jeunes hommes se manifestèrent et envoyèrent toute une série de messages qui inspirèrent *Many Mansions, The Dark Star* et *Lychgate.*

Dans ces trois ouvrages, Lord Dowding examine les faits sous tous les angles sans jamais se départir de son esprit critique. Submergé par l'évidence de la survie, il n'eut de cesse de communiquer sa foi, en particulier à ceux qui avaient perdu un des leurs dans les innombrables batailles navales, terrestres et aériennes de 1939-1945.

Une nuit de 1943, tandis que les avions ennemis tourbillonnaient au-dessus de sa tête, et que les bombes écrasaient tout alentour de sa maison, Alice Gilbert écrivait dans le calme ce qui suit : « Détends-toi et oublie. Ne pense plus au plan terrestre jusqu'à ce que tu y retournes. Tu es en sécurité et tu resteras en sécurité. Aucune bombe ne t'atteindra... Là, c'est fini ! Ils sont partis. Retourne en paix à ton sommeil. Prends des forces et réconforte ceux qui, en ce moment, sont en agonie de corps ou d'esprit. Désireuse d'être utile, ayant retrouvé confiance en toi, marche aux côtés de ceux qui sont précipités avec violence dans le monde intérieur jusqu'à ce qu'ils aient trouvé le chemin et soient en paix. »

Ces lignes lui étaient dictées par un invisible, son fils unique. Matelot de la marine marchande, Philip avait été tué dans un accident de la route pendant une permission. Après avoir traversé, sans une égratignure, quatre années de guerre ! Quand l'inspecteur de police lui apporta la terrible nouvelle, Alice Gilbert dit à haute voix une phrase qui le stupéfia : « Je dois aller jusqu'à lui pour lui dire qu'il est mort, qu'il ne se trouble pas, et qu'il reste ici jusqu'à ce qu'il se retrouve lui-même. »

Cependant, comme il le révéla par la suite, Philip s'était rapidement retrouvé. De son vivant déjà, il avait, grâce à sa mère, une grande connaissance des réalités secrètes. Quand il naviguait au long cours, il communiquait avec elle, à heure fixe, par télépathie. Il lui fut facile de reprendre ces entretiens à travers l'espace.

Cependant, le contact ne fut pas établi aussitôt et il éprouva cette sensation que tant de disparus éprouvent : être aux côtés d'un bien-aimé sans pouvoir signaler sa présence. « Tout serait bien plus facile, dit-il, si ceux qui sont encore dans le corps physique comprenaient réellement la mort, s'ils la considéraient seulement comme un long voyage et apprenaient à communiquer avec nous par la pensée. »

Lorsqu'il fut question pour Ruth Mary Tristram (1886-1950) de faire préfacer ses *Lettres de Christopher,* c'est à Lord Dowding, son ami, qu'elle s'adressa tout naturellement. L'originalité de ces textes réside dans le fait que c'est l'esprit terrestre incarné, en l'occurrence la mère, qui veille sur l'évolution de la personnalité invisible : l'enfant dépaysé dans le monde nouveau. Christopher reconnaît volontiers sa dette : « Ce que je me sentirais perdu sans vous, ma petite maman ! »

Comme cela se produit très souvent chez les jeunes, Christopher ne se rend pas compte tout de suite qu'il a franchi les portes éternelles, mais peu à peu il prend conscience de sa nouvelle vie; il va de découverte en découverte et les faits partager à sa mère.

Cet ultra-monde, Ruth Mary Tristram le connaissait autant qu'un terrestre peut le connaître. Avant Christopher, elle avait perdu un enfant de huit ans : Lancelot, qui mourut en 1928, d'une méningite faisant suite à une attaque de rougeole. Au moment de son passage, elle entendit intérieurement : « Il n'est pas encore hors de son corps, mais vous êtes en relation avec son esprit. » Puis elle perçut la voix de Lancelot lui-même : « J'ai eu assez peur au début, mais maintenant tout est très bien. »

Peu de textes émanent d'un enfant si jeune. Les aperçus qu'il donne sur la vie à venir sont pleins d'ingénuité et de fraîcheur. En outre, Lancelot a gardé son orthographe de petit garçon, il écrit un anglais à peu près phonétique : *I wos, wot, becos, I dont no.* Ses dessins, sa grosse écriture, irrégulière et maladroite, sont ceux d'un enfant qui n'est pas resté bien longtemps à l'école.

Ruth Mary Tristram était une femme équilibrée et positive. De son père, pionnier dans le domaine de l'électricité, elle avait hérité un esprit lucide, pragmatique, et un vif penchant pour les connaissances scientifiques. Jeune fille, elle étudia la botanique et accomplit un travail considérable pour la section histoire naturelle du British Museum. La Linnean Society en reconnut la valeur en l'admettant parmi ses membres. C'est aussi à son père qu'elle fut redevable de ses dons psychiques. C'est lui qui, un an après sa mort en 1910, lui enseigna, pour la première fois, à établir le contact avec le monde invisible.

Elle épousa en 1919 Guy R. Tristram, major de la Royal Artillery. Ils eurent quatre enfants : Michaël, qui ne vécut pas, Lancelot, Christopher et David.

Pendant la dernière guerre, Ruth Mary Tristram fonda, dirigea, anima une section importante de l'Association des Familles de Soldats et de Marins. En juin 1940, en plein accord avec son mari, elle décida d'envoyer Christopher et David aux Etats-Unis. Les deux garçons s'embarquèrent un mois plus tard et furent confiés à un parent établi là-bas. Ils y restèrent jusqu'au moment où il fut possible d'obtenir un passage pour l'Angleterre. Christopher partit avant David, car il devait bientôt être mobilisable. Il s'embarqua à New York, en mars 1943... Le 15 mai suivant, les Tristram recevaient un avis officiel de la Marine britannique, précisant que le navire avait un si grand retard qu'il devait être considéré comme perdu par action ennemie. Les détails du naufrage, ils devaient les apprendre plus tard par Christopher lui-même[1].

Ruth Mary Tristram n'aimait pas le terme écriture automatique qui, selon elle, ne correspond

1. Voir le chapitre intitulé « Le Passage ».

pas à la réalité du phénomène : « Je ne suis pas inconsciente, disait-elle, de ce qui s'écrit. Cela ressemble plutôt à une conversation entre mon fils et moi. Comme mon audition éthérique est peu développée, sa part du dialogue doit être écrite. Pour cela, Christopher se sert de ma main. Si mon esprit est suffisamment libre, je deviens consciente de sa présence dès qu'il arrive. Mais, si je suis préoccupée par des pensées diverses, il capte mon attention par une légère tape sur les cellules cervicales. »

Ruth Mary Tristram réfutait avec énergie la théorie du subconscient, en faisant observer qu'elle communiquait avec l'invisible bien longtemps avant qu'aucun de ses enfants ne mourût[1]. Croyant depuis toujours à la survivance, elle n'avait pas ressenti ce déchirement, cette révolte qui sont le lot de tant de mères. Sa peine n'avait pas excédé celle que l'on éprouve en disant au revoir à un être bien-aimé qui s'embarque pour une longue traversée. Voyage lointain, mais non pas sans retour.

1. A ceux qui objectent que les messages sont toujours reçus par des personnes qui savent tout sur le disparu (ces personnes étant en général des épouses ou des mères) je répondrai en citant le cas de Julien, l'ami de Paul Misraki, qui, lui, fut contacté, depuis l'autre monde, par un inconnu. Ce jeune homme, qui se nommait Alain, donna des précisions sur sa vie terrestre, précisions qui purent être en partie vérifiées. Cette histoire étonnante se lit dans l'*Expérience de l'Après-Vie* de Paul Misraki, Laffont, 1974.

CHAPITRE IV

DIVERS MESSAGERS FRANÇAIS

L'EXPÉRIENCE de Mme Monnier ne fut pas unique en France : elle avait été précédée par celle de sœur Marie de la Croix (1840-1917). Cette religieuse enseignait différentes matières, dont le dessin et le piano, aux pensionnaires de Notre-Dame de Valognes. Elle possédait les qualités qu'on attend d'un professeur : autorité, fermeté de caractère, savoir étendu et surtout talent de communiquer son savoir.

Son ascendant sur les élèves, son énergie morale, son sens de l'organisation la firent nommer préfète et elle demeura dans ces fonctions jusqu'aux expulsions de 1905. Alors elle se retira chez une cousine qui était fermière, et l'on vit l'ex-directrice d'une grande institution éplucher les légumes, s'occuper de la vaisselle, de la lessive et soigner le bétail. Ce qui ne l'empêchait pas de faire chaque jour, par tous les temps, six kilomètres à pied, aller-retour, pour se rendre à la messe. Elle avait alors près de soixante-dix ans.

Cette femme de tête était aussi, en secret, une grande mystique; elle réussissait à faire dans sa vie une part égale à l'action et à la méditation. Ses écrits témoignent autant de la solidité, de la clarté de sa pensée que de la chaleur de son amour. Elle dirigeait particulièrement sa ferveur vers le Sacré-Cœur et les âmes du Purgatoire. Son portrait serait incomplet si l'on ne mentionnait ses dons de double vue, son discernement des esprits et ses manifestations *post mortem* : guérisons, parfum de violette se dégageant subitement, en 1939, d'un linge lui ayant appartenu.

En novembre 1873, à la veille de ses trente-trois ans, sœur Marie de la Croix était seule dans sa cellule, quand elle perçut de longs gémissements. Epouvantée, elle s'écria : « Qui êtes-vous donc ? Surtout ne vous montrez pas, mais dites-moi qui vous êtes ! » Aucune réponse. Dans son angoisse, elle courut vers sa supérieure, qui était également sa tante.

Cette dernière ne sembla pas surprise et proposa de prier pour « l'âme en peine ». Elle dit encore à sa nièce : « Enjoignez à celle qui gémit de prononcer le nom de Jésus. La réponse vous fera savoir de quel esprit elle est. »

Cependant les plaintes continuaient, elles étaient de plus en plus fréquentes. Sœur Marie multipliait prières, communions, chemins de croix et rosaires. En vain : les gémissements inexplicables lui parvenaient toujours. Enfin, le dimanche 15 février 1874, elle entendit une voix qu'elle reconnut aussitôt : « N'ayez pas peur ! Vous ne me verrez pas dans mes souffrances. Je suis sœur Marie-Gabrielle. »

Première réaction de sœur Marie de la Croix : elle pense être la victime d'une influence démoniaque : « Mais non, proteste la visiteuse de l'Au-delà, je ne suis pas le diable, je suis sœur Marie-Gabrielle. »

Cette religieuse était morte en février 1871, frappée par l'épidémie qui s'était abattue sur la communauté de Valognes. C'est en soignant les malades qu'elle avait été terrassée à son tour.

Marie de la Croix n'avait pas de très bons souvenirs de son ancienne compagne, qui se plaisait à l'irriter et à la contredire sans cesse. Les conflits entre les deux sœurs étaient fréquents et quand Marie de la Croix, exaspérée de cette obstruction perpétuelle, la menaçait d'un long purgatoire, Marie-Gabrielle répondait : « Eh bien, si je vais en purgatoire, c'est vous qui m'en retirerez. »

Cette parole en l'air devait se réaliser à la lettre. En effet, celle qui, morte en février 1871, évoquait une vivante en février 1874, formulait diverses demandes qui pouvaient se résumer ainsi : « Soulagez mes souffrances par la pureté de votre vie. Moi, de mon côté, je vous aiderai à vous sanctifier. Il entre dans le plan divin que ce soit vous qui me délivriez, vous dont j'ai tant exercé la patience. »

Marie de la Croix supplie sa visiteuse de disparaître à tout jamais. Elle tente même de l'adresser à d'autres. Peine perdue! Marie-Gabrielle lui apprend qu'elle devra subir ces entretiens tout le temps voulu par Dieu. Alors commence une suite de dialogues que Marie de la Croix note dans ses carnets et qui dureront de 1874 à 1890. Ils ont été réunis dans une plaquette intitulée *Le Manuscrit du Purgatoire* et revêtue de l'imprimatur.

Le Manuscrit du Purgatoire, c'est au début les petites nouvelles, la chronique locale de l'Au-delà : « Mère Supérieure est au Ciel du jour de sa mort, parce qu'elle a bien souffert et qu'elle était bien charitable... »

« Sœur X... est dans le grand purgatoire où elle ne reçoit les prières de personne. » « M. est en purgatoire, parce qu'elle a, par ses paroles astucieuses, paralysé souvent le bien que les supérieures auraient pu faire. »

Ces détails peuvent agacer et faire sourire les sceptiques, mais n'oublions pas que ce sont précisément autant de preuves d'identité. La difficulté dans les communications inter-mondes est à deux degrés : le premier : est-ce bien un être de l'Au-delà qui s'exprime ? le second : est-il bien celui ou celle qu'il prétend être ? Toujours cette question : est-ce toi ? est-ce vraiment toi ?

Cependant, peu à peu le texte s'élève, prend de l'ampleur : « Il n'y aura que l'amour seul de récompensé au Ciel. Tout ce qui sera fait dans une autre intention sera nul et, par conséquent, perdu !... »

C'est en plein bonheur terrestre que Paqui fut arrachée à sa mère et à son fiancé. Elle avait tout reçu en partage : l'intelligence, la sensibilité, la beauté et le charme plus rare encore que la beauté. Quand brusquement elle fut emportée à l'âge de dix-huit ans, ce fut pour les siens le drame. Scandale du destin inachevé, révolte contre l'inacceptable. Leur chagrin fut tel que quelque temps après les avoir quittés, elle obtint de Dieu la permission de leur faire sentir sa présence, car l'amour est plus fort que la mort. Elle expliqua par la suite qu'il lui fallut faire très vite pour prendre contact avec ses bien-aimés, les soulever, nouer la chaîne.

Cependant, ce fut par l'intermédiaire d'une autre personne, une inconnue, qu'elle parvint à communiquer avec ceux qu'elle laissait : Mme Yvonne Godefroy, aujourd'hui décédée.

Jusqu'alors, dans mes recherches sur Paqui, j'avais eu les plus grandes peines du monde à obtenir des renseignements concernant sa personnalité et celle de son ou ses scripteurs. Que de lettres demeurées sans réponse! que de destinataires passés de l'autre côté! Or par un heureux concours de circonstances, lors d'un voyage à Nice, en décembre 1969, je découvris dans les archives de Mme Chesneau de Lonlay, une lettre de Mme Godefroy, lettre qui m'apporta tous les détails qui me manquaient.

« Etant en villégiature à Arcachon en 1926, pour la santé de mon mari, nous étions allés prier sur la tombe de notre jeune hôtelier, qui venait de mourir. J'ai été attirée par une chapelle très particulière, avec des inscriptions gravées dans la pierre sur les murs extérieurs, inscriptions remplies de consolation et d'espoir. L'intérieur de la chapelle était garni de fleurs blanches avec un portrait de jeune fille; l'autel et les murs étaient en marbre rose. Un coussin de velours jonché de pétales indiquait que la chapelle était fréquemment visitée. J'ai éprouvé à cet instant une émotion très particulière, faite d'une infinie compassion pour la mère douloureuse, émotion qui me donna l'impérieux désir de la connaître. Un jardinier, qui se trouvait là, me donna le nom et l'adresse. »

Il s'agissait d'une couturière bien connue à Bordeaux. Les deux femmes se lièrent pour une amitié qui devait durer vingt-cinq ans et que seule la mort put interrompre.

« Le 1er janvier 1928, poursuit Mme Godefroy, à onze heures du soir, j'ai ressenti un besoin d'écrire et le premier message est venu sous mon crayon. J'écris d'un seul jet, sans une rature, sous l'influence d'une sorte de musique intérieure. Les mots viennent sans effort au fur et à mesure de la scription. J'ai la conscience des termes que j'emploie, ou des mots que j'écris.

« Depuis cette époque, j'ai écrit environ cinq à six mille pages parmi lesquelles un choix a été fait pour être édité sous le titre *Entretiens célestes,* titre qui a d'ailleurs été inspiré. J'écris en pleine conscience, sans ponctuation, d'une écriture normale. Je ne me suis jamais occupée de spiritisme. Mon mari et moi sommes catholiques pratiquants. »

La réponse de Mme Chesneau de Lonlay mérite d'être citée, car elle situe le problème avec exactitude :

« Votre témoignage a d'autant plus de valeur que vous n'aviez jamais connu Paqui, à laquelle ne vous liait aucun lien de parenté. L'objection classique d'un travail de votre subconscient vous poussant à écrire sous l'effet de la douleur maternelle, raisonnement que les incrédules ne manquent jamais de faire en pareil cas, ne peut donc exister pour vous. Le mystère de l'écriture automatique conserve donc ici toute sa valeur de communication supranormale. »

Mme Godefroy fuyait la renommée littéraire avec un tel soin que son nom est absent d'*Entretiens célestes* et que beaucoup de temps s'écoula avant que je le découvre. Même modestie, même crainte de faire parler de soi, même souci de complet anonymat chez les autres scripteurs de Paqui.

En effet, d'autres amis de la jeune fille parvinrent à capter sa pensée et les textes qu'ils obtinrent de 1925 à 1927 furent publiés sous le titre *Le Missel de Paqui.*

Une réédition, enrichie de nouvelles communications, eut lieu en 1946. L'éditeur demanda l'imprimatur : on le lui refusa. On reconnaissait que l'ouvrage ne contenait rien de contraire à la doctrine catholique, mais on précisait en même temps que cette autorisation ne pouvait être accordée qu'à des textes signés par un auteur vivant physiquement sur terre. Il fallait donc ou modifier le caractère inspiré des communications en leur donnant un signataire matériellement responsable, ou faire paraître le *Missel* sans imprimatur. Ce fut cette seconde solution qui fut adoptée.

La mère et les amis de Paqui furent très démoralisés par cette absence d'imprimatur, craignant que la diffusion de son œuvre ne s'en trouvât ralentie, craignant aussi de dévier vers des positions non chrétiennes. La jeune fille les rassura sur leur orthodoxie, leur affirmant que la Bible était parsemée de phénomènes de ce genre :

« Pourquoi, si vous n'obtenez pas l'imprimatur de l'Eglise, craindre pour nos conversations spirituelles permises par Dieu? Relisez les Ecritures, les livres saints! Chaque page contient la constante intervention de l'invisible dans la vie terrestre, pour aider et consoler les hommes. »

Paqui enseigne l'acceptation, l'amour, l'humilité. Elle montre le même chemin que sœur Thérèse : la voie d'enfance spirituelle, celle de la confiance et de l'abandon.

A la même époque se présenta le cas Max-Getting. Mme Suzanne Max-Getting perdit son mari après vingt ans d'union parfaite. Quand le déchirement de la séparation fut apaisé, ils se retrouvèrent en esprit, et le premier désir exprimé par l'absent fut que celle qui était restée menât de nouveau une vie normale et contribuât, par ses écrits, à répandre l'idée de la survivance.

Désormais, la tâche de Mme Max-Getting était tracée, elle voulut faire connaître que les disparus restent vivants dans l'espace où tout est vivant; que grâce à leurs enseignements, nous devenons meilleurs et hâtons notre évolution. Elle voulait surtout consoler les désespérés, calmer les angoisses des agonisants et de tous ceux qu'épouvante la croyance au néant.

Le sort des jeunes la préoccupait au premier chef, et les lignes suivantes qu'elle reçut en 1927 s'appliquent étonnamment à notre époque : « On songe avec épouvante à l'effroyable survie que se préparent ces jeunes générations, conséquence de leur ignorance et de leur mépris de toutes choses graves, de toute noblesse de sentiments. Les éduquer, les éclairer, leur démontrer ce qui les attend, si elles persistent dans l'erreur du matérialisme absolu, de l'égoïsme, et de la négation totale de l'Au-delà. »

Force du lien d'amour : un enfant s'adresse à sa mère, un mari à sa femme, voici à présent un frère à sa sœur :

Albert Pauchard (1870-1934), président de la société d'Etudes psychiques de Genève, se manifesta à sa sœur Antoinette (1873-1963), qui avait été sa collaboratrice. Elle le vit et l'entendit en esprit dans les six mois qui suivirent sa transition. Ensuite, fatiguée et déprimée, elle n'eut plus de visitations, jusqu'au jour où il parvint à l'atteindre par l'intermédiaire d'un petit groupe d'amis, en Hollande. Ses communications ont été réunies en quatre ouvrages[1]. Incisives, parfois nuancées d'humour, elles apportent de remarquables précisions sur l'interaction réciproque de la vie présente et de la vie future. Le message suivant résume bien son enseignement : « La destinée qu'on est venu accomplir sur terre doit être accomplie. Si ce n'est pas accepté avec une intelligente résignation, c'est doublé ici. Je ne veux pas vous faire un sermon en vous disant cela. Vous-même sauverez vous-même. »

Albert Pauchard naquit, vécut et mourut à Genève. En 1911, il séjourna toute une année à Paris, où il étudia l'ésotérisme avec Papus et déve-

1. Voir la bibliographie à la fin du volume.

loppa ses dons de guérisseur-magnétiseur. Il se lia également d'amitié avec Léon Denis (1847-1927), successeur d'Allan Kardec, auteur d'ouvrages désormais classiques.

De son vivant, Albert Pauchard n'a rien écrit. L'intégralité de son temps était requise par ses activités de guérisseur. Ses dons en ce domaine étaient extraordinaires et il les mit libéralement à la disposition de tous ceux qui souffraient. Afin de pouvoir exercer, sans être inquiété, il fit à Genève les études nécessaires pour obtenir son diplôme de masseur. Ses journées de travail furent bientôt aussi pleines, aussi débordantes que celles d'un médecin généraliste. Il ne s'enrichissait pas pour autant : payait qui voulait et qui pouvait.

Mais l'accomplissement de cette tâche n'allait pas sans danger. A la fatigue normale des consultations innombrables s'ajoutait parfois le choc en retour. Il ressentait les maladies de ses patients. Il lui arrivait d'être pris de malaises, de vomissements et d'être obligé de s'aliter. Ce surmenage perpétuel ne fut pas étranger à sa fin subite et prématurée.

Sa nièce, Mme Dunand-Pauchard, à qui je dois ces détails, me reçoit[1] dans l'appartement voisin de celui où Antoinette vécut ses dernières années. Elle me montre, dans sa première édition, le célèbre recueil de messages : *L'Autre Monde, ses possibilités infinies.* J'ouvre le volume, un petit carton s'en échappe et je lis ces mots qu'il avait écrits le 10 novembre 1913 :

1. A Genève, le 12 avril 1969.

« Je crois en Ta bonté et je Te promets que je ne me servirai de mon pouvoir que pour la justice et le vrai. »

Toute sa vie, il tint parole. Toute sa vie, il œuvra pour ce qui est juste et ce qui est vrai. Et parce que sa pensée et son action étaient orientées vers le bien, sa parole l'était également.

« Jamais je ne l'ai entendu parler en mal de quelqu'un ! » me dit Mme Dunand-Pauchard, qui insiste sur le fait que cet homme très bon était aussi un bon vivant. Et songeant à ce couple fraternel si uni dans son affection et son admiration réciproques, dans son œuvre commune *ante mortem* et *post mortem,* cette femme positive, pour ne pas dire sceptique, conclut :

« Ils ont été heureux : ils ont vécu leurs idées ! »

L'Esprit souffle où il veut : il a soufflé en milieu catholique (sœur Marie-Gabrielle, Paqui), en milieu protestant (Pierre, Albert Pauchard), en milieu israélite (Max-Getting); le voici maintenant qui souffle en milieu athée ! Le cas de Jean Quélavoine annihile à son tour l'hypothèse du subconscient.

M. et Mme Quélavoine n'appartenaient et ne voulaient appartenir à aucune religion. Lui, était directeur d'école primaire, elle était institutrice dans le même établissement. Tous deux, épris de philanthropie et de pacifisme, militaient dans les syndicats.

En septembre 1935, ils firent à leur fils Jean, mort à douze ans, des obsèques civiles. Intelligent et beau, Jean avait une réceptivité psychique étonnamment développée puisque, tout jeune qu'il fût, il était capable de sentir que telles fleurs peintes par une amie de sa mère « n'avaient aucune âme ». Quelque temps après la mort de Jean, Mme Quélavoine, passant dans le vestibule de son appartement, caresse son pardessus resté accroché au portemanteau. Elle, qui croit au néant, ne peut s'empêcher de s'adresser au disparu : « Jean, mon petit Jean, où es-tu ? » Un bruit dans la salle à manger, elle s'y précipite... et elle voit une des tulipes de la suspension se détacher, et, au lieu de tomber verticalement, décrire une parabole et se poser sur le parquet à deux mètres de là, juste au pied du fauteuil de Jean, où était placée une grande photographie de lui.

M. Quélavoine accourut, ramassa la tulipe et remarqua que le parquet en gardait les traces, comme si elle avait été déposée brûlante. Quand il voulut la remettre en place, il fut stupéfait de constater que les trois vis qui la maintenaient étaient restées bloquées. Pour y parvenir, il dut les dévisser une à une. Preuve très matérielle donnée à des gens qui professaient le matérialisme. Manifestation physique en attendant les manifestations spirituelles.

Une autre fois, au cours d'une réunion de famille, Jean dit à Mme Quélavoine : « Je suis là », et la voix fut perçue par plusieurs personnes.

Ainsi, pour ceux qui croient à la réalité de la résurrection immédiate, à la possibilité de recevoir des messages, grâce exceptionnelle accordée par permission divine, la mort a vraiment perdu son aiguillon, et l'on cherche en vain la victoire du Sépulcre.

CHAPITRE V

ROLAND DE JOUVENEL

Il fut emporté par une maladie dont aucun des dix-sept praticiens appelés successivement à son chevet ne put déterminer l'origine. Mais qui était Roland ? Un jeune garçon comme les autres, qui ne travaillait pas très bien en classe et que le travail scolaire assommait.

« Roland, grondait le professeur, vous m'écoutez ?

– Non, monsieur, répondait-il poliment, je pense. »

Sa mère, à son tour, venait le harceler : « Tes études, tes examens, ton avenir. » Ce qui lui avait attiré cette réponse, pleine de douloureuse ironie : « Es-tu réellement sûre que j'aurai un avenir ? »

Mais Roland était aussi, était surtout un jeune garçon pas comme les autres : ses mots d'enfant étaient, comme ses futurs messages, d'une poésie très dense. Il dit un matin : « J'ai perdu ma nuit :

je n'ai pas rêvé. » Un vers limpide, bien frappé, bien rythmé qui eût fait le bonheur de Valéry. Il aimait également à répéter : « Il faut que je trace des routes. » Mais ces routes n'étaient pas de celles qui unissent les villes de la terre, et cette phrase sibylline devait s'éclairer beaucoup plus tard, lorsque, de l'autre côté du voile, il dicta : « Je te trace des routes. A toi de travailler. »

Quelque temps après sa mort, Marcelle de Jouvenel retrouva, en rangeant des papiers, maladroitement tapées à la machine, des phrases de ce genre : « Je chante comme un fou qui foudroie le monde. » Ou bien encore : « Le monde est petit, très petit, très petit ! » Comme si, à l'avance, il avait eu de la terre cette vision qui se présente à ceux qui viennent de franchir le voile. Sœur Marie-Gabrielle ne dit-elle pas que la terre lui est apparue comme un point ? Maintenant, il est possible aussi qu'il ait pris « le monde » au sens de mondain, et « petit » au sens de mesquin. La phrase n'en est que plus vraie : le monde est petit, très petit.

Mais la plus étonnante de toutes ses prémonitions est celle concernant la reine Astrid. Cela s'était passé sur une plage de Belgique. Soudain Roland, qui avait quatre ans à cette époque, lâche sa pelle et son seau, court vers sa mère et lui dit tout à trac :

« Maman, la reine est morte !

– Allons, allons, ne dis pas de sottises, va jouer !

– Je te dis que la reine est morte ! »

Et le voilà qui retourne à ses pâtés. Le lendemain, les journaux annonçaient l'accident qui coûta la vie à la reine Astrid. La prédiction est d'autant plus frappante qu'elle concernait l'avenir immédiat, imminent. C'est le genre de prophétie le plus rare, le plus difficile, le domaine périlleux où mages et fakirs de magazines ne se risquent jamais.

Autre exemple de prophétie, mais cette fois c'est le monde invisible qui la formule à son sujet.

Un jour, Marguerite Maze, une amie de sa mère, en visite à Saint-Germain, lui propose un bizarre jeu de société :

« Tu vois, je dessine un alphabet sur cette grande feuille de papier. Je vais placer une main sur ce verre et le laisser glisser. Cela va composer un message. »

Elle pose sa main sur le verre qui, se promenant de lettre en lettre, ne forma que des mots sans suite. Roland à son tour voulut essayer. Le verre se mit en mouvement d'une allure décidée et écrivit rapidement : *Liaison spirituelle.*

« Liaison spirituelle ? qu'est-ce que cela veut dire ? demanda-t-il frappé.

— Ça ne veut rien dire du tout, intervint sa mère, très mécontente; j'ai horreur de ce genre de jeu. Tu ne pourrais pas trouver des distractions plus sérieuses ? »

Il aurait pu lui faire observer que, dès qu'une distraction est sérieuse, elle cesse d'être une distraction.

Il fallut la guerre pour que Marcelle de Jouvenel fît enfin la connaissance de son fils ! Jusque-là, elle avait toujours été par monts et par vaux pour ses reportages à travers le monde et ne s'était occupée de lui que de loin en loin. Sous l'occupation, réfugiée en Corrèze, elle eut avec Roland une intimité qu'elle n'aurait jamais eue à Paris, dans des circonstances normales. Et c'est au moment où elle comprenait enfin cet enfant, où elle s'attachait à lui de toutes ses forces, qu'il lui était arraché !

Pour le disputer à la mort, elle s'était battue avec opiniâtreté, avec courage, avec fureur. Seule ou presque. Elle avait remué ciel et terre, la terre beaucoup plus que le ciel, car, en ce temps-là, elle était indifférente et ce ne fut qu'au bout d'un long voyage intérieur dirigé par Roland que la foi lui fut accordée.

Pour obtenir de la streptomycine, médicament introuvable en France, elle s'adressa en premier lieu à Mme Bidault, l'épouse du ministre des Affaires étrangères d'alors. Accueil sympathique, mais résultat nul. Elle se tourna ensuite vers l'ambassade des Etats-Unis, qui répondit que le produit n'existait pas encore dans le commerce. Seuls en disposaient quelques rares savants américains. Elle songea aussitôt à son ami, Pierre Lecomte du Noüy, qui travaillait à la fondation Rockefeller de New York. Elle lui envoya un télégramme... et l'attente commença. Lorsqu'un avion passait au loin, elle disait au petit malade : « C'est sûrement celui qui apporte le remède qui va te guérir. »

Tous les jours, Bertrand de Jouvenel, son père

et divers amis, tel l'écrivain Emmanuel Berl, se relayaient à l'aérodrome, interrogeant les aviateurs qui arrivaient de New York, espérant toujours que l'un d'eux aurait au fond de sa poche un petit paquet de la part du savant français. Mais personne n'était au courant.

Enfin, arriva un télégramme : « PASADENA. CALIFORNIE. DÉSOLÉ NOUVELLES, M'OCCUPE D'URGENCE ENVOYER STREPTOMYCINE. AMITIÉS. LECOMTE DU NOUY. 21/4/46. 7 h 45. »

Le savant, très malade lui-même, était en cure de repos et ne put entreprendre les recherches nécessaires. La streptomycine ne fut jamais expédiée. C'en était fait de la dernière chance.

Alors, elle se tourna vers son fils pour le supplier de vouloir vivre : « Toi et moi, nous devons gagner la bataille de ta santé. Il faut que tu guérisses, parce que je le veux et parce que tu le veux ! Tu dois le vouloir ! Il y a toi et moi et personne d'autre. »

Autrement dit, nous sommes abandonnés de tous. Les médecins ne peuvent rien, les prêtres non plus. Il n'y a pour te sauver que ton énergie et la mienne.

Mais il semblait ne plus aimer la vie, il ne s'y accrochait plus, il se laissait glisser vers l'autre rive, dont il entendait l'appel doucement impérieux.

Le 2 mai 1946, à six heures du matin, quand Marcelle de Jouvenel entra dans la chambre de son fils, elle ne vit que du blanc : son visage était aussi blanc que son col de chemise. Un rayon incolore tombait sur ce visage. Dehors, sur la barre d'appui, il y avait un pigeon. Impassible, il fixait l'enfant. Impressionnée par cet oiseau immobile, elle n'osait plus avancer. Cette présence lui semblait un mauvais présage, mais voulant espérer contre toute espérance, elle se dit que seules les chouettes étaient symboles de mort. Elle fit un pas vers le lit. Aussitôt le pigeon se mit à roucouler, puis, à tire-d'aile, il monta vers le ciel.

Si la mère, et même le docteur se refusaient encore à la tragique évidence, Mme Champion, son infirmière, savait à quoi s'en tenir. Voici son témoignage :

« La veille de sa mort, il avait les mains tendues, pendant au moins un quart d'heure. Sa figure était transformée, il voyait certainement quelque chose... »

Ainsi est transformé le visage de ceux qui vont entrer dans la joie de leur Maître et qui perçoivent les présences invisibles chargées de les accueillir.

« J'avais beau regarder, je n'apercevais rien, mais je comprenais qu'il implorait Dieu. Ce jour-là, je n'ai rien dit à personne, sauf au docteur Bouvier qui faisait tout pour le sauver, il adorait ce petit. Je l'ai appelé pendant le déjeuner. Il a vu les mains en haut, implorant quelque chose qu'il voyait. J'ai dit au docteur : « Ce petit « ne passera pas la journée. » Il m'a répondu en riant : « Mais nous allons le guérir. » Je lui ai dit : « Les docteurs font les ordonnances, donnent les « médicaments, mais ne connaissent pas les « symptômes de la mort. »

« L'après-midi, le docteur était sorti. Il m'avait dit de lui faire une piqûre de solucamphre, si son pouls passait à 150. J'ai fait la piqûre et, à sa gouvernante qui était au pied du lit, j'ai dit : le petit Roland se meurt !

« C'est alors que je vous ai fait venir près de son lit, disant qu'il vous appelait. Il ne pouvait plus le faire lui-même. Si vous vous rappelez, il eut un râle, dans la poitrine... Vous vous êtes écriée : « Il a attrapé une broncho-pneumonie ! » Je vous ai répondu : « Ce n'est pas cela, madame, ce sont les derniers moments... »

L'enfant s'est immobilisé dans un étrange recueillement, comme s'il avait choisi lui-même sa dernière attitude, comme s'il allait dormir jusqu'à la fin du monde. Il ressemble à un gisant. Ses mains tiennent un bouquet de muguet offert par un ami. Toujours lucide, il ne parle pas, il ne peut plus parler. Tout ce qu'il peut faire c'est caresser les fleurs. Son dialogue avec cette terre est achevé... provisoirement.

Brusquement les mains trop maigres, trop blanches, lâchent le muguet...

C'était le 2 mai : fête de saint Athanase. Athanasia : immortalité.

« La vie que nous n'avons pas vécue sur terre, nous la vivrons dans un royaume parfait. »

Le désespoir de Marcelle de Jouvenel prit au départ la forme de la révolte. Révolte contre Dieu : s'il existe, c'est Lui qui frappe, c'est à Lui qu'elle doit s'en prendre. Il lui apparaît sans amour et plus dur encore que les hommes qui, eux au moins, ont l'excuse de ne pas savoir ce qu'ils font. Ce qui vient des hommes est mauvais, ce qui vient de Dieu est pire. Quant à l'immortalité, ce n'est qu'un mythe inventé par notre désespoir. Alors monta de ses profondeurs la question terrible, la question qui fait vaciller sur leurs bases toutes les théologies, toutes les philosophies : Pourquoi? Pourquoi? Silence en elle et autour d'elle. La réponse devait lui être fournie par Roland lui-même, mais beaucoup plus tard.

Cependant, si sa mère était plongée dans les affres du doute et du blasphème, Roland avait eu une fin chrétienne. Quelque temps avant sa mort, il avait réclamé impérieusement les derniers sacrements :

« Vite, Man, va chercher un prêtre! Je veux communier. »

Etrange volonté de la part d'un enfant élevé dans la tiédeur. Marcelle de Jouvenel avait obéi sans conviction, et quand le prêtre vint, elle était absente.

Une autre fois, dans les couloirs de l'hôpital Claude-Bernard, elle croise un religieux qui sortait de la chambre de Roland.

« Madame, je viens de passer un moment avec votre fils. C'est un prédestiné... Dieu le rappelle à Lui. »

La mère ne répond rien. Une sourde fureur gronde en elle. Qui a convoqué ce prêtre? D'où sort-il? De quel droit se fait-il l'interprète des desseins surnaturels? De quel droit vient-il apporter un message de mort ? Elle n'a qu'une idée : fuir cet émissaire de malheur. Elle s'éloigne rapidement en se disant : « C'est bien ce que je pensais. C'est Dieu qui va me le tuer ! »

Après la période de révolte, vint la période de remords.

Ai-je eu raison de l'emmener à l'hôpital ? N'aurais-je pas dû protester quand on cessait de le nourrir, pour le bourrer de morphine ? Et avant sa maladie, n'aurais-je pas dû m'inquiéter davantage ? au lieu de lui répondre : tu t'écoutes trop, quand il se plaignait d'être fatigué...

Pourquoi aimait-il si peu la vie ? S'il l'avait mieux aimée, il s'y serait accroché. Au lieu de cela, il s'est laissé mourir. Elle aussi maintenant se laisse mourir. Elle reste couchée, n'ouvre plus ses volets, oublie de manger, ne répond pas au téléphone, ne compose jamais un numéro. Si ! une fois, elle appelle le service des analyses à l'hôpital Claude-Bernard. Elle se souvient que le professeur L. avait fait prélever sur Roland du liquide céphalo-rachidien que l'on avait injecté à un cobaye. Elle n'avait jamais su le résultat définitif de l'expérience. Le cobaye avait-il, oui ou non, survécu ? Interminable attente auprès du téléphone. Enfin son correspondant revient à l'appareil. Il a fait de longues recherches, maintenant il peut répondre en connaissance de cause : le cobaye vit.

Le cobaye vit... Mais alors on s'est trompé, on s'est trompé du tout au tout ! La vie de Roland s'est jouée sur une erreur de diagnostic.

La descente aux enfers continue. Quand on

admet la mort de Dieu, la mort de l'homme ne tarde pas à suivre. Marcelle de Jouvenel retourne en elle la pensée du suicide. Elle espère qu'à force de ne rien vouloir, qu'à force de ne rien faire, la vie finira bien par s'éteindre. Comme la mort lente ne vient pas, elle songe à la mort violente. Elle se lève, elle va à son balcon, elle ouvre la fenêtre, elle est au quatrième étage, elle n'a qu'un geste à faire. L'attraction vers le bas est de plus en plus forte. En cet instant, elle comprend les suicidés. Elle se sent, comme eux, tirée vers le vide. Elle entend, comme eux, cet appel d'en bas. Entre le lit et la fenêtre, il n'y a plus qu'un tout petit espace. Elle veut le franchir, elle est poussée à le franchir.

C'est alors qu'elle sent une main invisible se poser sur son épaule et la retenir avec autorité. Le phénomène, exceptionnel, semblera beaucoup moins incroyable quand on aura abordé la question du corps éthérique. Le spirituel n'est pas, comme on le croit communément, le domaine de l'irréel et du vaporeux.

D'autres manifestations allaient suivre : l'attraction vers le haut commençait.

Le deuxième phénomène étrange se produisit à Saint-Roch, dans la petite chapelle où se trouvait le corps de Roland[1]. Là, au-dessous d'une croix de marbre, on peut lire : « Je suis la résurrection et la vie. » Marcelle de Jouvenel s'y était rendue comme chaque jour pour y porter des fleurs, le plus de fleurs possible. Cette fois, elle était

1. Il est à présent au Père-Lachaise, sépulture Hautoy, 58e division.

accompagnée de Marguerite Maze. Elle se disait : « Il faut que je l'entoure comme s'il était vivant. » Au moment précis où cette pensée la traverse, deux craquements éclatent à l'intérieur du cercueil, comme des coups de tonnerre. Est-ce une réponse? Ces deux coups ont été frappés avec tant de puissance que Marcelle de Jouvenel croit que le bois est rompu et que Roland va surgir. Son amie, folle à la fois d'épouvante et de joie, se jette dans ses bras et crie : « Il est vivant! il est vivant! »

Les messages devaient commencer peu après...

Une autre fois, dans la chapelle de la résurrection et de la vie, les flammes des cierges se mettent à danser, à crépiter bruyamment, elles filent, s'étirent, s'élancent, deviennent longues comme des épées. Au bout de quelque temps, la féerie cesse, les cierges peu à peu s'éteignent, un seul pourtant brûle encore. Marcelle de Jouvenel pense : Qu'il diminue et se rallume trois fois pour que je croie au surnaturel. Le cierge obéit. Un grand tremblement la traverse. Mais elle ne croit pas pour autant.

Toutefois, la révolte avait cessé dans son cœur. L'acceptation de la mère succédait à l'acceptation du fils, car Roland, conscient de sa mort, l'avait consentie. Bien plus, il avait compris qu'il ne devait pas s'attarder sur cette terre. Il avait dit avant sa fin : « Maman, il faut que je te quitte pour aller ailleurs. » Dans cet ailleurs, l'attendait une tâche immense : établir entre le visible et l'invisible des liaisons spirituelles.

Une amie, la mère d'un camarade de Roland,

nommé Pierre H., conseilla à Marcelle de Jouvenel de prendre un crayon et de laisser courir sa main. Elle refusa longtemps, tout ce qui ressemblait au spiritisme lui inspirait épouvante et méfiance. Puis, excédée par l'insistance de Mme H. qui téléphonait presque chaque matin, elle se décida. « Comme cela, pensa-t-elle, je pourrai lui dire que rien ne s'est passé... et elle ne me tourmentera plus. »

Elle prend un bloc et un crayon. Sa main, comme traversée par un courant électrique, commence à écrire d'une grande écriture penchée qui est exactement le contraire de la sienne. Mais ce n'est pas non plus l'écriture de Roland. Elle écrit ainsi d'une façon détendue et régulière, sans ratures ni hésitations, elle qui a toujours eu tant de peine à trouver la formulation exacte.

Quand sa main s'arrête, elle peut lire ce qui suit : « Puisque tu me demandes de venir, me voici ! Ne te désole pas. Je suis là, tout près de toi. Je t'aime. Tu vas être heureuse. Continue pour Frank, cela me fait plaisir... »

Frank était un soldat américain, qui fut le premier camarade de Roland et qui avait montré le plus grand dévouement lors de sa maladie. En automne 1946, il était interné par les autorités américaines en France, parce qu'au moment de sa démobilisation, il n'avait pas regagné les U.S.A. Anéantie par son chagrin, Marcelle de Jouvenel n'avait pas eu la force d'entreprendre les démarches qui devaient obtenir sa libération. Elle avait juste passé quelques coups de téléphone qui demeurèrent sans résultat.

Le lendemain de ce premier message, un officier américain se présente rue de Rivoli. Il cherche un appartement à louer, mais comme il n'a pas de mot d'introduction, Marcelle de Jouvenel se montre très réticente, très froide. Elle a hâte de voir les talons de ce visiteur importun. Au moment où il va prendre congé, brusquement inspirée, elle lui demande :

« Ne connaîtriez-vous pas, par hasard, un Américain influent qui pourrait sortir d'ennui un de vos compatriotes ?

– Peut-être, madame. Quel est le nom de votre protégé ?

– Frank K.

– C'est moi qui le juge. »

Désormais Frank pouvait être sans inquiétude : sa libération était en bonne voie.

C'est l'histoire, heureusement, miraculeusement terminée, du jeune soldat américain qui emporta les dernières réticences de Mme de Jouvenel. En effet, malgré les trois étonnantes manifestations qui avaient précédé, cette Normande, qui était le contraire d'une mystique, continuait à douter. D'un tempérament foncièrement méfiant et réaliste, elle ne parvenait pas à croire, en dépit des grâces exceptionnelles qu'elle avait reçues. Pour qu'elle crût enfin à la présence agissante et concrète de son fils, à l'authenticité des messages qu'il lui transmettait, il avait fallu que l'officier chargé de juger Frank vînt sonner à sa porte. Il avait fallu surtout que cette visite lui eût été annoncée la veille par Roland. Toujours la prophétie immédiate !

Encouragée, émerveillée, elle continue donc à écrire chaque soir sous la dictée de son fils qui est aussi son enseignant. Les rôles alors sont inversés. C'est lui qui désormais harcèle sa mère, c'est lui qui lui reproche de ne pas travailler suffisamment, de négliger telle étude qu'il lui avait recommandée. C'est lui qui prend en main sa conversion et son évolution spirituelle.

« Chacun sur terre doit toujours forger sa vie future, car la vie éternelle n'est qu'un prolongement. Dis-toi que ta vie humaine n'est qu'une racine en terre, un grain dans l'argile, et que ton éclosion sera au Ciel. »

Cette éducation de la mère par l'enfant avait beaucoup frappé Gabriel Marcel : « Il y a dans ce livre ce que j'appellerais une sorte de pédagogie angélique. Il y a plus encore : une sorte de gestation inversée, comme s'il était réservé à l'enfant d'enfanter à son tour spirituellement celle qui, au plan terrestre, lui a donné le jour. Là est, me semble-t-il, la note absolument particulière et véritablement bouleversante qui distingue *Au diapason du Ciel.* C'est moi qui ai proposé ce titre aux éditions de la Colombe, l'expression revenant au moins à deux reprises au cours des communications. » Et l'auteur de *Présence et Immortalité* remettait ce livre au public, convaincu qu'il se transmettrait de l'un à l'autre comme un dépôt, comme un secret, comme une flamme.

Et ce fut une succession de messages qui donnèrent la matière de cinq livres : *Au diapason du Ciel, Quand les sources chantent, Au seuil du*

Royaume, En absolue fidélité, qui obtint l'imprimatur, et *La Seconde Vie.*

Commentant *Au diapason du Ciel,* qu'il qualifiait de document précieux, le R. P. Daniélou écrivit dans la revue *Etudes* : « L'apport principal de ce livre réside dans la certitude qui éclate à toutes les pages que l'Au-delà de la mort est l'épanouissement de notre être. »

Dans *Témoignage chrétien,* le R. P. Bernaert posait cette question capitale : « Dieu qui se sert de tout pour atteindre le cœur de l'homme, ne pourrait-il aussi se servir de dons psychiques supranormaux ? »

Dans deux conférences qu'il fit au grand amphithéâtre de Marseille sur *Au diapason du Ciel,* le R. P. Valette, dominicain, avait déclaré à l'époque : « Le fond dogmatique qui est enseigné dans le témoignage de Roland n'offre aux théologiens aucune difficulté. De ce texte, nous pouvons extraire un enseignement tout à fait orthodoxe. »

Mais la formule la plus heureuse, c'est dans la bouche la plus autorisée que sa mère put l'entendre. La grand-mère paternelle de Roland l'avait emmenée à une réception d'ambassade où se trouvait Mgr Roncalli. Mme Boas de Jouvenel présente donc sa belle-fille au nonce et lui déclare sans préambule que cette dernière reçoit des messages de son fils défunt. Marcelle de Jouvenel, habituée aux froncements de sourcils de la hiérarchie catholique, ne sait plus où se mettre. Comment le nonce va-t-il prendre la chose ? Va-t-il se moquer comme certains prêtres de sa connaissance ? Va-t-il fulminer ? Quelles foudres romaines vont encore s'abattre sur elle? Non, ce n'est pas un inquisiteur qu'elle a devant elle. C'est un homme très compréhensif, très ouvert. Maintenant, elle ne redoute ni ses sarcasmes ni sa colère, elle a simplement peur qu'il ne soit choqué. Mais le futur Jean XXIII nullement scandalisé trouve cette formule qui résume tout : « Quand Dieu envoie de grandes épreuves, il envoie aussi des compensations. »

Daniel-Rops, dont la réflexion subtile s'interrogeait sur ces questions, comprit mieux que tout autre l'importance d'*Au diapason du Ciel* et l'infinité de ses prolongements : « La question que nous voulons poser ici est si grave qu'il n'y en a sans doute aucune qui lui soit égale en poids de toutes celles que l'homme peut se formuler quant à sa destinée. Il n'est vraisemblablement aucune personne qui, lorsqu'elle s'exprime en toute franchise, ne soit amenée à reconnaître qu'elle a été témoin ou terrain, ou enjeu, de certains phénomènes qui échappent aux explications logiques par le pourquoi ou le comment; pressentiments que l'événement confirme, faits de connaissance indépendante des cinq sens humains, la liste en est trop longue pour qu'on l'épuise... Tout se passe comme si, placé devant l'inconnu qui enferme le plus grave de tous les secrets, l'homme se refusait à le regarder en face; nous sommes loin de l'infatigable curiosité dont l'humanité fait preuve en tous les autres domaines. Il faut ajouter que cette attitude est assez spécifiquement française. La peur d'être dupe est un mal français, qui nous fait commettre bien des bêtises... »

Cette infatigable curiosité, dont l'humanité fait preuve dans tous les autres domaines, il suffit d'entrer dans une grande librairie pour la toucher du doigt. On est ahuri, submergé par la multiplicité des titres et des centres d'intérêt... Il y en a vraiment pour tous les goûts : les industries de la soie, l'amélioration de la race chevaline, la prévention des naissances, l'empire des Incas, l'obésité, la prostitution, les enfants difficiles, les jeux de hasard, les hautes températures, les textiles synthétiques, la géologie de l'Auvergne, les fresques d'Altamira... Mais sur la survivance : rien[1] !

Rien, absolument rien sur la seule question qui nous concerne tous ! Sur la seule certitude, rien...

Dans *Les Nouvelles littéraires,* Magda Martini, consacrant une note à *La Seconde Vie,* a su en dégager l'architecture secrète :

« Engagée dans une lente ascèse, l'auteur divise son ouvrage en quatre étapes : la première montre la relation qui existe entre notre monde sensible et l'invisible; la deuxième détaille le comportement de l'être humain qui entend s'élever vers plus de compréhension de ces phénomènes qui échappent à la raison; la troisième étudie la vraie vie intérieure, et la quatrième l'importance du psychisme pour atteindre, imparfaitement, le Royaume de Dieu, psychisme que la science future parviendra certainement à expliquer dans ses lois encore inconnues.

« Ces pages où la spiritualité s'unit à la poésie

1. Ces lignes ont été écrites en 1968. A cette époque, l'Au-delà n'était pas à la mode.

présentent des points communs avec celles de Lanza del Vasto dans sa quête de vérité, avec la pensée de Gandhi et des sages orientaux. Elles satisferont les lecteurs attirés par la méditation, mais elles irriteront les matérialistes pour lesquels seules comptent les réalités tangibles. »

Cependant, parmi ceux qui ne s'intéressent qu'aux réalités tangibles, tous ne sont pas irrités, tous ne sont pas hostiles. Loin de là ! Ainsi Jean Rostand a écrit à Marcelle de Jouvenel[1], qui lui avait adressé son livre, ces lignes dont l'importance est manifeste : « Pourquoi n'aimerais-je pas cette *Seconde Vie* ? Ce n'est pas parce que l'on essaie d'être rigoureux que l'on n'est pas touché par la recherche de l'essentiel, par le goût du recueillement intérieur, par le sens de l'émerveillement. »

Elle demanda au biologiste l'autorisation de reproduire ces lignes. Il répondit aussitôt : « Vous pouvez, bien entendu, citer la phrase que je vous ai écrite à propos de votre livre *La Seconde Vie*. Elle n'était pas une formule de politesse, mais l'expression de ma pensée. » Et le grand savant tint à répéter en post-scriptum : « Ce n'est pas parce que l'on essaie d'être rigoureux que l'on n'est pas touché par la recherche de l'essentiel. »

1. Mme de Jouvenel s'éteignit le 20 mai 1971, jour de l'Ascension. Or, en ce même jour de l'Ascension, en 1951, Roland lui avait dicté : « Je voudrais que tu puisses t'envoler sur un chant d'oiseau. » Et en 1952 : « Le temps de ta naissance approche. Patience ! Comme un petit ruisseau qui se referme, la mort recouvrira ta vie... et plus rien de toi ne palpitera. »

Les Anglo-Saxons divisent leur temps en a. m. et p. m., *ante meridiem* et *post meridiem.* J'aimerais donner une autre valeur à ces initiales : *ante mortem* et *post mortem.* Il y a des êtres dont les activités *post mortem* sont infiniment plus intenses que leurs activités *ante mortem.* Vies terrestres obscures, anonymes; vies célestes comportant une activité terrestre de tout premier plan. Vies *ante mortem insignifiantes; vies post mortem* pleines de signes, signifiantes au sens le plus fort du mot. Roland est de ces êtres...

CHAPITRE VI

COMMUNION ET COMMUNICATION

Les adversaires des communications spirituelles peuvent se diviser en quatre groupes.

En premier lieu, et de toute évidence, les matérialistes qui nient l'immortalité parce qu'ils nient la résurrection, qui nient la résurrection parce qu'ils nient Dieu, qui nient Dieu parce qu'ils nient la création. Dieu – Création – Vie Éternelle : indissoluble triangle. Qui rejette un de ces trois termes rejette aussitôt les deux autres.

Le philosophe G. Matisse résume parfaitement leur position : « Les mots : cause première[1], création, âme immortelle sont dénués de sens, car en contradiction avec les données objectives du réel. La vraie nature, c'est le chaos des faits désordonnés et contradictoires d'un monde incohérent. La vie n'est qu'une propriété de la matière. La pensée est entièrement conditionnée par des phénomènes chimiques. »

1. Cause première, mot pudique désignant Dieu.

A ce groupe d'adversaires nous répondrons : si vous niez la création, cette « donnée objective du réel », la création, cette évidence, à plus forte raison nierez-vous la survie qui est moins objective et moins évidente.

Dans le deuxième groupe se rangent certains chrétiens qui nient la résurrection immédiate, mettant cruellement l'accent sur la séparation. La mort est un sommeil jusqu'à la fin du monde. Le réveil aura lieu dans des millions de siècles. L'Au-delà selon eux est un immense dortoir.

A ces chrétiens-là nous poserons les deux questions suivantes : Si les disparus dorment jusqu'à la consommation des millénaires, que font Elie et Moïse auprès du Christ lors de la Transfiguration ? Que signifie cette parole du Christ : Aujourd'hui, tu seras avec moi dans le Paradis ?

Dans le troisième groupe, voici des chrétiens qui, sans nier la résurrection immédiate, déclarent impossibles les entretiens avec les disparus.

A ceux-là, nous répondrons par le texte de Samuel, passage souvent utilisé contre les messages et qui vient justement à l'appui de leur réalité.

Dans le quatrième groupe, les chrétiens qui, sans nier ni la résurrection immédiate, ni la possibilité des entretiens avec les disparus, les déclarent illicites en se basant sur le fameux texte.

A ceux-là, nous dirons : les messagers christiques se manifestent sans avoir été évoqués. Ce que Samuel reproche à Saül, c'est de l'avoir appelé dans un esprit qui n'était pas un esprit de prière. Si le premier avait voulu faire parvenir au second quelque inspiration, il l'aurait fait spontanément, par exemple dans un songe.

Mais il convient de relire ce texte, car, pour beaucoup de chrétiens sincères, il a constitué une pierre d'achoppement; en particulier pour les protestants.

On se souvient des circonstances : le roi Saül a appris qu'il y avait à En-Dor une femme qui évoquait les morts. Il se déguise et se rend de nuit chez elle, accompagné de deux serviteurs. Voici le dialogue entre le roi méconnaissable et la pythonisse d'En-Dor.

SAÜL. – Prédis-moi l'avenir, je te prie, par un esprit, et fais-moi monter celui que je te désignerai.

LA FEMME. – Tu sais bien ce que Saül a fait, comment il fit disparaître du pays les évocateurs d'esprits et les diseurs de bonne aventure. Pourquoi dresses-tu un piège à mon âme pour me faire mourir ?

SAÜL. – Aussi vrai que l'Eternel est vivant, il ne t'arrivera aucun mal pour cette affaire.

LA FEMME. – Qui dois-je évoquer devant toi ?

SAÜL. – Evoque Samuel !

Quand la femme vit Samuel, elle poussa un grand cri.

LA FEMME. – Pourquoi m'as-tu trompée ? Tu es Saül !

SAÜL. – Ne crains point ! Mais que vois-tu ?

LA FEMME. – Je vois un dieu qui monte de la terre.

SAÜL. – Quelle forme a-t-il ?

La Femme. – C'est un vieillard qui monte, et il est enveloppé d'un manteau.

Saül comprit que c'était bien Samuel. Il s'inclina le visage contre terre, et il se prosterna.

Samuel (à Saül). – Pourquoi as-tu troublé mon repos en me faisant monter ?

Saül. – Je suis dans une grande détresse, car les Philistins me font la guerre, et Dieu s'est retiré de moi. Il ne me répond plus, ni par les prophètes, ni par les songes. Je t'ai donc fait appeler pour que tu me fasses connaître ce que je dois faire.

Samuel. – Pourquoi me consultes-tu, puisque l'Eternel s'est retiré de toi et qu'il est devenu ton ennemi ?

Le centre de l'interdiction est bien : « Pourquoi as-tu troublé mon repos en me faisant monter ? » Mais il ne faut pas perdre de vue que si le roi Saül s'attire cette réponse, c'est parce que l'Eternel s'était détourné de lui.

Il ne convient d'aborder ces domaines qu'en Dieu, dans un esprit de prière et non de curiosité. Nos entretiens avec l'Au-delà doivent rester des grâces, des pratiques exceptionnelles. Jamais les messages ne pourront être l'objet de science pour l'excellente raison qu'ils n'apparaissent que dans des circonstances d'amour et de pureté dont la science n'a cure. On ne peut constituer une science avec des phénomènes qui ne se produisent que « par permission divine » et qui ne sauraient être reproduits à volonté. Les relations avec l'ailleurs ne sont pas matière de science, seulement matière de connaissance. Elles ne doivent se nouer qu'en esprit.

ROLAND : « Le phénomène d'absorption en un esprit disparu n'a de valeur que s'il se fait en Dieu. »

PIERRE : ... « Souviens-toi bien de cet avertissement que je te demande de révéler à tous : *si vous ne venez pas nous rejoindre dans la spiritualité, vous ne nous trouverez point !* »

Certains, qui ne nient pas la réalité des messages, pensent que ces relations peuvent nuire à l'évolution des disparus. Marcelle de Jouvenel connut ce scrupule et posa la question à son fils : « Roland, dis-moi si ces communications avec la terre empêchent ton ascension et retardent ta montée.

– Ecoute-moi bien : de la foi brûlante des vapeurs s'élèvent. Ne dis pas que je descends sur terre, dis que tu montes au ciel. »

Pierre tient à sa mère le même langage : « Ne nous appelez pas, mes bien-aimés, laissez-nous vous appeler. Oh ! ne rappelez point dans la matière ceux qui en sont dégagés désormais. Mais tendez vers eux vos bras pour qu'ils vous élèvent jusqu'à eux dans les régions spirituelles où règne l'amour... Quand la communion mystique unit un esprit du Ciel à un esprit de la terre, elle ne doit pas entraîner vers l'ombre l'esprit qui vit dans la lumière. C'est l'esprit de l'ombre qui s'élèvera pour retrouver dans cette lumière celui qu'il aime fidèlement et purement... N'évoquez pas les âmes chères pour les ramener aux lieux où l'on hait, où l'on souffre, où l'on ignore... Oh ! non, non ! Mais laissez-vous entraîner par elles dans les espaces infinis du Ciel où l'on aime, où l'on sait. »

De même, sœur Marie-Gabrielle, Roland, Thomas Dowding, Old Lawyer n'ont pas été sollicités. S'ils sont descendus vers les terrestres, c'est pour les inviter à remonter avec eux.

Il est remarquable que notre siècle, qui n'est pas gâté par ailleurs, ait été choisi pour voir se multiplier les appels lancés par l'invisible.

OLD LAWYER : « Le voile est plus mince que vous ne pensez; et bien que vous ne puissiez voir à travers lui, vous pouvez à travers lui percevoir. »

Le voile est mince; cependant, les messagers qui s'adressent à nous par permission divine affirment qu'ils rencontrent de grandes difficultés pour communiquer. Difficultés de tous ordres : morales, psychiques, intellectuelles, physiques, atmosphériques, temporelles, spatiales. Les quatre premières tiennent aux terriens, les trois dernières à la terre. Les conditions favorables à l'obtention des psychogrammes sont si nombreuses et si difficiles à réunir qu'il ne faut pas s'étonner de leur rareté. Un message britannique dit qu'il est aussi rare pour un esprit de communiquer convenablement avec un être humain que pour un être humain d'exécuter une opération chirurgicale compliquée.

Les communications du genre de celles qui font l'objet de cet ouvrage sont aussi rares que le diamant. Elles sont rares parce qu'elles sont des dons gratuits de l'invisible.

1. – *Conditions morales exigées du terrien :*

Elles sont au nombre de trois : sincérité, désintéressement, amour. Ceux qui aborderont ces domaines dans des sentiments de lucre, de curiosité, d'ironie ou d'imposture ne recevront rien. Les êtres de lumière se tairont; seuls parleront les disparus médiocres qui, menteurs sur la terre, continuent à mentir dans l'Au-delà. Mais le discernement des esprits est un des dons de l'Esprit.

Si pour réussir une expérience de chimie, la pureté du cœur n'est pas requise, il en est tout autrement pour les expériences psychiques. Si nos sentiments sont troubles, nous attirerons des esprits troubles, des êtres au rayonnement négatif qui nous transmettront leurs vibrations basses, leur désharmonie, leur déséquilibre.

Pierre : « Ce n'est que dans le renoncement aux œuvres de l'égoïsme et en vous maintenant par la prière constante dans les hautes sphères de la spiritualité, que vous retrouverez ceux d'entre nous qui projettent jusque sur la terre des ondes uniquement pures et spirituelles. »

2. – *Conditions psychiques :*

Nous vivons au siècle des sollicitations multiples, donc de l'usure nerveuse. La dispersion, cette sorte de maladie mentale, est devenue l'état normal de l'esprit. Ce fléau est particulièrement répandu dans les grandes villes. Soyons attentifs ! C'est l'attention qui fournit à la pensée des éléments de premier ordre. Considérant à la fois ce qui est loin et ce qui est près, elle est un télescope et un microscope. C'est l'attention qui fait les mémoires fortes, les intelligences solides, les cultures réelles. Concentrons-nous, soyons un pivot, un axe. Ne tournons plus autour des choses. Soyons présents au présent. Concentrons-nous : si l'on n'y prend garde, la vie intérieure tend vers la dispersion comme l'eau s'évapore en l'atmosphère. Concentrons-nous ! Ecartons les pensées secondaires, faisons la guerre aux parenthèses, restons au centre de nous-mêmes !

Albert Pauchard note que les pensées qui agitent incessamment et inutilement l'esprit humain sont autant d'obstacles. Il compare cette activité mentale désordonnée à la lumière allumée dans une chambre. Elle se reflète sur les vitres de la fenêtre et elle empêche de voir ce qui est à l'extérieur. Qu'on éteigne la lampe et aussitôt le monde ambiant se manifeste.

Tous les envoyés recommandent le calme et le silence.

Paqui : « Un grand calme est nécessaire pour que les âmes messagères puissent arriver à vous. Dieu agit dans le silence; il est tout repos, tout calme, toute pureté. Pour le bien goûter et sentir sa présence, il est nécessaire de s'éloigner du monde bruyant et futile, de rentrer quelques instants dans son jardin secret. »

A. B. demande à Mary Bruce Wallace de garder claire et calme son atmosphère mentale : « Un état d'esprit joyeux, tranquille, libre de soins et de soucis, est la clef d'or qui ouvre des possibilités infinies. »

Pierre ne peut inspirer que des cerveaux paisibles : « C'est ta main qui écrit, ce n'est pas la mienne. Et c'est ton appareil nerveux qui commande à ta main d'écrire ce que je te dis. »

Roland compare l'agitation de sa mère à une sorte de houle : « Comment veux-tu que je me pose sur des remous ? Quand les mouettes viennent sur l'eau, c'est que l'eau est calme. »

Dès que les inquiétudes maternelles se sont dissipées, il peut alors écrire : « Je reprends possession de ton double comme la marée submerge la plage. Tu es tout entière recouverte de ciel. C'est ainsi que je t'aime. »

Les divers états négatifs : appréhension, énervement, révolte, incroyance, préoccupations matérielles et sentimentales, rendent la communication difficile, sinon impossible. Il faut se trouver en état de réceptivité, de vacuité. Il faut faire en soi le vide, un vide voulu et consenti, momentanément, pour permettre aux intelligences de venir nous parler.

Ne peut accueillir que ce qui est vide. Le coquillage est vide et creux, pourtant lorsqu'on l'appuie à son oreille, on perçoit une rumeur immense : toute la mer. Le moule est vide et creux, son plâtre est friable, mais il vaut soudain par les métaux qu'il fige. Le bronze s'accomplit en sa fragilité.

3. – *Conditions intellectuelles :*

Notre langage, principalement axé sur la matière, reste un outil approximatif. Il est singulièrement inapte à la transmission des vérités d'ordre spirituel. Des termes comme amour, monde, esprit, âme sont terriblement vagues et recouvrent des réalités différentes, parfois antagonistes.

Les messagers ne fournissent pas le vocabulaire, mais les idées, les mots correspondants surgissent d'eux-mêmes dans le mental des scripteurs.

Christopher ne fait qu'insinuer dans le cerveau de sa mère ce qu'il veut énoncer et c'est elle qui place les expressions.

S'il n'y a pas de termes disponibles chez ses scripteurs, Albert Pauchard ne peut rien faire passer. Quelquefois d'autres mots, leurs mots, tendent à se substituer aux siens, alors il doit intervenir pour remettre les choses au point. Souvent leur mental ajoute quelque chose, mais en général cela cadre parfaitement avec ce qu'il veut exprimer. Cette interférence devient une précieuse collaboration.

Paqui se plaint de la résistance passive, de l'opacité de ses correspondants : « Il nous faut faire une vraie gymnastique avec nos fluides et nos rayons pour percer vos carapaces. »

Pierre avoue qu'il éprouve de grandes difficultés pour trouver les termes suffisamment explicites qui dessineront sur le canevas du mental maternel les figures du monde invisible.

Cela n'est pas nouveau : le Christ lui-même se heurta à cet obstacle :

« Jésus, dans la chair, éprouvait le douloureux amoindrissement qui provient du langage articulé, si impuissant pour exprimer les choses spirituelles... et bien plus encore les réalités invisibles. Que de fois je me heurte à ce dilemme : me taire ou exposer, d'une manière imparfaite et incomplète, les pures leçons de l'Esprit à l'esprit. »

Le monde invisible, qui est un monde d'action et d'évolution, nous invite instamment au travail, à la persévérance. Il nous enseigne la puissance incroyable des petits efforts quotidiennement répétés et la vanité des efforts donnés par à-coups. Il nous rappelle que le temps travaille seulement pour ceux qui travaillent : le temps est comme les hommes, il aime l'ouvrage tout fait. Ne laissons jamais aller les choses, car c'est alors qu'elles risquent d'aller de travers. N'attendons pas de l'avenir les miracles que nous n'aurons pas demandés à notre effort.

Le travail paie toujours; le travail est la seule chose qui ne déçoive jamais. Tout ce qu'il fait se capitalise. Cela est vrai surtout dans le domaine mental. Le correspondant terrestre doit donc se préparer par des méditations et des lectures.

ROLAND : « Comment veux-tu que ce soir nous traitions de grands problèmes, puisque tu n'as fait aucune étude préparatoire ? Sur terre, tu n'oserais pas te présenter devant un maître, avec une connaissance si mince des sujets mis en question. »

Il insiste sur l'obligation pour sa mère d'élaborer avec le maximum de soin et d'attention les problèmes sur lesquels porteront leurs entretiens. Il aimerait qu'elle se concentre sur des sujets précis et qu'elle lui pose des questions. Il lui demande de beaucoup réfléchir et de fournir un travail personnel pour qu'il lui soit plus facile de lui accorder des révélations.

Selon Pierre, il n'y a rien de mystérieux dans la

communion entre un esprit incarné et un esprit désincarné. Mais comme pour toute autre connaissance, il faut s'y préparer... Il faut garder la faculté de discuter, sans méfiance agressive, ce que nous enseignent les êtres de lumière. Leurs entretiens seraient plus fréquents, si l'homme savait se servir des facultés spirituelles de sa race. Malheureusement, ils se heurtent à notre non-savoir :

« Je crains que tu aies du mal à me suivre, car j'ai tant de peine à expliquer avec clarté des mystères qui se doublent pour toi de ton ignorance en philosophie et en sciences. Il y a des mots que je ne peux pas faire passer, ce qui rend ma démonstration lourde et gauche...

« ... Je vais m'efforcer de renouer le message que je t'envoie à celui qui fut interrompu. Reste bien passive. Ne cherche pas à te rappeler ce qui précède; tu m'obligerais à tourner dans un cercle restreint, dont je pourrais difficilement m'évader. Ceux qui reçoivent des inspirations ne se doutent pas du point auquel ils les limitent par leurs efforts pour les comprendre prématurément, en suivant à leur façon l'idée émise. Je te l'ai dit depuis le début de notre travail; ne pense à rien, écoute la voix qui te parle et qui dicte. Ecris les mots entendus, mais ne cherche pas à t'orienter, ni à deviner. Lorsque la lettre est terminée, le moment vient de la méditer pour la comprendre. »

4. – *Conditions physiques :*

Le corps n'est pas ce qui alourdit, ce qui

retarde l'esprit, c'est sa matière première. Le corps baigne dans un autre corps, le corps subtil. Le corps est la forme immanente de l'esprit, il tend à devenir l'image que l'esprit se fait de lui-même. Un esprit grossier fabrique un corps grossier. Et réciproquement. Sculpteur enfermé dans son bloc, l'homme modèle de l'intérieur son visage et son corps. Passée la trentaine, il est responsable de l'un et de l'autre. Qu'il prenne garde que le premier ne raconte trop clairement son histoire. Notre corps est un monde. Notre corps est notre monde. Il doit nous servir à mieux accomplir la vie. Il doit être en excellent état afin de mieux réaliser les tâches de l'esprit.

La grande ennemie de la vie intérieure n'est pas la maladie, qui peut être une source d'élévation et de progrès, mais la fatigue, cette maladie typique du XXe siècle. Chose étrange, la fatigue se développe proportionnellement au machinisme. Les mécaniques, loin de l'avoir supprimée, l'ont multipliée. Si elles épargnent en partie la fatigue musculaire, elles décuplent la fatigue nerveuse, infiniment plus dangereuse.

C'est la fatigue qui retarde et empêche tout épanouissement. Elle détruit l'attention, la volonté, la concentration. Elle produit les idées noires, le découragement, toutes les démissions, toutes les défaites. En outre, elle nous place en état de réceptivité vis-à-vis des diverses maladies. La fatigue du scripteur reste toujours pour les messagers l'obstacle le plus difficilement franchissable.

PIERRE. — « Fatiguée ? Oui, tu es fatïguée ! C'est un mauvais moyen d'arriver aux échanges spirituels. Entre nous se dressent des parois verticales, qui retiennent les ondes et qui obstruent les chemins où se rencontrent les âmes... J'ai tant et tant de choses à te dire, mais je te sens fatiguée, et je ne veux pas imposer à ton système nerveux un effort nuisible. Repose-toi... »

ROLAND. – « Si tu étais moins fatiguée, je te dirais beaucoup de choses. Remettons encore notre conversation. Je m'en vais. Le bavardage est absolument défendu ici. »

Philip, constatant la lassitude physique de sa mère, lui indique même un moyen de la combattre : qu'elle reste assise calmement sur sa chaise, la colonne vertébrale bien droite, et qu'elle respire profondément.

5. – *Conditions atmosphériques :*

Le fait que des variations climatiques ou météorologiques puissent influer sur les échanges avec les sphères étonnera nombre de personnes, mais spirituel n'est pas du tout synonyme d'immatériel, c'est ce que nous révèle la découverte du corps métaphysique.

Roland a du mal à rejoindre sa mère quand il y a beaucoup de vent et de mauvais temps sur la terre. Il signale que les perturbations atmosphériques ou les changements de saison troublent l'intensité des rayons que les disparus peuvent nous envoyer; les changements de saison produisent des sortes de courts-circuits à travers lesquels ils peuvent difficilement faire passer leurs ondes.

« Vous vous trouvez dans une sorte de brume, de chaos, où il nous est presque impossible de vous suivre; et pour peu que tu ne vibres pas intensément, je ne te vois plus. Comment trouver dans l'obscurité une lampe éteinte ? »

Dix jours plus tard : « Tu dois considérer que tout exerce une influence sur la qualité de mes messages : les éléments en particulier y jouent un grand rôle. Il nous faut traverser des couches d'ondes pour vous rejoindre, et il nous est plus ou moins facile de nous élancer dans l'atmosphère. Dans notre royaume, nous avons également nos difficultés d'ordre concret, lorsqu'il s'agit de revenir chez vous. »

A. B. à Mary Bruce Wallace : « L'atmosphère de guerre, qui pèse présentement sur la terre, nous perturbe en émettant une brume si dense et si étouffante que nous pouvons à peine supporter d'y descendre. Descendre, pour nous, signifie souffrir. »

Pierre parle de l'obstacle que représentent certains courants telluriques. L'aura de la terre forme une sorte d'écran entre eux et nous; cet écran est plus opaque dans les grandes villes. Les grandes villes sont d'épaisses conjurations contre l'Esprit.

Ces difficultés atmosphériques ont été encore accrues par les inventions récentes. C'est ce qu'il explique, le 9 février 1967, à une personne qui a consacré sa vie à la diffusion de ses écrits : « Pardonnez-moi les difficultés que j'ai pour venir près de vous : votre perturbation atmosphérique crée un barrage entre notre état éthérique et le vôtre. Les mouvements des satellites, l'éclatement des fusées, les essais atomiques créent d'innombrables vibrations qui empêchent le passage. Cela ira en s'intensifiant et pourrait mener à un éventuel éclatement de la terre et d'autres planètes. Aussi est-il de plus en plus nécessaire de s'occuper de la vie de l'âme, de la vie spirituelle future... »

Le dernier message de Pierre à Mme Monnier date de 1937. Plus de trente ans après, il s'adresse encore à ceux qui continuent son œuvre. Mais déjà, du vivant de sa mère, il dictait : « Il y a d'autres âmes à qui Dieu m'envoie en messager. »

6. – *Conditions de temps :*

Les messagers aiment s'entretenir avec les terrestres à des heures fixes; Roland s'irrite que sa mère l'interroge à n'importe quelle heure, cela l'importune : « Je ne puis être sans cesse à ta disposition. Il est préférable de t'en tenir aux heures de conversations matinales ou nocturnes. Dans le milieu du jour, je suis occupé. »

La plupart préfèrent la nuit. Albert Pauchard découvre que la lumière du soleil rend difficile la transmission des messages, tandis que la lumière de la lune la favorise. « Ce n'est pas exclusivement une figure que de dire des « morts » qu'ils descendent sur terre par la Porte de la Lune. En fait, le clair de lune facilite les communications entre les deux mondes. »

A. B. révèle à Mary Bruce Wallace que les esprits au sommet de l'évolution entreprennent leur travail le plus efficace durant la nuit. C'est alors qu'ils envoient vers la terre des courants bénéfiques. « Pendant la nuit, nous pouvons rassembler consciemment beaucoup de puissance émanant des sources divines et les transmettre immédiatement aux âmes qui en ont besoin. L'œuvre nocturne est très puissante pour élever l'humanité. »

Les premières heures du jour sont également très favorables : Lancelot est heureux de parler le matin, parce que sa mère est alors si transparente.

C'est en effet quand notre esprit est vierge comme une page blanche que les êtres de lumière peuvent le plus facilement y déposer leur empreinte. C'est au petit jour, quand nous sommes plongés dans un demi-sommeil, qu'ils nous accordent certaines révélations.

PIERRE. – « Nous ne sommes plus bourrasque, nous sommes souffles de l'aube. »

Quand Albert Pauchard veut faire passer à ses amis des informations trop étrangères à leur savoir, il les leur suggère entre sommeil et réveil, quand leur esprit est encore vierge, quand rien encore n'y est écrit, quand le monde extérieur n'a pas encore eu la possibilité d'intercepter la vraie connaissance.

Le rêve est en effet la porte étroite entre les deux mondes et les songes que les Invisibles nous envoient sont des avertissements. Old Lawyer cite le cas d'une jeune femme qui peu à peu se trouva complètement séparée de la terre et des habitudes terrestres. Elle ne retourna plus qu'occasionnellement vers son père et sa mère dans quelque rêve. Et il nous engage à ne pas mépriser nos rêves quand ils concernent les disparus : ils peuvent nous atteindre par ce moyen-là.

Des personnes, qui avaient lu superficiellement les Evangiles et les Actes, déclarèrent à

Mme Monnier que les visions et les songes étaient d'origine surnaturelle et morbide. Alliance de mots qui en dit long! Elle transmit l'objection à Pierre qui protesta avec véhémence et rappela que ces manifestations étaient au contraire un des moyens de l'Esprit. Il explique que si Dieu se servit des songes et des visions pour instruire les premiers chrétiens et au premier chef les apôtres, c'est parce qu'ils avaient conscience de la liberté qu'ils pouvaient acquérir dans le sommeil ou l'extase. C'est Dieu qui, toujours dans un dessein particulier, choisit le moyen de l'avertissement : prémonitions, rêves, visions, inspirations, paroles...

7. – *Conditions de lieu :*

Les grandes agglomérations ne sont pas du tout propices aux communions avec les Invisibles. Le contact avec la nature permettra le contact avec eux.

Les ondes bénéfiques qui émanent des arbres et des eaux, le silence vivant, les couleurs, les parfums, tout cela favorise merveilleusement les entretiens initiatiques.

Roland demande à sa mère d'aller à la campagne, il lui suggère une falaise comme lieu de méditation :

« Là, sera notre cité de rencontre; là, je pourrai te parler; là, il n'y aura aucune interférence. Les jours de soleil seront de très bons jours, car il faut que l'éther soit diaphane pour que mes vibrations t'atteignent. Je te signale que les oiseaux commencent à chanter, cela est très important, et aussi que la sève monte. Autant de phénomènes qui doivent avoir leur correspondance dans ta vie intérieure. »

Pierre est heureux de savoir Mme Monnier dans la pure ambiance des bois :

« Vous croyez revivre quand vous vous éloignez de l'œuvre des hommes, stérile et passagère, pour vous rapprocher de la grande œuvre de Dieu. Il y aura sans doute des sourires sur les lèvres de ceux qui liront ces lignes, et qui n'éprouvent la sensation de vivre pleinement que dans la fièvre des villes. »

Paqui évoque la voie lactée d'une belle nuit estivale :

« Immensité de ce ciel constellé, splendeur de la nature, spectacle grandiose, vous nous rapprochez de l'Au-delà parce que nos âmes s'élèvent, sentent et voient Dieu dans son œuvre. Il est bien rare qu'un matérialiste, un incroyant même, ne soit pas ému et ne sente pas la force, l'amour et la puissance de ce grand créateur qui régit les mondes. Admirez, c'est une prière qui montera très haut. »

A. B. voudrait que Mary Bruce Wallace pratique quotidiennement l'union consciente avec la nature dans le calme et la réceptivité nécessaires. Les résultats tiendront du miracle, si elle élève son âme, si elle élève ses yeux. « Recevez la vitalité céleste, le calme céleste, la radiance céleste. La mer, le ciel et les fleurs de la terre sont messagers divins. »

Roland : « Allez dans la Nature, c'est là que les vivants et les morts se rejoignent le mieux. »

La nature est une Bible, elle détient elle aussi sa part de révélation, tant il est vrai que ce qui est en bas est comme ce qui est en haut et que la vocation du visible est de parler de l'invisible. Vent, sable, rocher, torrent, volcan ont chacun une vérité à nous apprendre. Les mers, les pollens, les galaxies, les floraisons furieuses, les rosaces tracées par les planètes et les géométries des cristaux sont les paraboles de l'Univers-Evangile. La nature, comme le Christ, parle en similitudes. Certains, en fuyant vers le cosmos, veulent échapper à l'Evangile : ils ne tardent pas à l'y retrouver.

La nature est la parole de Dieu, le monde[1] est son silence. La nature est prophète : le monde tue les prophètes. La nature, qui devait être le miroir de l'invisible, est, au cours des âges, devenue un écran. La nature pour presque tous est cachée. Il y a deux façons d'être caché : soit enfoui comme un trésor dans un champ, soit placé en pleine évidence, en pleine lumière, comme un fruit sur un arbre... mais l'écran est intérieur.

La nature est devenue muette, mais, comme les muets, elle parle par signes. Le signe ne peut être compris que si nous faisons silence. Nous aussi, nous devons être muets. Tout silence devant le cosmos est un temple. Un tel silence prépare le moment où certitude, force et puissance s'identifient en bonheur. Pendant quelques heures, les fatigues et les avilissements de la lutte quotidienne sont épargnés. Pendant quelques heures, l'esprit se repose dans la joie de l'unité. L'unité, quand elle se connaît, est l'existence multipliée.

1. Monde, dans cet écrit, est toujours pris au sens de sociétés, nations, empires.

CHAPITRE VII

OPPOSITIONS ET OBJECTIONS

Des oppositions ne tardèrent pas à se manifester contre les communications spirituelles et il est pénible de constater que l'attaque ne fut pas menée par les athées et les matérialistes qui, eux, auraient été dans leur rôle, mais bien par certains chrétiens qui font un choix arbitraire dans les Ecritures, écartant délibérément tout ce qui a une coloration mystique.

On voulut donc que ces messages fussent le fruit du subconscient des scripteurs. Merveilleux subconscient qui s'exprime comme les saints, comme les apôtres, comme le Christ lui-même ! Si vraiment c'est le subconscient qui parle, il convient de l'écouter et de l'adorer, ce subconscient qui possède les paroles de la Vie.

Au XXe siècle comme au premier, on persécute ou l'on raille ceux qui portent témoignage de la vie indestructible. Mais les Sadducéens, logiques avec eux-mêmes, affirmaient ne pas croire à la résurrection. Les Sadducéens n'avaient pas derrière eux vingt siècles de christianisme. Tandis que les détracteurs protestants et catholiques des messages déclarent dans leur symbole commun qu'ils croient en la communion des saints (visibles et invisibles), la résurrection des morts et la vie éternelle. Or les premiers disent : la sainte Eglise universelle; les seconds; la sainte Eglise catholique; mais catholique signifie universel. Eglise universelle, non seulement dans le temps, mais aussi dans l'espace, ce qui signifie que seront aussi concernées les humanités des autres systèmes.

Du côté protestant comme du côté catholique, il y eut des gens qui affectèrent de ranger dans la même catégorie les tireuses de cartes et les scripteurs des messagers. Tout cela étant fourré pêle-mêle dans la rubrique occultisme. Il faut une grande dose d'ignorance ou de mauvaise foi pour assimiler à de la magie les témoignages venus des demeures christiques.

Un prêtre, spécialiste de ces problèmes, alla jusqu'à déclarer en public que Marcelle de Jouvenel s'était rétractée, qu'elle avait reconnu ses « erreurs ». Bref, il faisait dire à cette mère : « Mon fils est mort. Il est bien mort. Tous les morts sont bien morts. Toutes ces révélations ne sont que le fruit de mon imagination et de mon imposture. Oui, mes voix m'ont trompée. Mes voix n'étaient pas de Dieu. » Ce prêtre semblait oublier ce fameux passage de saint Augustin : « Je suis convaincu que ma mère reviendra me visiter et me donner des conseils en me révélant ce qui m'attend dans la vie future. »

Il parlait comme ce psychiatre qui avait eu à s'occuper d'une amie terrassée par une dépression nerveuse, après la mort accidentelle de son fils âgé de vingt-trois ans. Après la « cure », l'éminent homme de science prononça en guise de conclusion : « Madame, il faut que vous admettiez la mort de Philippe. Réalisez enfin que votre fils est mort. Pensez à autre chose... » Toujours est-il que le psychiatre-psychologue-psychanalyste avait pour excuse, à la différence du prêtre mentionné plus haut, de ne pas appartenir à la maison de celui qui nous apporta la bonne nouvelle de la survie. Ce monsieur, dont la raison sociale comportait trois fois le mot âme, ne croyait pas à l'âme.

« Celui qui croyait au ciel, celui qui n'y croyait pas » : il n'y a pas d'autre dilemme. Cependant à l'intérieur même du christianisme, il y a le clan, très fort, très puissant, de ceux qui ne croient pas au ciel proche, réel, perceptible, concret.

Mme de Jouvenel était troublée par les critiques et les mises en garde que lui prodiguaient des personnes pas toujours bien intentionnées. Il fallut que Roland la rassurât ! « Maman, tout ce que l'on te dit sur nos relations n'a pas plus d'importance qu'un peu de vent. Tu dois considérer cela comme l'épreuve indispensable. C'est maintenant que ta qualité va se révéler. Si tu résistes aux efforts des hommes qui veulent te démontrer que seul ton subconscient est en jeu, il sera évident que tu auras triomphé des courants perturbateurs qui s'attachent comme la lèpre à tout ce qui dépasse l'entendement humain... Mais la qualité, d'où vient-elle ? Toujours de la matière ? Et le génie, et la sainteté, d'où viennent-ils ? Et en toi d'où vient cette abondance de réflexions pures ? Du « subconscient », diront les incrédules. Et pourquoi auraient-ils davantage raison que moi qui te dis : « Maman, c'est ton fils qui te dicte « tout ce que tu écris. » Tes pensées touchent le ciel, et c'est sur ces rayons de vibrations que je peux laisser glisser mon propre esprit. Ondes spirituelles que tu captes, parce que ta douleur t'a mise en état de réceptivité céleste. Les incrédules n'expliquent rien puisqu'ils évoquent un état de subconscience, sans arriver d'ailleurs à définir ce qu'est le subconscient !

« Ce religieux t'a dit : Il y a trois hypothèses pour identifier l'origine de vos communications :

– la première se rattache à la théorie du subconscient;

– selon la deuxième, vous interprétez l'inspiration de Roland;

– selon la troisième, Roland, lui-même, s'exprime.

« Que les hommes réfléchissent ! Comment peuvent-ils définir le plan où plongent les racines de l'inspiration ? Ne reçois-tu pas des directives contraires à tes désirs ?

« Conclusion : je conduis ta pensée et tes actes en dehors de toi. »

Mme Monnier, elle aussi, avait reçu des directives contraires à ses désirs, ainsi qu'à ses idées les plus profondes. Si c'était le subconscient de Mme Monnier qui était l'inspirateur des lettres de Pierre, on devrait se trouver en présence d'un Au-delà tout protestant. Or, sous le crayon de cette femme, élevée par un pasteur, dans une famille où la Bible était lue en commun, voici qu'il est question des anges gardiens, des saints : Pierre se met à parler de Thérèse d'Avila et de « sa petite sœur Thérèse qui, venant parmi nous, recueille les roses de son jardin mystique pour les rendre à la terre en inspirations, en secours, en interventions, en prières... Je t'ai déjà parlé d'elle... »

Il en reparlera. Une autre fois, s'irritant contre le manque d'intelligence spirituelle des chrétiens, il leur demande quel cas ils font des révélations que Dieu leur envoie non seulement par la nature, par le Christ, par les anges, mais aussi par les saints : « A quoi vous servent les révélations des inspirés : les prophètes et ceux que vous nommez les saints : un François d'Assise, un Augustin, une Thérèse, une Catherine de Sienne aux mains trouées par reconnaissance pour son Sauveur ? »

Mme Monnier dut être bien perplexe en relisant une phrase comme celle-ci : « L'instrument humain le plus adorable ici, dans notre belle sphère blanche, c'est le doux visage de Marie. » De tous les messagers, c'est Pierre qui parle le plus abondamment et le plus fréquemment de la Vierge; de l'Annonciation à l'Assomption, ses lettres contiennent un véritable florilège marial.

Mais l'essentiel de la nouveauté, c'était la prière pour les défunts, prière que les protestants ignorent, parce que, disent-ils, il n'en est nullement question dans le Nouveau Testament. Il y est tout de même question de baptême pour les morts, or une telle cérémonie était forcément accompagnée d'invocations et d'intercessions.

« Priez pour nous, vous le pouvez, vous le devez... Pensez à nous, priez pour nous et notre immortalité se manifestera pour vous dès votre vie terrestre, par notre influence, par notre présence. »

Il est très important que Pierre et sa secrétaire n'aient pas été catholiques. Il est très important qu'ils aient grandi dans une religion qui n'a produit aucun phénomène tel que stigmates, lévitations, apparitions (bien que la Bible, dont elle se réclame sans cesse, en déborde) et qui n'a pour les mystiques que défiance et sarcasmes. Récemment encore un pasteur de ma connaissance se vantait du haut de la chaire de ne pas être un mystique, tandis qu'un autre, à la radio, évoquait le danger de « sombrer dans le mysticisme ». Il disait sombrer dans le mysticisme, comme on dit sombrer dans l'alcoolisme ou la prostitution.

Pierre expliqua à sa mère qui dut, elle aussi, faire face à quantité d'attaques, ce qu'il faut penser de ce vieux cheval de bataille : le subconscient. Selon lui, aux trois composants de l'homme : esprit, âme, corps, correspondent trois subconsciences dont l'ensemble forme le subconscient :

« Ainsi, dans le cas qui nous intéresse tout particulièrement : la cause véritable des messages que tu transcris, quand un sceptique affirme que ton subconscient est l'inspirateur et le scribe, il fait fausse route. Et pourtant, c'est bien avec ta subconscience la plus évoluée, celle de ton esprit, qu'il m'est possible d'entrer en contact. Et c'est également celle de ton corps qui recueille la pensée inspirée, pour l'extérioriser. De même qu'il est nécessaire que la subconscience de ton âme, avec sa sensibilité spéciale, agisse sur les deux autres, pour permettre à ton cerveau l'impression, l'émotion, qui se transforment en langage formulé. L'unité d'où procèdent ces trois forces différentes est le subconscient. » Avec son génie des formules concises, Pierre résume sa pensée dans une phrase définitive : « Votre subconscient est incapable de produire. Il ne peut que reproduire. »

Les messages de l'Au-delà passent par le subconscient du scripteur, mais ils n'expriment pas ce subconscient. Ils traversent le subconscient à la façon de la lumière qui traverse le fil électrique. Le fil transporte la lumière, mais il n'est pas la lumière. La lumière vient d'ailleurs. Le subconscient, dans le domaine spirituel, est comme l'instinct, dans le domaine animal, un terme pratique, qui recouvre des quantités de choses, mais qui est incapable de rendre compte de tous les phénomènes.

Comme Roland, comme Pierre, Albert Pauchard ne nie pas l'intervention du subconscient dans la transmission des messages, mais précise qu'il n'est jamais qu'un outil. Le subconscient n'est pas la cause, il n'est que le moyen. A la question de ses amis qui lui demandaient de quelle façon tel auteur de leur connaissance s'était trouvé amené à écrire son livre, il répond qu'il a reçu les images dans sa subconscience et qu'elles ont émergé à la surface aux moments où il se rendait disponible pour les recevoir.

« C'est le même procédé que j'emploie pour notre travail en commun. Je vous montre les choses que je veux dire à un moment où votre esprit est encore libre de toute pensée individuelle. Je veux dire : entre sommeil et réveil, comme vous savez. Ces mots et ces images restent déposés dans la subconscience. Au moment où vous vous mettez en communion avec moi, notre orientation collective, ainsi que l'état d'esprit qui l'accompagne, permettent à ces choses d'affleurer à la surface de la conscience de veille. »

Dès que le subconscient est en relation avec le plan divin, ne serait-il pas plus exact de l'appeler superconscience ou ultra-conscience? Roland s'est arrêté à ce dernier terme que l'on voit apparaître dans la *La Seconde Vie :* « L'éveil de cette conscience supérieure peut communiquer avec le monde du royaume ultime. C'est sous cette forme qu'il convient d'en parler... Les êtres qui vivent au niveau de l'ultra-conscience ont des émergences qui se répercutent sur le plan concret. Leurs esprits influent sur la matière d'une façon parfois si éclatante que l'on pourrait dire qu'ils ont une sorte de pouvoir hypnotique sur la marche des événements. »

Ayant vu que le subconscient est un canal et non pas une source, un reproducteur et non un producteur, il convient que nous examinions une accusation beaucoup plus grave : l'accusation d'occultisme et de nécromancie. Il est bien facile d'y répondre puisque ce sont les disparus eux-mêmes qui nous mettent en garde contre ces pratiques.

ROLAND : « Je ne viendrai plus si tu t'égares à nouveau dans des expériences. Méfie-toi, ce domaine est rempli de forces maudites. Reste dans les zones pures de la foi... »

PIERRE : « Seuls les esprits matériels et retardés par leur faute (je dis bien par leur faute, car tout autre empêchement est anéanti au nom de la justice divine), seuls ceux d'entre nous qui ne veulent point admettre les raisons de complet altruisme vous aborderont et se manifesteront par des phénomènes inférieurs et sans valeur réelle... »

Le juge Hatels interdit à Elsa Barker d'évoquer les esprits des « morts ». Ils peuvent être occupés ailleurs et elle serait assez forte pour les détourner de leur tâche propre et les attirer vers la terre contre leur gré.

Il conclut en la remerciant de ne l'avoir jamais appelé, de le laisser venir à l'heure choisie par lui et de lui permettre de dire ce qu'il désire sans troubler sa pensée, soit par des questions, soit par des commentaires.

« Vous qui écrivez pour moi, souvenez-vous que la première fois que je vins, vous ne saviez même pas que j'avais quitté la terre. »

Le curé d'Ars dicte dans son message du 1er mars 1946 : « La magie a fait beaucoup de mal à la cause de l'Esprit, et cela doit être dit clairement. La magie, c'est-à-dire tout ce qui se rapporte aux fréquentations de l'astral, donc l'évocation des morts ou des malins esprits indicateurs de philtres ou de trésors. Toute vocation spirituelle sincère doit s'orienter vers les cimes, chacun sachant attendre la visite du ciel. A l'inverse des bas esprits répondant aux évocations des mortels ou à leurs désirs de pénétrer l'Invisible, les messagers de Dieu ne viennent que vers les missionnés et seulement à l'heure de son commandement. »

Le caractère christique de ce texte ne fait aucun doute. Mais est-il vraiment du curé d'Ars ? Je n'oserais l'affirmer. Ayant lu dans un petit périodique un message signé saint François d'Assise, je demeurai sceptique. Quand l'occasion se présenta, je posai la question :

« Etait-ce vraiment de saint François ?

– Ce sont des adeptes ou tout au moins des esprits très près de son âme.

– Et les messages de la Vierge recueillis par un médium ?

– Jamais la Vierge n'enverra de message à un médium ! Ce n'est pas la Vierge elle-même, mais un esprit qui parle en son nom, sachant ce qui lui est agréable, ou ce qu'elle désire pour la gloire du Père. Il en est ainsi pour tous les messages du Christ et des archanges. Ceux-ci sont entourés d'âmes célestes qui irradient sur terre et peuvent influencer ceux qui sont prêts à les entendre. » Pierre, 3 février 1969.

Tous les messagers christiques nous disent d'attendre, de laisser venir, de ne pas appeler. Tous recommandent la disponibilité. Roland fait une distinction capitale entre ce qui est provoqué et ce qui est donné, entre ce qui est sollicité et ce qui est reçu. « Seul sera dans la voie haute celui qui ne provoquera pas et se contentera de recevoir. Les communications sollicitées ont toujours le caractère d'une provocation. Seul porte le sceau divin ce qui est donné. »

Le provoqué est illicite et néfaste.

L'opposition de certains chrétiens à la diffusion des communications spirituelles n'est pas sans analogie avec l'opposition du judaïsme au christianisme naissant. De même qu'un état-major est régulièrement en retard d'une guerre, une Eglise est toujours en retard d'une révélation.

Cependant il y a plus grave que l'accusation d'occultisme, l'accusation de satanisme. Elle est dangereuse pour ceux qui la formulent. Elle n'est pas nouvelle, on l'avait portée contre le Christ lui-même. « S'ils ont appelé Belzébuth le père de famille, combien plus appelleront-ils ceux de sa maison ! »

Prétendre que les messages christiques[1] sont d'origine démoniaque, c'est blasphématoire, c'est inique, c'est idiot! Bref, c'est démoniaque.

1. Le mental chrétien est tellement marqué par les interdits lancés contre les communications qu'il en garde les traces jusque dans les premiers temps de l'autre vie. Voici un message reçu, le 16 mars 1974, par l'auteur et un couple ami, au cours d'une lecture spirituelle à haute voix : « Nous-mêmes, nous avons peur de communiquer, nous nous sentons un peu coupables. Il reste en nous cette idée de fruit défendu que nous avons emportée de la terre. Nous n'osons pas, nous sommes encore paralysés par les enseignements dispensés par les Eglises terrestres. Paralysés aussi par l'opposition que nous rencontrons de la part des Eglises, qui se sont reconstituées dans le Monde des Esprits! Et puis, nous nous disons : qui va nous écouter? Cependant, ceux qui arrivent Ici, et qui n'appartiennent pas au christianisme, n'ont pas tous ces scrupules. Ceux-là ne demandent qu'à communiquer, ceux-là n'attendent pas la permission divine. Une chose nous choque : quand nous allons dans une église ou dans un temple, jamais nous n'entendons parler de l'Au-delà... Si! quelquefois... dans les enterrements catholiques... et encore pas toujours. L'évangile, dit-on aujourd'hui, est pour les vivants. Comme si celui qui part n'était pas un vivant! Les Eglises font de tout, sauf de la dogmatique et de la théologie. Dans le monde spirituel, tout est prêt! Il n'en est pas de même sur la terre, sur la terre où l'homme s'installe comme s'il y était pour l'éternité. Tout est prêt de notre côté, c'est du vôtre que la porte est verrouillée... Reconnaître et rétablir le contact entre les deux Eglises : la céleste et la terrestre! Qu'elles tombent, ces barrières! Qu'elles descendent ces pluies d'or qui accompagnent les messages purs! Oui, une pluie d'or accompagne le message, quand il concerne les choses de l'esprit. Le message ne doit concerner que les choses de l'esprit, et non pas les ventes immobilières et les affaires d'héritages. Ne consultez pas ceux et celles qui matérialisent le plan spirituel et en tirent grand profit. Nous voudrions aider votre monde à se construire spirituellement... Nous le voyons comme un monde de cadavres... Ils sont nombreux de notre côté les ouvriers qui attendent que le Père de famille leur dise : « Allez, vous aussi, à la vigne! »

CHAPITRE VIII

ÉVOLUTION ET HIÉRARCHIE

L'ENSEMBLE des messages constitue par ses concordances un système philosophique cohérent, en parfaite opposition avec ceux qui ont cours depuis trois siècles. Il comporte en outre un art de vivre et un enseignement très pragmatique.

Les disparus prédestinés sont chargés de nous enseigner certains mystères. Mais avant d'enseigner, ils doivent commencer par apprendre. A la nécessaire période de repos, qui suit les affres du passage, succède la période d'initiation.

Christopher dit dans sa première lettre : « On m'instruit dans ma nouvelle vie... Je fais beaucoup de science, mais c'est tout à fait différent de la science terrestre, parce qu'on traite de la matière sous une autre forme : l'intérieur de ce que l'on voit sur terre. C'est comme si on avait retourné la matière. Nous avons à faire avec le côté lumière, vous avec le côté obscur. »

« J'étudie tout le temps, dit le juge Hatels,

dans ses messages du début. L'instructeur m'aide très activement. »

En effet, l'enseignement que nous dispensent les messagers christiques leur est communiqué par ceux qu'ils appellent instructeurs célestes, aides supérieurs, guides spirituels, maîtres...

PIERRE. – « Ce travail de l'âme nous est facilité par nos maîtres, toutefois il doit rester individuel, constituer la partie essentielle de nos études; de sorte qu'il ne nous suffit pas de poser des questions pour avoir l'explication et la réponse. Néanmoins, il est évident que nos lumières sont bien plus éclatantes que celles dont vous êtes éclairés sur la terre. »

ROLAND. – « Comme vos évolutions sont longues et pénibles, tandis que nous nous élevons tellement plus vite! »

Thomas Dowding, lui, reconnaît ses manques avec une grande humilité. Il ne discerne pas son chemin dans l'espace, comment pourrait-il guider son correspondant qui, bien qu'il soit encore sur la terre, est probablement plus près du ciel que lui. « Parce que je vous communique ce qui m'a été dit, ne pensez pas que je sois un être supérieur. Ne pensez pas que tout ce que je dis doive obligatoirement être vrai. Cela peut seulement être vrai. »

Si l'inspirateur de Mary Bruce Wallace insiste pour qu'elle suive avec confiance telle de ses directives, c'est qu'elle vient de ses instructeurs célestes qui le dépassent de beaucoup en visions prophétiques et en connaissance.

Pierre et ses compagnons peuvent questionner

les esprits bénéfiques qui les entourent. Non seulement les maîtres qui les éclairent et les instruisent, mais aussi, tout comme sur la terre, les esprits compétents sur certains sujets qui les intéressent.

Paqui explique le double mouvement qui anime les messagers, à la fois vers la terre et vers les plans supérieurs. Pour communiquer avec nous, ils ne descendent pas réellement. Ils mettent leurs vibrations en contact avec notre mental. De même pour se faire aider, ils s'adressent de proche en proche aux intelligences qui sont leurs guides. Lorsque nous lançons un appel vers eux, il est toujours entendu. Ils répondent, ils accrochent le courant, mais leurs aides spirituels peuvent être occupés (ils ne sont pas omniprésents) et les laisser sans réponse immédiate. Le courant, de ce fait, est moins intense. En outre, les messagers peuvent, eux aussi, être retenus par d'autres missions.

La connaissance est hiérarchique. Nous en avons une image très claire dans l'Apocalypse. La révélation descend de Dieu au Christ, du Christ à l'ange, de l'ange à saint Jean, de Jean aux sept Eglises, des sept Eglises à la terre.

Les trois premiers degrés sont de la vie éternelle, les trois seconds de la vie transitoire. C'est l'ange, le messager qui réalise la liaison entre les deux mondes. De même, de nos jours, la révélation descend de Dieu au Christ, du Christ aux anges, des anges aux Esprits supérieurs de race humaine, des Esprits supérieurs aux messagers christiques, des messagers à leurs scripteurs, de leurs scripteurs à nous. Hiérarchie !

L'évolution est le sens du réel. Réel = physique + métaphysique. Il n'y a pas trois règnes, il y en a sept : quatre dans le visible et trois dans l'invisible. Quatre dans le présent et trois dans le siècle à venir ou présent éternel. Il est bien entendu que ces termes temporels ne sont valables que pour la terre.

1. Le royaume élémentaire, ou minéral, ou de la matière dite inanimée;

2. Le royaume végétal, celui des vivants rivés à leur milieu d'origine;

3. Le royaume animal, celui des vivants à conscience simple, à mouvement autonome;

4. Le royaume humain, celui des vivants à conscience réfléchie, où la liberté atteint son maximum, où le divin fait irruption.

La seconde partie de l'évolution se déroule dans l'ultra-monde. Dans l'invisible, il y a trois royaumes qui se subdivisent en demeures multiples :

5. Le royaume intermédiaire : les purgatoires appelés encore sphères de purification, sphères premières, sphères d'attente. Dans le Nouveau Testament : hadès.

6. Le royaume inférieur, appelé encore sphères de ténèbres. Dans le Nouveau Testament : géhenne, abîme, lac de feu ou de soufre.

7. Le royaume divin ou sphères blanches, ou lieux très hauts que Paul nomme les gloires, Jean : le Temple, Jésus : les tabernacles éternels et le royaume des cieux. Les Cieux, il ne s'agit pas d'un pluriel poétique, les cieux sont les demeures nombreuses de la Maison du Père.

De royaume en royaume, l'existence s'accroît. De royaume en royaume, ses dons se multiplient : la sensibilité, la reproduction, le mouvement, la voix, la conscience, la mémoire, la connaissance, la vie spirituelle, la vie éternelle. Plus les royaumes s'avancent dans la durée vivante, plus le Créateur semble se retirer de la création.

L'évolution, c'est l'esprit qui hésite, chasse, cherche, tâtonne dans les formes et les forces. Ce n'est pas le vol d'une flèche, ce n'est pas, non plus, le vol de l'oiseau. C'est la marche pénible et pesante d'un homme qui avance dans les sables. C'est une angoisse, un désordre, parfois un jeu. C'est une aventure qui peut ne pas réussir. Lentement, progressivement, l'évolution monte du chaos vers la connaissance, de la fatalité vers le libre choix, vers le plus-être.

L'évolution est une expérience, donc une virtualité d'imperfection. Elle est un calcul, donc une possibilité d'erreur. Elle est parfois ralentie, elle n'est pas finie. Bien que surabondante, elle est parfois menacée de tarissement. L'évolution humaine n'échappe pas à cette règle :

A. B. à Mary Bruce Wallace : « L'évolution de l'homme sur terre n'est pas un processus rapide. Elle ne peut être effectuée de l'extérieur. Bien qu'une légion d'anges puisse arracher une âme à l'enfer, tandis qu'elle est encore dans la chair, ou même au-delà, rien ne peut réussir aussi longtemps que l'âme elle-même ne manifeste pas son aspiration vers le haut. »

Dans l'évolution visible, rien n'est surnaturel.

Ou plutôt toute la nature est surnaturelle. Toute la nature s'achève en l'esprit. Il n'y a pas de miracles, parce que le miracle est permanent. Le miracle, c'est la formation des galaxies et des fœtus, c'est le sang et la mer, les rochers et les os, les poumons et les arbres. Le miracle, c'est la vie incessante qui se nourrit de la mort; la vie indestructible, la vie universelle, un des noms de la vie éternelle. Le miracle, c'est le cosmos et notre corps fait à sa ressemblance. Ce qui fait que nous ne croyons pas aux miracles, c'est qu'ils se produisent normalement, discrètement; c'est qu'ils n'ont rien à voir avec la magie et la mythologie.

ROLAND. – « Les lois qui provoquent la germination, la sève qui monte dans le bois, l'éclosion du parfum, avez-vous essayé de résoudre ces problèmes? Vous le pourriez, car une fleur comme un fruit obéit à l'ordre cosmique. Ce sont là ce que j'appellerais les mystères, mais parce qu'ils sont devenus quotidiens, vous n'y pensez plus. »

L'évolution visible réalise le plan de l'Esprit. Les paraboles de l'Esprit sont des allégories de l'évolution, ainsi la capitale parabole des talents.

Fureur multipliée, progrès presque toujours douloureux, catastrophe perpétuellement surmontée, avance irrésistible, implacable, sans répit, l'évolution est tout ce qui monte des profondeurs vers la connaissance. Présence d'une volonté dans la matière, elle s'élève de l'inconscient vers la lucidité, de la lucidité vers l'adoration : prise de conscience cosmique, prise de conscience divine. Jacob eut un songe : il vit une échelle posée sur la terre, échelle dont le sommet touchait aux cieux. Et les anges de Dieu montaient et descendaient le long de cette échelle. L'Eternel se tenait au sommet... Les messagers connaissent le riche symbolisme de l'échelle cosmique :

Roland : « Rien ne peut te servir ici-bas que les points d'appui qui construisent ton échelle de Jacob. Cette échelle est appuyée au ciel. Seuls ses pieds sont sur la terre; chaque échelon est fait de vos évolutions. Applique-toi à ce qu'il n'en manque pas trop entre toi et Dieu. »

Pierre : « Cette échelle mystique permet désormais à la chair l'accès de l'invisible et de la vie spirituelle. »

Bertha : « La vérité de l'évolution est cachée dans le récit du songe de Jacob. »

Cet escalier gigantesque, cette hiérarchie est la partie supérieure de l'évolution : celle qui monte de l'homme vers le Créateur par la médiation des Intelligences. Sur la première marche, qui s'enfonce profondément dans la terre, repose un corps vivant, et les derniers degrés, où paraissent les plus hautes entités, débouchent sur le ciel.

Aujourd'hui les sept règnes sont simultanés. Tandis que les étoiles n'en sont qu'au premier, la terre présente connaît les sept, le septième étant partiel et caché. La terre n'est pas la seule à avoir vu leurs avènements successifs. Le règne élémentaire s'est longtemps passé et se passerait encore du végétal. Le végétal se passerait de l'animal, l'animal de l'humain, mais dans les trois cas la réciproque n'est pas vraie.

Premier royaume, deuxième, troisième, quatrième royaume : aujourd'hui ces termes n'impliquent plus d'ordre chronologique. Ils correspondent à la nature successive de notre esprit qui ne peut jamais saisir globalement le réel. Pour la commodité du raisonnement, il sépare; il décompose au double sens d'analyser et de corrompre. Le malheur est qu'ensuite il oublie de réunir. Il prend un élément détaché, un élément abstrait pour une réalité, pour toute la réalité. Il faut assumer l'ensemble des choses et cela demande un certain courage. Oser ne pas choisir. Saisir simultanément. Ne plus diviser. Ne plus être divisé. Ne plus se laisser déchirer. L'élément que tu négliges se retourne contre toi et te détruit. La matière, le mal, l'esprit, la chair se vengent, chacun pour son compte, des systèmes et des hommes qui les excluent. Comme s'il suffisait de nier pour supprimer!

Les matérialistes ne connaissent que les trois premiers règnes et assimilent l'humain à l'animal. Beaucoup de spiritualistes, refusant de voir dans le mal une puissance autonome, ignorent tranquillement le sixième royaume. Les protestants méconnaissent le cinquième. Et tous sont dupés par ce qu'ils négligent.

Il est peu de doctrines qui sachent, qui osent s'emparer de tout le réel, car le réel se contredit et l'esprit humain ne peut admettre ce scandale. Non seulement le réel se contredit, mais, ce qui est un comble, il contredit les théories, il est exactement ce qui les contredit.

Chaque royaume est l'accomplissement de celui qui le précède. Chacun s'efforce de déplacer les bornes et d'empiéter sur le suivant. Tous sont emportés dans le devenir. Tous travaillent, même le sixième royaume, aux réalisations de l'Esprit. Les quatre règnes visibles naissent l'un de l'autre comme les pétales de la rose se développent à partir de son cœur. Tout épanouissement est fuite loin du centre.

Quel symbole exprimera cette réalité à sept dimensions ?

Celui qui veut comprendre le sens caché des nombres doit se les représenter, non par les dessins imaginés par les Indiens et transmis par les Arabes, mais par des points situés symétriquement dans l'espace. Ainsi, 5, 9 et 10 présenteront les schémas suivants :

	x	x
x	xx	xx
xxx	xxx	xxx
x	xx	xxxx
	x	

xx
Quant au sept, il sera figuré comme suit : x x x,
xx

autrement dit par l'hexagone inscrit et centré. L'hexagone est la figure la plus étroitement liée au cercle, image de totalité et de perfection, puisque le côté de l'hexagone inscrit dans un cercle est égal à son rayon. Le septième royaume est le centre de l'hexagone cosmique. Cette disposition est aussi celle de l'atome de carbone (six électrons gravitant autour d'un noyau), élément de base qui compose presque tous les tissus animaux ou végétaux. L'hexagone, symbole de la création en six époques, se rencontre en abondance dans la nature. C'est lui que bâtissent les abeilles hexapodes; et quand l'air est calme, la neige, cette eau vive du ciel, tombe sous la forme d'étoiles à six rayons.

Seul le symbole des sept royaumes, parce qu'il se refuse à nier quoi que ce soit, rend compte du réel dans son ensemble. Il construit une cosmogonie et nous fait pressentir tous les actes, en apparence contradictoires, de la Volonté. Le symbole des sept royaumes contient le visible et l'invisible, le réel et le surréel, le bien et le mal, la vie présente et la vie future, la vie universelle et la vie éternelle, les vivants et les morts. Les morts, ce terme ne signifie rien puisque, soit dans le cinquième royaume (les purgatoires), soit dans le sixième (les enfers), soit dans le septième (les cieux), les morts eux-mêmes vivent.

Le symbole des sept royaumes nous montre de la vie partout et nous permet de comprendre cette affirmation : Il n'est pas le Dieu des morts, mais le Dieu des vivants, car devant lui, tous sont vivants[1]. Bienfaisants ou malfaisants, sauvés ou perdus, visibles ou invisibles, il n'y a plus que des vivants.

1. Luc, XX, 38.

DEUXIÈME PARTIE

LES ROYAUMES VISIBLES

CHAPITRE IX

LE PREMIER ROYAUME

Le premier royaume est un jaillissement de lumières et d'ondes; un déchaînement de gaz, de vapeurs, de flammes. Au commencement était le feu! Au commencement était cette température de plusieurs millions de degrés, indispensable pour réaliser la synthèse de la matière.

Ce qui palpite, ce qui jamais ne se repose, ce qui émerveille, épouvante, torture, dévore, dévaste, ce qui fait vivre, ce qui donne sans s'appauvrir, ce qui a des ailes comme l'esprit, ce qui danse comme la joie, ce qui fait d'un métal terni un ruissellement de clarté, ce qui dégage l'âme de toute chose, ce qui défend le paradis, ce que l'animal ne sait pas produire, ce que nos mains ne peuvent saisir, ce qui est fort comme la certitude et fascinant comme la connaissance, ce qui fut l'œuf du monde, ce qui compose les astres et le cœur de la terre, le feu... le feu est la moins imparfaite des images de Dieu-Créateur. Au commencement était la lumière, ce feu perpétuel qui jamais ne défaudra ! Au commencement, Dieu : la radiance est son trône, il paraît dans des arbres de feu.

Pierre : « Lorsque Dieu, le Point parfait, infini mais défini, prononça cet ordre : que la lumière soit ! la lumière fut, parce que Dieu, ayant objectivé sa pensée (s'il est possible de parler ainsi de celui qui est Esprit impondérable), le rayon lumineux apparut, déjà visible pour les sens dont Dieu méditait de douer ses créatures; mais en fait, ce rayon avait toujours été, il existait en puissance dans l'Être de Dieu. Il y a par conséquent la cause d'Amour, dans l'Univers pris en bloc ou en détail. »

Au commencement était l'amour. Un amour qui était connaissance et intelligence. Au commencement était le calcul, au commencement était la pensée. Et cependant la création est imparfaite. Pour qu'il existât un ordre absolu dans le monde, il faudrait que le monde fût achevé. Si la création était parfaite, il n'y aurait pas cet universel soupir (aspir serait plus exact), cette constante métamorphose, cette marche, cette poussée titanique vers la liberté, car le plan du Créateur semble justement d'accroître perpétuellement l'indépendance de la création et des créatures.

Au commencement était une puissance simultanément organisation, nombre, rapport, proportions, science, sagesse. Tout cela peut se dire en un seul mot : Logos !

C'est dans le premier royaume que sont cachés tous les éléments qui édifient l'existence et les règnes futurs, tous les éléments en proie aux alliances et aux métamorphoses : le soufre, l'iode, le sel, le carbone, le chlore, le fer, l'hydrogène, le sodium, le calcium, l'azote qui constituera toute plante et tout animal, le phosphore qui ne compose pas encore la laitance, les nerfs et les os. Mais bientôt l'eau de mer préfigure le sang. Le premier royaume est le chaos que l'on va organiser en cosmos, l'informe qu'une volonté va former, et les eaux initiales sous le vol de l'esprit.

Voici l'univers dont l'idée, le nombre et l'être sont encore exclus. Ici, point de limite, point de forme. Point de forme, donc pas de souffrance. Tout ce qui est ici est immense, éternel, omniprésent. Ce règne de la matière a déjà certains caractères du divin.

Voici la matière, la matière première, *Materia mater,* la Vierge noire que nul n'a connue encore et qui s'offre au désir sans mesure. Voici, pour le grand Être, l'heure de la grande tentation ! Au commencement était l'Amour :

Albert PAUCHARD. – « Jamais encore je n'avais réalisé à ce point combien l'Amour est vraiment la base même de la création. Toute création repose sur l'amour de la beauté, et toute créature naît de la joie qui en résulte. »

Il va falloir fonder et justifier. Se manifester ouvertement, accepter l'aventure, avancer à travers quelles épreuves, tolérer tous les maux en la splendeur des choses. Il s'agit maintenant d'engager sa personne, de cultiver l'art des contrastes, d'ouvrir la porte à l'intelligence, de faire souffler la liberté ! Et tout cela gratuitement, pour sa seule joie ! Pour la joie des étoiles du matin ! Et pour la joie des Fils de Dieu qui viendront acclamer la naissance de la terre... Tout cela en n'ignorant pas que les formes s'useront, qu'une partie de l'œuvre sombrera dans une misère insondable, que l'angoisse fatalement jaillira et que la fureur de châtier s'ajoutera au mal nécessaire. Il s'agit en cette heure pure d'exister davantage en créant, en aimant le créé.

Pierre : « La décision est donc la forme stabilisée de la Parole de Dieu, et cette Parole, c'est l'amour énoncé. »

Et pour nous aussi, il s'agit d'aimer ce qui existe pour vraiment exister. Celui qui n'aime pas et celui qui n'est pas aimé sont comme morts. Pour le Créateur comme pour la créature, aimer, c'est dire oui à ce qui est créé, et le trouver bon. Au commencement était l'amour.

Naguère, le premier royaume était celui de la matière inerte. Aujourd'hui les témoins de l'invisible et du visible affirment, comme les scientifiques, que tout est vivant. Tout est vivant, même les minéraux.

Roland : « La matière vit, la poussière vit, l'eau vit, le fer, le cuivre, le cristal, tout vit; et cet ensemble d'atomes est mû par le même principe que celui qui régit l'homme... En chaque pierre se sont accumulés des siècles de fluides; des nappes de vibrations dorment en elle comme des algues au fond de la mer. Le psychisme, pareil aux couches géologiques, dépose sur la matière des degrés de densité d'où s'échappent des frémissements. C'est à cette énergie invisible qu'il faut s'accorder, car elle est imprégnée d'ultra- et d'infrasons susceptibles d'influencer la sensibilité de ceux qui possèdent des perceptions subtiles. »

BERTHA : « Vos pierres mêmes et vos rocs sont pénétrés d'effluves divins. La terre recèle en son sein du feu et de l'eau, ainsi que des minéraux en quantités incalculables, mais elle est surtout animée d'une grande force spirituelle intérieure et invisible, qui crée et recrée sans cesse. Cette force est pensée. C'est l'émanation de la vie en soi dans son unicité. Elle anime la pierre, le roc et la matière la plus dense. »

PIERRE : « Les minéraux eux-mêmes ont une vie, qui est la concentration en eux de la pensée divine et créatrice. Rien de ce qui vient de Dieu ne peut périr. Or, son émotion, puis-je dire, demeure fixée dans le règne minéral, telle l'aube de l'instinct. En effet, l'évolutionnisme est une conception exacte en une certaine mesure. Pourtant, il serait plus conforme à la vérité de préciser en l'appelant : le développement du germe sacré déposé en toutes choses par le Créateur. Il n'est pas un atome né par l'ordre de Dieu, et ils le sont tous, qui n'ait conservé le motif éternel...

« Rien de ce qui se meut n'est privé de l'animation vitale, or tout se meut. Jusqu'aux forces enfermées dans les rochers de vos montagnes et que, par ignorance, vous laissez improductives. Ces indications doivent vous conduire vers de nouveaux champs de travail... Tout vibre, tout gravite, tout est composé d'atomes divisibles à l'infini, animés chacun d'un mouvement méthodique, coordonné, réglé sur un rythme éternel, je le dis, éternel et sans variation. »

A l'époque où Pierre dictait ces lignes, la fission de l'atome n'avait pas encore été réalisée. Quant aux composants de l'atome, ils résistent toujours à la fission. Pour combien de temps ?

Dans le domaine de l'atome, de cet atome où se trouverait le point de jonction entre l'esprit et la matière, Pierre a eu des pressentiments qui se trouvent aujourd'hui corroborés : « La sensibilité de la matière a été prouvée. La matière vit donc. Ainsi les molécules, je dirai même les atomes, dont la réunion constitue la matière, ont des centres vivants au même titre que toute production de la vie animale ou végétale. Or la matière, devant vos yeux, se prête à des transformations parfois subtiles, souvent aveuglantes, et qui s'opèrent sous les impulsions immatérielles bien que positives... Vous avez enfin compris la similarité de tous les mouvements atomiques dont vous voyez les effets, résultat d'une cause unique : la mobilisation spontanée ou provoquée des atomes. Ce qui vous reste incompréhensible, c'est la provenance de la vie... Ou plutôt ce qui produit l'activité de ces corpuscules : c'est le secret de Dieu. »

Tout est vivant, même les étoiles ! La vie est dispersée à travers les espaces. La vie est partout. La vie est toujours. Le dernier mot reste à la vie.

Pierre : « La vie répandue comme un courant généreux et lui-même granuleux, dans tout ce qui vous entoure, que ce soit la matière solide ou les espaces, non plus vides pour vos regards confondus, mais parcourus par la vie immanente, cette vie que l'homme ne saura jamais expliquer, au moyen des calculs les plus précis, des démonstrations les plus osées, cette vie qui émane de Dieu... »

Retenons tout d'abord de ce texte le terme de granuleux qui rappelle curieusement la théorie des quanta et l'affirmation que l'énergie rayonnante a, tout comme la matière, une structure discontinue et ne peut exister que sous forme de grains. Le courant granuleux, dont nous parle Pierre, correspond à cette théorie qui considère la lumière comme un flux de particules énergétiques dénuées de masse : les photons.

Retenons surtout ces sept mots : les espaces parcourus par la vie immanente. Dès 1918, Pierre avait affirmé la pluralité des mondes : « Ne croyez pas que Dieu ait créé une seule race. La terre est peuplée par les hommes, mais les autres mondes sont peuplés par d'autres races, qui évoluent de leur côté. Il paraît que ce n'est que dans les sphères très hautes que se fait la rencontre des esprits venus des mondes différents. »

En 1925, il confirme cette révélation : « Il y a bien des races créées : L'humanité est une des plus retardataires, comme il apparaît très vite, si vous considérez la véritable nature humaine, privée de l'étincelle spirituelle qui, seule, la relève et l'anoblit. Avec quelle tristesse nous faisons cette humiliante découverte, quand nous avons abandonné notre chair périssable ! »

L'humanité ayant renoncé, après Kepler et Galilée, à la conception géocentrique de l'univers, il lui faut encore se débarrasser de cette conception anthropocentrique, à la fois très orgueilleuse et très naïve, qui est la séquelle de la précédente. Il y a d'autres mondes, il y a d'autres races. Nous ne sommes pas seuls. Nous ne sommes pas les seuls.

Si la terre n'est pas le centre du monde visible, elle n'est pas davantage le centre du monde spirituel. Bien loin d'être le meilleur des mondes, elle est parmi les plus médiocres. Pierre et d'autres envoyés nous apprennent qu'elle est en retard, même dans le domaine des sciences positives où elle se croit imbattable.

L'homme n'est pas le seul être promis a l'immortalité : Qui exista un jour, existera toujours. Tout est vivant et tout survit. La création évolutive est aussi perpétuelle résurrection.

Pierre : « Je ne veux pas dire que l'homme soit la création unique faite par Dieu pour l'immortalité. Ce serait une grossière erreur! Car la vie étant effluve divin, la vie, venant de Dieu qui l'a répandue dans toute son œuvre, la vie contient en permanence le germe de l'immortalité. Il est donc évident que tout ce qui est créé survit. Si nous sommes rois, nous ne sommes pas exclusivement les créatures douées de vie, ni même d'une âme... Sachez que ces mondes, ces mondes que vous découvrez au moyen des instruments les plus perfectionnés, représentent en comparaison de l'infini, créé sur un même plan, les infiniment petits de vos études biologiques... Beaucoup de raisons m'empêchent d'aller plus avant dans la révélation que je t'apporte et que de prochaines découvertes confirmeront devant la science. (1919) »

Nous savons maintenant que le soleil est un infiniment petit par rapport à certaines étoiles.

Rien n'est mort : principe de vie universelle.

Rien ne meurt : principe de vie éternelle.

« On se figure souvent, écrivait Werner von Braun, que la science a rendu surannées les idées religieuses, mais je crois qu'elle réserve aux sceptiques une réelle surprise. Elle nous affirme par exemple que rien dans la nature, fût-ce la plus infime particule, ne peut disparaître sans laisser de trace. Rien ne se perd, tout se transforme. Or, si Dieu a appliqué ce principe fondamental aux plus minuscules, aux plus insignifiants éléments de sa création, n'est-il pas logique d'admettre qu'Il l'applique également à l'âme humaine ? Pour ma part, je le crois, rien ne disparaît sans laisser de trace, et tout ce que la science m'a appris (et ne cesse de m'apprendre) confirme ma croyance en la continuité de notre existence spirituelle après la mort. »

Rien ne se perd, tout se transforme ! Rien ne disparaît sans laisser de trace ! Quarante ans avant l'homme à qui l'on doit les satellites et les fusées, Pierre l'avait formulé presque dans les mêmes termes : « Tous les atomes de toutes les molécules chimiques, constituées et réunies pour former la partie matérielle de votre être, et les cellules spirituelles dont se compose votre âme, ne sont point créés exprès pour votre individu; pas plus d'ailleurs que les énergies, liées pour extérioriser la forme de la terre ou de tout autre monde, n'appartiennent exclusivement au monde terreste. *Tout a servi, tout sert, tout servira.* Il est donc indispensable de trouver quelque part un point fixe et personnel pour obtenir l'individualité d'un être ou d'un monde. Dieu est, en effet, la seule cause agglomérative de l'éparpillement des énergies qu'Il a créées. »

Ce que l'homme voit le rend voyant. S'il s'enfonce de tous côtés dans le réel, il s'approche malgré tout, malgré lui, de l'éternel. S'il croit fermement en ce sapin, il n'est pas loin de croire en Celui qui le dessina.

ROLAND : « Tu dois retrouver dans le créé le symbole des évolutions surnaturelles. »

Regarder et voir, penser et croire, s'avancer avec attention d'amour parmi les vivants de tous les royaumes. Déceler partout un mystère, un rapport, un verbe, car ce ne sont partout qu'analogies, milliers d'apparences, milliers de symboles, milliers de paraboles !

PIERRE : « Si vos regards étaient constitués de façon que vous puissiez voir ce qui vous semble invisible, les corps spirituels, les paysages spirituels... en résumé, tout le monde spirituel vous apparaîtrait aussi réel, aussi objectif que celui où vous vivez avant la transition des âmes. Tout est donc relatif et subordonné à des conditions que, pour me faire comprendre, j'appellerai physiologiques, bien que ce terme ne puisse s'appliquer à notre constitution spirituelle. Il résulte de cette parité complète des deux matières (la matière physique et la matière spirituelle) une merveilleuse unité de création. »

Matière spirituelle, voilà un terme bien étrange : cependant, le spirituel n'est pas, comme on l'imagine communément, le domaine du flou et de l'irréel. L'univers est un, la dualité n'est qu'apparente, elle n'existe qu'en surface. Le monde tangible et le monde intangible sont constitués de la même sorte de substance. En réalité, il n'y a qu'un seul monde.

Un seul monde dans le temps comme dans l'espace, dans le visible comme dans l'invisible, dans le naturel comme dans le surnaturel, dans l'infiniment grand comme dans l'infiniment petit. Une, une, une est la vie... Les Vers Dorés, composés à la fin du premier siècle par quelque poète pythagoricien, ne disent pas autre chose : « Tu sauras, pour autant que cela est permis à l'être humain, que la nature est une et semblable en tout. »

Donc le domaine métaphysique est de même nature que le domaine physique. Il faut sortir, une bonne fois pour toutes, de ce dualisme qui a bloqué et appauvri la pensée occidentale.

Comme le cosmos, l'esprit humain est un à travers les siècles. Il n'est donc pas étonnant que des textes aussi anciens que la Table d'Emeraude, la Bible et les Vers Dorés s'expriment comme les messages du XXe siècle.

Au fond, les gens qui nient la survivance sont des attardés du XIXe, pour qui il n'est d'autre réel que le tangible et le visible. Or, la science contemporaine s'appuie autant sur l'invisible que le visible. Exemple : la plupart des physiologistes acceptent l'existence de l'influx nerveux sans l'avoir jamais vu, même au microscope électronique. Autre exemple : la radio-astronomie, qui permet d'entendre ce qu'on ne voit pas, détecte des mondes qui ne seraient ni des étoiles, ni des galaxies, des mondes qui seraient invisibles.

« La science, dit Jean Perrin, remplace du visible compliqué par de l'invisible simple. »

En tout temps, en tout lieu, c'est la vie ! C'est la vie, parce que l'Univers, comme son nom l'indique, est essentiellement un.

Le spirituel apparaît de plus en plus comme de la matière déconcentrée et l'on voit ressurgir la notion d'éther. L'éther est cette substance mystérieuse que l'on peut considérer comme moyen de propagation de la chaleur, de la lumière, de l'électricité; comme intermédiaire entre les objets et nos sens, entre le monde de la matière et le monde de l'esprit. Cette substance n'est jamais en repos, elle vibre éternellement et si elle n'existait pas, toute vie serait impossible. C'est l'éther qui emplit les espaces entre les étoiles et les planètes, comme entre les électrons.

Pierre : « Rien n'est vide, il va de soi; mais l'effluence qui remplit ce milieu de l'espace inaccessible aux pressentiments actuels (décembre 1919) de la science est, elle aussi, de la matière créée, avec un résultat autre, et pourtant substantiellement identique à la matière dont vous pouvez observer le principe constitutif. »

On arrive à penser que la matière elle-même est constituée d'éther fixé en certaines limites, maintenu dans certains états stables de vibration. Le monde éthérique, fait d'une matière subtile et raréfiée, est le seul qui soit permanent et incorruptible. Tandis que l'univers de matière concentrée change constamment et se dissout, nulle trace de dégradation n'est perceptible dans le monde de l'éther, qui domine la vie comme la vie domine la matière.

Cela est du langage moderne, donc abstrait, mais quelqu'un, qui était fort bien placé pour connaître ces choses, a parlé, en termes concrets, de ces lieux où ni la mite[1] ni la rouille ne rongent.

Nous savons par le spectroscope que deux immenses séries de vibrations de couleurs nous échappent et débordent dans les deux sens notre champ visuel. Les vibrations perçues par nous sont aux vibrations imperceptibles ce que sont quelques centimètres par rapport à un kilomètre. Nous avons des yeux et nous ne voyons pas. Nous avons des oreilles et nous n'entendons pas.

Ici, dans le monde de la matière lourde, nous ne connaissons que la partie moyenne, la plus étroite de l'échelle des vibrations, tandis que dans le monde de la matière subtile, nous percevons leur étendue complète.

Tant que la notion d'éther, et son corollaire, la

1. Comme le mot mite n'est pas un mot noble, les diverses Bibles ont traduit par ver.

notion de corps spirituel n'auront pas été comprises, tant que nous n'aurons pas réalisé que nous sommes limités aux vibrations basses de la matière, nous ne pourrons vraiment croire à l'existence du monde invisible, à la réalité de la survie.

L'univers est un : l'univers n'est autre chose que l'éther à ses divers degrés de vibration. Nous savons que l'Au-delà est aussi un au-dedans. Or, autour de nous et en nous, imbriqué dans notre monde de matière concentrée, il existe un monde de matière raréfiée où nous irons après notre transition. Ce monde est comparable à la mer de cristal dont parle l'Apocalypse, mer éthérique où le mouvement des êtres atteint la liberté totale, où la vitesse est instantanée, où tout est radiance, c'est-à-dire lumière, sonorité, incorruption et permanence.

Non seulement tout vit, mais encore tout possède un embryon de conscience. Ici une fois de plus les messagers christiques furent précurseurs. Bien avant que Teilhard eût affirmé que chaque particule de matière comporte un dedans et un dehors, le dehors étant constitué de matière, le dedans de psychisme; bien avant que les biologistes nous eussent parlé de conscience cellulaire, de conscience primaire à l'œuvre dans les êtres les plus primitifs, ainsi que dans les organes en formation, Bertha, la messagère galloise, dictait au debut du siècle : « Il y a une conscience latente dans tout ce qui vit... Il n'est pas jusqu'à la goutte de rosée qui ne soit soumise à une loi et qui ne contribue à l'accomplissement du plan éternel. A mesure que vous progressez, vous découvrez ces lois supérieures et vous pouvez mettre votre vie en harmonie avec elles. »

ROLAND : « La plus petite parcelle de molécule, ou poussière d'atome, est en affinité et sous la dépendance de l'attraction psychique contenue dans l'Au-delà. Tout objet peut être dévié de sa course par le champ magnétique du plan supérieur; c'est pour cela qu'il est indispensable d'attacher une très grande importance à la vie de la matière. »

PIERRE : « Ce que la science vous révélera, c'est la matérialité de l'effluence spirituelle et la spiritualité de la matière, qui suppriment, de fait, toute frontière entre les deux mondes, dissemblables dans leurs résultats apparents, mais identiques en somme. La matière et l'esprit étant une même chose à un degré différent de condensation, l'être spirituel peut les percevoir également, et aussi positivement l'une que l'autre. Dans chacune de ces expressions du geste créateur, il est une ressemblance essentielle ou plutôt une égalité : la vie, don de Dieu. La matière a reçu la vie comme l'esprit... »

Ce que la science vous révélera... Roland affirme, lui aussi, ce rôle spirituel et mystique de la science future :

« La science sera le véhicule emprunté pour redonner au monde l'idée que l'impensable est une réalité. Ce n'est que par la voie scientifique parfaite que l'homme se convertira au mystère... La science pure en ses prolongements les plus hauts peut parfois expliquer le monde invisible. Déjà les savants ont prouvé la dématérialisation de la matière, magiciens sans le savoir, ils ont surmonté des difficultés incroyables, dissocié l'atome, conçu la réalité d'une substance intermédiaire entre les corps et l'éther. Mais ils n'étendent pas leurs recherches à l'âme et ne font pas porter sur elle leurs investigations... L'analyse des radiations humaines les intéresse mille fois moins que celle des radiations lumineuses, l'attraction des particules de la matière les captive plus que celle du rayonnement fluidique de l'homme. Qui orientera la curiosité vers ces horizons inexplorés? »

Ce sera bientôt à la science que les incroyants demanderont des raisons de croire. Toute nouvelle initiative de sa part lèvera une objection et découvrira quelque autre certitude.

Au XIXe siècle, la matière était quelque chose de compact et de rassurant. Au XXe, elle perd de sa solidité, de son opacité; elle est quelque chose qui se volatilise, qui se dérobe, quand on le pousse dans ses derniers retranchements. Elle était une certitude, elle devient une convention. Elle était ce qui est plein, elle devient ce qui est vide. Les rayons X et la radio-activité nous enseignent que de la matière peut se perdre. Que devient le fameux dogme : « Rien ne se perd, rien ne se crée » ? Si quelque chose peut se perdre, ne faut-il pas en déduire, en bon rationaliste, que quelque chose peut se créer ?

La technique mettant au service de la physique des énergies de plus en plus fantastiques, la dématérialisation de la matière est en bonne voie. De nos jours, la matière apparaît moins matérielle et l'esprit, en revanche, moins fantomatique.

Nous vivons des temps de convergence. La convergence n'est pas encore l'unité, mais elle est la marche vers l'unité. Voici un exemple de convergence : dans le domaine spirituel, l'or est le symbole universel de l'incorruption et de l'éternité, de la royauté et du sacerdoce. L'or est surtout le symbole du divin. Les chiffres 7 et 9 ont la même signification dans les divers ésotérismes. Il se trouve que le nombre atomique de l'or est 79.

Autre exemple de convergence où se rencontrent les mathématiques, l'ésotérisme, l'astronomie, la symbolique, la botanique et la sociologie. 5, chiffre des sens, chiffre du mariage : union du pair et de l'impair, est le chiffre de Vénus, qui a pour emblème la rose et la pomme, êtres dont l'archétype est un pentagramme. La lettre V dans l'alphabet latin exprime le chiffre 5. Or l'année de la planète Vénus est de 225 jours. 225 : neuf fois le carré de 5 : il est bien vrai que Dieu, et l'homme à son image, géométrisent.

Matière-énergie, matière en mouvement, matière en expansion, autrement dit ondes et vibrations. Les ondes expliquent des réalités aussi diverses que la lumière, les couleurs, les sons, la pensée, les messages, la prière :

Roland : « Songe que vos prières produisent des colonnes ascendantes qui montent jusqu'à nous...

« Chaque intelligence a sa longueur d'onde... Je

ne cesse de le dire : purifie-toi et travaille à augmenter ta longueur d'onde. »

Paqui : « Pour communiquer avec vous, vous croyez qu'il faut beaucoup de forces. C'est vrai, et nous les concentrons, nous nous unissons nombreux pour que nos pensées, qui sont vibrations, traversent les couches terrestres et vous pénètrent. »

Le concept onde, inséparable de la lumière dans la physique classique, a été étendu à la matière dans la microphysique et doit s'étendre jusqu'à l'esprit.

De nos jours, tout doit être pensé en termes d'énergie, et non plus de matière. La physique et l'astrophysique nous apportent désormais une nouvelle représentation de l'univers, fondée sur la notion d'énergie. Et le pasteur genevois Henry Babel peut écrire : « Le problème de la survie doit toujours être posé en termes d'énergie. » Il peut l'être également en termes de lumière.

Sur le plan spirituel, l'Evangile de Jean explique admirablement ce qu'il faut entendre par lumière. Mais sur le plan physique, c'est un savant comme Louis de Broglie qui nous apportera ses révélations capitales : « La matière est de la lumière condensée. La lumière est la forme la plus subtile de la matière. La lumière vient de se révéler à nous comme susceptible de se condenser en matière, tandis que la matière est susceptible de s'évaporer en lumière. »

Les disparus véridiques sont spirituellement, et même physiquement, lumière.

PIERRE : « Quand nous sommes arrivés, après avoir franchi les temps primitifs, à une certaine altitude évolutive, nous nous contentons le plus souvent d'envoyer vers vous des rayons, issus du noyau lumineux autour duquel irradient et gravitent les atomes fluidiques qui constituent notre corps spirituel. C'est la manière la plus fréquente dont s'opère notre communion. Elle permet les rapprochement rapides, multiples et simultanés, qu'on peut comparer aux rayons du soleil. »

Les visiteurs de l'ultra-monde aiment à parler de la quatrième dimension. Dès 1919, Pierre évoque ce problème : « Les trois dimensions, sur lesquelles sont basés les calculs de vos connaissances scientifiques, sont une première étape dont votre intelligence commence à s'échapper; vous vous sentez déjà à l'étroit dans cette trinité initiale. Même sur la terre, vous connaîtrez des possibilités insoupçonnées jusqu'à votre époque. »

Que peut bien être la quatrième dimension ? Ne serait-ce pas l'amour, leitmotiv des messagers ? L'amour, terme sous lequel il faut englober toutes les valeurs affectives qui accroissent la vie. Ne serait-ce pas plutôt la lumière ?

A son stade ultime, la matière se dissout en lumière. Dans le physique comme dans le spirituel, tout s'achève en radiance. Tout s'élève vers Dieu, or ce Dieu est lumière.

La mort, annulation du temps, est entrée en lumière.

La mort n'est plus le roi des épouvantements, mais l'Etoile du matin. Ce n'est plus le tombeau ténébreux et glacial, c'est l'éblouissement de la mer au soleil.

J'étais en train d'écrire ce chapitre quand Roland, qui, depuis trois ans, avait presque fait silence, réveilla impérieusement sa mère, dans la nuit du 22 au 23 février 1968, pour lui dicter ce qui suit : « Ceci est très important : sache que la pensée peut influencer la matière; cela finira par être découvert par la science. Mais, à l'intérieur de ce phénomène, il y en a un autre : les pensées reliées, c'est-à-dire reliées à nous. L'important est que la pensée en elle-même soit devenue un instrument assez puissant, un levier assez fort pour déboîter la matière de son opacité, de son immobilité. Par le relais de vos cerveaux émetteurs d'ondes, la matière peut devenir une associée. »

Il confirmait ainsi ce qu'il avait dit en octobre 1959, dans *La Seconde Vie :* « Dès que le développement de vos facultés psychiques déborde la normale, il peut créer des zones d'influence susceptibles de peser sur les faits. »

Cette offensive contre l'opacité et l'immobilité de la matière avait commencé par la théorie de Bergson, théorie selon laquelle la matière actuelle serait une scorie, un déchet de la matière originelle débordante, elle, de force vitale. La matière actuelle serait comme de l'esprit éteint. Et cet esprit éteint, si l'on en croit les messagers, ne demande qu'à se rallumer sous la puissance de la pensée.

L'offensive anti-opacité a pris une telle envergure qu'aujourd'hui il n'est plus permis de parler de matière, mais d'énergie, de champs, d'événements. Energie et matière sont tellement liées qu'il est de plus en plus question de les confondre, et leur pouvoir de se transformer l'une en l'autre a été formulé au début du siècle par Einstein. Puis en 1930, Paul Langevin proposa d'abandonner la notion de chose ou d'objet dans le secteur atomique et intra-atomique. Et ce furent la révélation et la révolution de la microphysique.

Dans ce domaine, seulement accessible à l'ultra-microscope, ne fonctionnent plus les lois de l'entropie : dégradation de l'énergie qui s'achève dans la lumière. L'étoffe de la microphysique subsiste en réunissant le courant qui homogénise et le courant qui hétérogénise, en faisant coexister les deux énergies contradictoires. La loi de l'identité, base de la physique, n'est plus valable dans la microphysique, qui présente plus d'une analogie avec le psychisme. Dans les deux domaines existent les mêmes lois, ou plutôt la même absence de lois, la même démarche imprévisible, la même liberté.

Il est remarquable que l'étrangeté soit devenue une quantité physique introduite par le savant américain Gell-Mann pour tenter d'expliquer l'inexplicable : en l'occurrence le bizarre comportement de certaines particules. Remarquable, aussi, que l'on désigne, sous le terme de nombre magique, le nombre de protons ou de neutrons conférant une grande stabilité au noyau qui les enferme. Etrange, magique, ce vocabulaire est révélateur. L'incertitude est devenue une notion scientifique.

Le concept de succession logique si révéré, si fondamental en physique, n'est plus valable en microphysique, domaine où l'on assiste à un véritable renversement du temps. Ici, comme dans la prophétie authentique, le futur peut précéder le passé et la conséquence devancer la cause. Les théoriciens commencent à envisager la réversibilité du temps. Elle semblerait possible au stade de l'infiniment petit. Les antiparticules seraient justement ce qui naît dans l'avenir et meurt dans le passé.

Un autre formidable coup de bélier devait être porté contre le bastion matière. La théorie de l'antimatière, dont le physicien anglais Dirac, dès 1929, pressentit l'existence. Les travaux de Dirac étaient purement théoriques, pourtant on découvrit par la suite que toutes les particules ont leur antiparticule. Cette découverte était le résultat de trois autres : la relativité, les quanta et la mécanique ondulatoire. Prédite en 1929, l'existence des antiparticules ne tarda pas à être constatée par l'expérience, la première fut l'antiélectron ou électron positif. Puis apparurent l'antineutron, l'antiproton.

La construction d'accélérateurs géants permit de mettre en évidence de nombreuses autres antiparticules. Restait à savoir si les antiparticules pouvaient s'organiser en antimatière. Les physiciens américains de Brookhaven ont répondu par l'affirmative : il paraît qu'on verra de l'antihydrogène et de l'antimercure. A leur tour, les astronomes se demandèrent si l'antimatière existe dans l'univers : la réponse fut la même. Deux prix Nobel, le docteur Cowan et le docteur Libby, admettent la possibilité d'étoiles et de galaxies composées d'antimatière.

De l'autre côté, Roland connaît ces choses : il dicte en septembre 1961 : « Le principe de l'antimatière est peut-être la plus grande découverte de l'époque, car, psychologiquement, elle vous met en présence d'un nouveau postulat qui vous fait entrevoir ce que peut être l'anéantissement de la matière. Deux tourbillons qui s'annihilent et vous voici en présence de ce que vous appelez « l'antimatière », c'est-à-dire de rien; mais, au-delà de cette apparence de néant, les savants d'un autre âge, munis d'autres microscopes, arriveront à déceler quelque chose. A l'intérieur de ce zéro absolu, une superstructure foisonne; pareils à des essaims, ces influx, de formations indécelables pour l'instant, peuvent, s'ils rencontrent dans l'espace stellaire un pôle positif, se reconstituer, et, à nouveau, former un agglomérat d'atomes. Nous sommes là dans une extension de la connaissance. Un jour viendra où l'homme découvrira les ultra-molécules, comme il a découvert les ultra-sons. »

Notons ce verbe « foisonne » : nous le retrouvons dans un message reçu par Mary Bruce Wallace, bien avant que les penseurs de l'antiunivers aient fait sa fortune. « Vous n'avez aucune idée des myriades de races, des myriades d'intelligences et d'esprits autres que l'homme qui foisonnent dans l'immensité des espaces et que l'on trouve dans l'environnement de chaque planète aussi bien que dans les cieux les plus élevés et dans toutes les régions intermédiaires. Il n'y a pas de vide, pas de néant dépourvu d'êtres. »

Les antiparticules avaient conduit à l'antimatière, à son tour l'antimatière conduisait à la conception des antimondes, des antiunivers. Le philosophe Lupasco constate, comme l'ensemble des savants de notre temps, que dans le cosmos la matière est rare. Ce qui est plus rare, c'est la matière vivante. Ce qui est plus rare encore, c'est la matière consciente. Comme à chaque particule correspond une antiparticule, il faut en conclure qu'il y a des antiunivers où foisonnent la matière vivante et la matière consciente. S'il existe des antimondes où foisonne la matière vivante et consciente, il est pensable, il est même nécessaire de soutenir l'existence de systèmes énergétiques d'ordre spirituel.

Or ces systèmes énergétiques d'ordre spirituel, ces mondes qui possèdent à profusion tout ce qui à notre échelle est rare, ces antiunivers, où la vie foisonne et déborde, sont plus qu'une hypothèse, ils existent bel et bien. Ce sont les sphères, ce sont les royaumes, les demeures d'où nous parlent, dont nous parlent les messagers christiques par le moyen de la théurgie.

La théorie des antimondes apporte en abandance de l'eau à notre moulin, précisément les eaux de la vie éternelle. Seul le terme d'antimonde n'est pas satisfaisant. Il implique une idée d'opposition, de négativité, qui n'est conforme ni à la doctrine des messagers, ni aux réalités invisibles. Je propose donc le terme d'ultra-monde.

Quant à l'antimatière, ne faudrait-il pas plutôt la définir comme un double, comme un corps psychique de la matière ?

Qu'on me permette à présent d'extrapoler sur le plan christique : un esprit à la puissance un en ce monde est élevé à la puissance deux, cinq, dix, cent, dans l'ultra-monde. Une rose en ce monde : des pluies de roses dans l'ultra-monde... Douze disciples en ce monde : 144000 dans l'ultra-monde. Voyez l'Apocalypse et les mathématiques : $12^2 \times 10^3$. Un verre d'eau offert par amour en ce monde : un fleuve d'eau vive dans les espaces. Un grain en cette terre : cent grains dans le royaume. Quiconque aura quitté maison, famille et champs en recevra cent fois autant dans les compensations de la vie éternelle.

Il y a là plus que des symboles. Les ultra-mondes où la matière[1] est déconcentrée, où elle atteint un taux élevé de vibrations, les ultra-mondes où foisonnent les présences conscientes, où chaque être voit son activité multipliée par son carré ou par son cube, où tout est radiance et vitesse, présence instantanée et présent éternel, ce sont les espaces qui débordent de monades spirituelles.

1. Les messagers nous disent : « La matière vit et cet ensemble d'atomes est mû par le même principe qui régit l'homme... Vos pierres mêmes et vos rocs sont pénétrés d'effluves divins... les minéraux eux-mêmes ont une vie qui est la concentration en eux de la pensée divine et créatrice. » Or, quelque temps après la parution de ce livre en 1972, un documentaire télévisé nous a présenté un rubis en coupe ultra-microscopique et nous avons vu ce rubis vibrer et palpiter comme un être vivant. Nous avons vu battre le cœur de la matière.

CHAPITRE X

LE DEUXIÈME ROYAUME

PRÉFIGURÉ dans le premier règne par les cristaux, le deuxième est le domaine des vivants disposés en rayons autour d'un centre. C'est aussi le domaine des vivants verticaux. Ils accèdent à l'existence autonome, à la faim, à la soif, au sommeil, à la reproduction, à l'âme. Soumis eux aussi au monde spirituel, ces vivants ont une âme. Ils ont reçu l'âme, ils n'ont pas reçu l'esprit.

A travers le mental de Mary Bruce Wallace, son inspirateur voit l'âme des arbres. De même, Albert Pauchard, qui affirme qu'il discerne les êtres et les choses à travers la conscience de sa sœur et de ses amis, s'étonne de voir comment les arbres expriment dans leur forme, spontanément, les mouvements propres aux êtres qui les agissent. « Regardez-les et faites-leur parler leur propre langue, vous ne manquerez pas de sentir chez eux des expressions spéciales. Certains arbres sont comme un mouvement de danse folle qui se serait figé. D'autres sont comme une prière, d'autres expriment comme un amour qui protège. Il y en a qui sont comme une profonde méditation, d'autres comme un jeu d'espièglerie. »

A propos de fleurs, Max-Getting aborde un problème capital : celui des disparitions prématurées, de ces morts de jeunes qui nous sont un scandale. Voici sa réponse : une évolution plus rapide et plus complète. « Les plantes très cultivées, âmes dont on s'occupe et qu'on se plaît à embellir, produisent, grâce aux soins qui leur sont prodigués, des fleurs magnifiques, comparables aux sentiments de l'âme humaine. Ces plantes ont une durée éphémère, se fanent et meurent rapidement, comme les âmes très élevées, d'une sublime beauté, auxquelles une courte existence sur terre suffit pour achever leur évolution. »

Lancelot, qui disparut à l'âge de huit ans, voudrait que ses parents voient un jardin comme il le voit. Il décrit les plantes animées de mouvements semblables à des mouvements respiratoires, les petites choses qui palpitent en elles, leur individualité pleine de beauté et de charme, individualité qui n'est pas esprit, parce qu'elle ne vit pas longtemps, mais âme. A propos des arbres, il enseigne à sa mère qu'ils ont beaucoup de sentiments élevés. Mais si leur âme est grande, ce n'est pas toutefois un esprit. Ce n'est qu'une âme terrestre, une individualité, *a self* qui meurt quand l'arbre meurt.

A la différence des âmes des hommes et des

animaux supérieurs, les âmes végétales ne sont pas immortelles.

Parce qu'ils ont une âme, les végétaux sont capables d'amour et de sentiments. Comme les animaux, ils aiment qu'on les aime. Roland recommande de caresser les arbres, car le contact du végétal et de l'humain fait monter jusqu'aux sphères proches des vibrations en forme de vapeur. Ces vibrations sont beaucoup plus colorées lorsqu'elles sont transmises par des âmes d'arbres.

Christopher se promenant dans les forêts découvre des fleurs qu'il ne connaît pas. Elles lui paraissent si différentes désormais, animées de leurs sentiments qui montent au-dessus d'elles en nuances. Toujours cette correspondance mystérieuse entre la couleur et le subjectif! Une autre fois, il décrit les affres d'un arbre à l'agonie. Etant allé dans un bois, à un endroit où l'on abattait des arbres, il a vu l'un d'eux qui se cramponnait à son corps éthérique comme à une brume verte.

Pierre parle de l'instinct maternel chez les végétaux : par exemple, l'arbre aime les fleurs et les fruits qu'il a procréés. Selon lui, nous découvrirons progressivement cette unité parfaite et logique qui existe dans le mécanisme des lois promulguées par Dieu. Logique est un terme que Pierre affectionne : on est logique dans l'ultramonde. Cependant il va plus loin encore, il admet chez les végétaux l'existence d'une pensée, d'une pensée non réfléchie.

« J'ai déjà dit que les pensées, ou plutôt les

pensées-forces, sont une puissance répartie par Dieu dans toute la Création. Cette affirmation te surprendra peut-être, mais j'insiste : tout être vivant pense, car l'instinct qui se révèle chez les êtres inévolués, voire chez les végétaux[1], n'est autre chose que la pensée encore obscure et inconsciente. »

Bien que le royaume végétal soit exempt du mal, il reçoit les premières armes. Bien qu'il soit aveugle, il a la passion de la lumière. Monde sans violence, mais non sans poisons; monde léthargique, passif, muet, lent; monde calme, à l'image duquel certains s'imaginent à tort le septième royaume. Monde bizarre de la respiration sans poumons, de la circulation sans cœur, du mouvement sans muscles, de la sensibilité sans nerfs, de la sexualité sans désir. Monde de la beauté pensée, de cette beauté qui rappelle la terre à son rôle initial de paradis, et nous fait pressentir les perfections des paradis.

Roland : « Un brin d'herbe, un rayon d'étoile, une pastille de soleil sur une rose grefferont des ondes célestes sur ton double. Crois-moi, la radio-activité psychique a des lois aussi déterminées que la radio-activité chimique. Mais pour capter ces éléments, tout votre être doit vivre selon le ciel. »

Le deuxième royaume propose, à qui sait voir, une mutitude de paraboles et de convergences.

1. Exemple de pensée sans cerveau.

De même que, sous l'action du soleil, la chlorophylle en fixe l'énergie, assimile le carbone et exhale la vapeur d'eau, sous l'action de l'Esprit, le croyant assimile le mal et exhale l'amour.

Le deuxième royaume ne nous connaît pas, mais il nous sent et il nous aide à nous connaître. Il est le grand réservoir où puiser les énergies physiques et psychiques. Soyons le plus possible en contact avec lui. C'est lui qui donne la paix, la force, l'équilibre. C'est lui qui libère des cauchemars et des faux problèmes. Il est souvent obscur, il ne ment jamais. Celui qui s'étend dans l'herbe et fait corps avec la terre, se recharge à la façon d'un accumulateur.

ROLAND : « Fais des cures d'imprégnation dans la nature, touche les arbres, entoure-toi de fleurs, caresse l'herbe. Puisqu'il t'est donné d'être près de la nature, observe attentivement. Dans le règne végétal, beaucoup de mystères sont enfermés. Que ton esprit averti sache opérer la métamorphose, et que le moindre détail soit pour lui le point de départ d'une montée spirituelle. »

Laissez-vous instruire par les lis des champs ! Car ils sont l'image des lis éternels. Nous savons que dans l'ultra-monde les fleurs sont en abondance.

Paqui laisse, ou voudrait laisser, à ses bien-aimés les parfums subtils qui l'environnent.

Philip nous explique que les fleurs et les arbres de la terre sont des formes-pensées, des formes-amour et que ces formes se retrouvent dans les sphères sous un aspect plus délicat, plus luxuriant. « Chacune d'elles est un centre de couleur, de lumière et de sonorité, car il n'y a pas eu de modification de l'image-pensée pour la rendre capable de se conformer aux lois de la matière dense. Donc rien ne se corrompt, rien ne se décompose. Pas de feuilles mortes, pas de fleurs flétries. »

Pierre renonce à dépeindre les sites, les édifices, *les fleurs* de l'Au-delà dans leur radiance incorruptible.

Les paysages de l'Au-delà sont subjectifs, mais bien réels. Nos plus beaux paysages en sont le reflet. Pour concevoir les premiers contemplons les seconds. La terre n'est pas illusion, comme disent certains, elle est allusion.

ROLAND : « Pour imaginer mon royaume, prends dans la nature tout ce qui est féerique : une fleur, la rosée, un parfum. As-tu jamais réfléchi au parfum d'une fleur? Vous êtes si peu attentifs que vous trouvez tout cela naturel. Eh bien, tout cela, ce sont des miettes de paradis, de la poussière du royaume où je suis. »

Laissez-vous instruire par les lis des champs : ils vous enseigneront que les fleurs sont des grâces.

PAQUI : « Les fleurs sont des grâces : la racine en est formée par l'Amour divin. Si les fleurs sont des grâces, les grâces sont des fleurs qui viennent de Dieu, sont de Dieu et reviennent à Dieu. »

PIERRE : « Dieu sourit à la pluie de roses qu'une petite sainte Thérèse verse en grâces accordées sur les âmes humaines. »

Cependant, les fleurs du septième royaume n'empêchent pas les disparus de se souvenir des fleurs de la terre et de les aimer. Ils perçoivent, sous forme de vibrations, celles qui sont placées près de leur photo. Elles leur sont plus agréables que celles des cimetières, lieux qu'ils s'efforcent d'oublier et qu'ils doivent oublier.

Laissez-vous instruire par les lis des champs! Et pratiquez la botanique spirituelle.

Roland : « Si tu voulais observer la vie des plantes avec ton sixième sens, tu découvrirais là un grand nombre de mystères. Tu ne peux continuer à étudier l'âme d'une manière aussi primaire. »

Il demande à sa mère de s'immerger dans les prés et les bois, parce qu'il sait qu'elle est seule, et qu'au cœur du deuxième royaume, on n'est jamais seul. Il invite ses lecteurs à s'harmoniser à l'univers végétal, de façon que ses vibrations les enveloppent et les traversent :

« L'aura d'un champ d'œillets peut se répercuter en vous aussi intensément que ses couleurs ou qu'un son. Empruntez les chemins fleuris pour vous promener; reposez-vous à côté des plantes; observez-les patiemment pousser; elles vous seront une leçon. N'allez au-devant d'aucune concrétisation, car vous êtes là dans un état impondérable qui ne comporte aucune définition. Gardez seulement votre esprit libre, ouvrez toutes les fenêtres de votre âme, afin que l'infini puisse s'y précipiter. Ainsi confondus au psychisme qui œuvre en masse dans le calice des fleurs, vous serez remis dans votre propre psychisme. »

Si le psychisme œuvre en masse dans le calice des fleurs, il œuvre avec la même intensité parmi ces êtres de haute évolution que sont les arbres. Les arbres sont à la pointe du deuxième royaume comme les gemmes et les cristaux sont à la pointe du premier, comme les grands mammifères sont à la pointe du troisième.

Les arbres sont les plus belles, les plus exactes des similitudes. Symboles d'évolution et de l'alternance analyse-synthèse, ils nous offrent tout un programme de vie. Comme eux, monter des racines multiples à l'unité du tronc, et de l'unité du tronc à la diversité des branches tendues vers toutes les directions de l'espace. Comme eux, recueillir les sucs d'une terre souvent ingrate et les projeter vers le ciel en fleurs, en feuilles, en fruits. Comme eux, se rassembler dans la nuit souterraine, s'élever avec des torsions d'athlète, se développer avec une puissante lenteur, se cuirasser chaque année d'une nouvelle écorce, tendre vers l'éther sans jamais ici-bas l'atteindre, s'épanouir à l'assaut de l'éternel matin, dans l'espoir que l'oiseau-esprit vienne habiter parmi nos roseaux et que le vent-esprit fasse chanter notre feuillage.

Dans le monde primitif, le divin était partout : dans les eaux, dans les animaux, dans les astres, dans les minéraux, dans les plantes. Toute chose, tout vivant étaient dieux. Tout était esprit. De nos jours, démarche inverse : l'esprit, après avoir déserté la nature, se retire même de l'esprit humain considéré comme l'épi-phénomène d'une réalité physico-chimique.

L'ancienne conception avait au moins l'avantage de respecter la nature. Les vieux tabous avaient du bon : il était interdit de souiller les forêts et les eaux sacralisées. Une rivière était une naïade et non un tout-à-l'égout.

ROLAND : « L'homme primitif était plus proche de Dieu que ne le sont les hommes d'aujourd'hui, parce qu'il venait plus fraîchement de sortir des mains du Créateur. Il ressentait donc davantage l'influence du ciel et instinctivement se plaçait dans les courants célestes. Comme un aimant, les arbres l'attiraient, l'enveloppaient d'ondes, car le bois est un propulseur de vibrations. »

En projetant partout des âmes, l'homme primitif agrandissait la sienne, et ce païen était plus agréable aux yeux de Dieu que bien des chrétiens sans amour pour la création. L'homme moderne n'a pas accru son âme de la part qu'il retirait à l'univers. Qu'il soit de la ville ou de la campagne, il ne voit, dans la nature, qu'un terrain de décharge[1]. Notre civilisation, qui a tout désacralisé : la nature, l'homme, la connaissance et jusqu'à la religion, est décidément une des plus vulgaires, une des plus médiocres qui aient paru sur la terre. Nous sommes dans ce que l'Inde appelle un Age noir.

Si, jadis, l'homme ajouta à la création en inventant le blé, la vigne et la rose, de nos jours il la dégrade, il la mutile, il la salit, il détruit son équilibre. Lui, qui devait en être l'achèvement, en est

1. Notre belle et douce France est insensiblement devenue un gigantesque dépotoir. Les petits bois, situés au voisinage des habitations collectives, offrent un spectacle désolant : partout des ferrailles, des papiers, des ordures, partout de jeunes arbres cassés, tordus, déchiquetés.

devenu l'ennemi et l'exploiteur, au pire sens de ce terme.

L'arbre, qui semble unir la terre au ciel, est le symbole de la connaissance, de la vie universelle et de la vie éternelle.

Roland : « Auprès des arbres une clairvoyance supérieure était donnée à l'homme, et il aimait rendre la justice sous ces ombelles de feuilles, car il communiquait plus facilement avec l'harmonie divine. Ce n'est pas en vain que saint Louis s'asseyait sous un chêne pour rendre la justice. »

Ce n'est pas en vain qu'un roi de France s'asseyait sous l'arbre sacré des Celtes. La religion des druides (druide vient du grec *drus,* qui signifie chêne) présente les caractères spécifiques du culte en esprit : pas de temples, pas d'idoles, croyance en l'immortalité de l'âme. Croyance si solide, si viscérale, que les Gaulois admettaient des prêts d'argent remboursables dans l'autre monde. Plusieurs auteurs latins nous le rapportent, et l'on sent que cette foi, dont très peu de peuples ont donné l'exemple, fait grincer leur ironie et leur scepticisme.

Leur doctrine de la pluralité des vies s'alliait à la doctrine de la pluralité des mondes. Les esprits libérés voyageaient de planète en planète, d'étoile en étoile, pour finalement se fondre dans le soleil. Les prêtres du chêne divisaient les vivants en trois cercles : le premier était le domaine de l'inconcevable, de l'infini, de l'absolu : c'était le *ceugant,* le cercle de Dieu. Dans le deuxième, nommé *gwynfyd,* cercle de béatitude, ou firmament, résidaient les esprits parvenus aux degrés supérieurs de l'évolution. Dans ce paradis, ils retrouvaient la mémoire de leurs existences passées. Le troisième était l'*abred,* le cercle des voyages, le cercle de la vie présente, état transitoire dans lequel l'homme lutte pour son ascension. L'orgueil, le mensonge et le manque d'amour obligent l'homme à redescendre dans l'*abred.*

La doctrine druidique des migrations spirituelles a une poésie, une grandeur, une vérité que n'ont pas d'autres religions plus illustres. Cette idée que la mort n'est qu'un déplacement, un départ pour un pays sidéral où des amis vous attendent, lui ôtait toute son horreur. Elle contribuait à exalter, dans cette race, le courage et le sens de l'aventure.

Ce n'est pas en vain que les messagers sont nés et ont parlé sur les vieilles terres celtiques : Pays de Galles, Normandie, Ile-de-France, Auvergne, Italie du Nord : ancienne Gaule cisalpine. Ce n'est pas en vain que saint Paul écrit aux Galates, ces Celtes d'Asie Mineure (auxquels il reproche d'ailleurs leur versatilité) : « Celui qui sème pour l'Esprit, moissonnera de l'Esprit la vie éternelle. » Ce n'est pas en vain que le christianisme, affirmation de la survie, a pris naissance en Galilée; et que le Christ et les apôtres furent Galiléens.

Toute grande civilisation possède son arbre sacré : l'Inde antique eut le figuier; la Grèce, le chêne et l'olivier; la Germanie, le tilleul.

Tous les arbres sacrés avaient des caractères communs : le bruissement de leur feuillage était prophétique, leur fruit accordait la connaissance, leurs branches servaient à fabriquer des armes invincibles et des baguettes magiques, la manducation de leurs feuilles donnait l'immortalité. Tel l'arbre de vie de l'Apocalypse. Chacun de nous possède en soi l'arbre de vie. Mais si nous ne veillons pas à sa croissance, il peut péricliter.

ROLAND : « L'arbre de vie, qui est en vous, évolue à votre insu et les saisons le recouvrent de feuilles, de fleurs, de fruits, tout comme un arbre de la forêt. Sensible à la lumière, aux astres, il peut se dépouiller et mourir. »

BERTHA : « Vous avez été placés sur terre pour y être ouvriers avec Dieu. Vous ne devez chercher votre vie, vous ne devez puiser journellement que dans le réel : le spirituel. Vous deviendrez ainsi comme des arbres servant à la guérison des nations et votre vie exhalera quelque chose de la présence divine. »

La présence des arbres rend les communions spirituelles plus fréquentes, plus fécondes. C'est à La Presle, dans l'Allier, que Pierre aime à rencontrer sa mère : leurs entretiens sont plus faciles dans la grande paix des bois qu'ils aiment tous les deux. Et comme les disparus voient les lieux à travers nos regards, toute l'atmosphère de La Presle est encore une nourriture pour lui. Il perçoit la pure joie des oiseaux et des herbes, des abeilles et des fleurs. Il voit monter vers le Créateur l'hymne adorant de la reconnaissance des êtres.

La méditation sous les arbres prépare les voies

de l'illumination et permet d'acquérir l'intelligence de ce qui est caché. Nathanaël méditait sous un figuier lorsque son futur maître le vit en esprit. « Parce que je t'ai dit que je t'avais vu sous le figuier, tu crois. Tu verras des choses plus grandes que celle-ci ! » Ces choses plus grandes, c'est la perspective du ciel ouvert. Le deuxième royaume est le parvis du septième...

ROLAND : « Les heures de méditation sous les arbres sont particulièrement bénéfiques, parce que l'arbre est une sorte d'aimant qui capte les fluides surnaturels. Spécialement le sapin[1]... La forêt a son aura et cette aura est une nappe d'éther si légère que nous aimons à nous y poser. Voilà pourquoi la forêt est habitée. La contemplation des arbres est très importante, car elle comporte une véritable géométrie céleste. »

Pierre, lui, parle de géométrie psychologique :

1. A propos de sapin, je ne puis m'empêcher d'évoquer un souvenir personnel qui marqua d'une pierre noire mon itinéraire spirituel. En 1938, je visitai une petite communauté protestante, sorte de Taizé avant la lettre, animée par une femme de grande valeur. Précurseur de l'œcuménisme, elle avait donné à ses cellules des noms tels que Saint-Jean-de-la-Croix, Saint-Jean-Chrysostome. Dans la chapelle très simple, très lumineuse, il y avait sur l'autel : une croix, une Bible et une branche de sapin.

« L'essentiel est là, me dit-elle, la croix, la Bible et la nature. »

Le jeune homme que j'étais admira beaucoup cette parole, si nouvelle pour lui. A quelque temps de là, il la rapporta, en toute innocence, à un pasteur.

« La branche de sapin est de trop ! » trancha ce dernier.

Je fus très étonné d'apprendre que la nature pût être quelque chose de suspect, que la Bible, œuvre partiellement humaine à la merci d'une erreur de traduction ou de ponctuation, pût éclipser la Création, œuvre totalement divine. Toujours est-il que dans les périodes de doute qui suivirent, ce furent la nature et ses mystères d'évidence qui m'empêchèrent de sombrer dans l'incrédulité. Ce fut la branche de sapin qui me retint de croire à l'absurdité du monde, donc de ma vie.

« Vous ne connaissez pas, chrétiens, la géométrie psychologique, les opérations de l'Esprit qui placent la valeur des nombres au-dessus de votre compréhension intellectuelle, mais que l'intuition spirituelle dévoile cependant à quelques-uns. Si chaque race, chaque espèce, les hommes comme les animaux, comme les végétaux, reproduit une figure spéciale, c'est pour obéir au désir de Dieu qui l'a jugé bon... Tout cela n'est autre chose que les figures géométriques des nombres, dont la valeur est indispensable à la réalisation du plan de Dieu. »

Nous avons vu que le 5 est la fleur de pommier et le 6 le cristal de neige. Quant au 7, il est chiffre de totalité, parce qu'il représente le centre + les six directions de l'espace : vers la droite, vers la gauche; vers l'avant, vers l'arrière; vers le zénith, vers le nadir.

A propos de géométrie psychique, souvenons-nous de cette idée de Goethe : chaque être vivant est construit selon un schéma qui est de nature spirituelle et qui dirige la formation du corps physique, que ce corps soit végétal, animal ou humain. Ce schéma de nature spirituelle, valable pour tous les règnes, n'est autre que le corps subtil[1].

1. Tout ce qui est dit dans ce chapitre sur l'aura et le corps subtil des végétaux a reçu, depuis, une éclatante confirmation par les travaux de Valentina et Semyon Kirlian. C'est seulement en 1973 que les découvertes de ce couple de savants soviétiques ont été connues dans notre pays par la publication en français du livre de Sheila Ostrander et Lynn Schroeder : *Fantastiques recherches parapsychiques en U.R.S.S.*, Laffont. De même tout ce qui est dit sur les sentiments manifestés par les êtres du deuxième royaume s'est trouvé corroboré en 1975 par un autre ouvrage paru chez le même éditeur : *La Vie secrète des plantes*, de Peter Tompkins et Christopher Bird.

CHAPITRE XI

LE TROISIÈME ROYAUME

Tous les règnes sont des hiérarchies, même le règne divin, et nulle part la hiérarchie n'est aussi tangible que dans le règne animal. Nul règne n'est plus diversifié que le troisième. Qui dit hiérarchie dit injustice, du moins selon nos mesures. Cependant, les privilèges organiques sont compensés par de nouveaux risques et finalement, dans toutes les espèces, on voit s'équilibrer les possibilités de la vie et celles de la mort.

Plus l'animal est avancé dans l'évolution, plus il est fragile et menacé. Les reptiles peuvent subir, sans grand dommage, des mutilations qui entraîneraient la mort immédiate des bêtes à sang chaud.

Plus l'animal est avancé dans l'évolution, plus il est indépendant de son milieu, et plus le milieu lui est hostile. Les madrépores semblent ne faire qu'un avec l'océan qui est leur atmosphère et leur nourriture. Au contraire, la vie des grands mammifères et des oiseaux, surtout depuis le pullulement de l'homme, est devenue si précaire que de nombreuses espèces se sont récemment éteintes et que d'autres sont en voie de disparition. Les animaux supérieurs semblent sous la malédictions qui frappe les élites : les lions, les éléphants, les ours, les baleines deviendront fossiles, mais les rats, les vers, les moustiques et les punaises subsisteront à jamais. Les scientifiques pensent que seuls les insectes pourraient survivre à un désastre atomique total.

Plus l'animal est avancé dans l'évolution, plus il est différencié de ses congénères. Un passereau ne se distingue pas d'un autre, mais il n'y a pas deux chiens, deux chats pareils.

Plus l'animal est avancé dans l'évolution, plus sa gestion est lente, plus il est désarmé à la naissance, plus sa période de tâtonnement et d'éducation est longue, plus sa puberté est tardive, plus ses rejetons sont rares. Toutes choses qui accroissent d'autant l'amour qu'il porte à sa descendance, sentiment renforcé chez les mammifères par la symbiose prénatale.

Plus l'animal est avancé dans l'évolution, plus le dimorphisme et les caractères sexuels secondaires sont accentués.

Plus un animal est avancé dans l'évolution, plus les sens (les cinq sens et les autres) se développent et s'affinent. Dans les espèces inférieures, il n'y a pas de contact entre le mâle et la femelle : chez les poissons, la femelle pond ses œufs et, plus tard, le mâle les recouvre de sa semence. On est très chaste chez les vivants à sang froid. De même que la reproduction commence sans la sexualité, la sexualité commence sans l'amour charnel. De règne en règne, d'espèce en espèce, l'amour charnel ne cesse d'étendre son domaine et s'épanouit chez les animaux supérieurs en joie, en beauté, en bonheur, en amour. A la pointe du troisième règne, l'amour fait son apparition sous la forme de l'amour du couple et de l'amour pour les petits. L'amour vient divinement compenser l'angoisse qui grandit avec la conscience et la liberté.

Plus un animal est avancé dans l'évolution, plus il a le sentiment d'être irremplaçable, inexprimable, unique, seul. Plus il a peur, plus il a besoin d'amour. Et c'est pourquoi, obscurément, l'animalité supérieure voudrait se grouper autour de l'homme comme la limaille autour de l'aimant. Son humble amour est le gage et les prémices de l'amour universel.

Pierre : « Le chien, par exemple, dès que son intelligence est assez développée pour cela, commence à réaliser des motifs qui se concluent par le sacrifice. Il y a des chiens qui, par amour, refusent toute nourriture et meurent. Il y a aussi, dans toute l'animalité, des mères qui s'immolent pour leurs petits; faible et pâle aurore du grand soleil de l'amour universel, souvenir de la parcelle divine répandue dans toute la création. »

Chaque règne qui commence garde les attitudes et les habitudes du règne précédent. Le corail, l'éponge, le polype, l'oursin, l'étoile de mer, l'anémone de mer persistent dans les formes végétales. Certains de ces animaux primitifs sont condamnés à l'immobilité des plantes. Tous ont pour schème le cercle et ses rayons. Ce n'est qu'avec la symétrie bilatérale, qui va de pair avec le mouvement, première ébauche de la liberté, que l'on entre vraiment dans le royaume animal. Enfermé dans sa perfection à plan circulaire, le vivant du deuxième règne n'était capable d'aucun progrès. Le vivant du troisième règne, lui, est équipé pour la lutte, c'est-à-dire introverti : ses organes de nutrition, de respiration, de reproduction sont situés à l'intérieur de lui-même. Toutes les armes offensives et défensives ont été distribuées par le Créateur. Ce règne est une mêlée effroyable : la guerre n'attend pas l'homme pour paraître.

C'est au cours de ces millénaires de violence que l'Esprit met progressivement au point les organes de l'esprit : l'œil qui deviendra l'instrument et le symbole de la connaissance; le cerveau et les nerfs qui irradient la pensée, la voix qui portera le verbe, le cœur qui sera l'amour, le sang qui sera la chair et l'incarnation, le sang rouge, où Roland voit un reflet du feu divin.

Animal, *anima,* âme : le mot accorde à ces vivants ce que nous leur refusons, et cette âme animale est proche de la nôtre. Du moins chez les bêtes de poil et de plume, les bêtes à sang chaud, car le sang chaud est la condition nécessaire, mais non suffisante, à l'apparition de l'esprit, événement qui se réalise au niveau humain. Cette âme animale est comme la nôtre faite de désir, de colère, de férocité, de jalousie, et surtout d'amour. Comme la nôtre, elle perçoit l'écoulement de la vie et s'étonne.

L'existence de l'âme animale est affirmée par les messagers qui, tous, mettent l'accent sur l'importance de ce royaume qui précéda et conditionne le nôtre :

PHILIP : « Les oiseaux sont une partie du monde intérieur, ils ont de petites âmes qui peuvent évoluer. »

PAQUI : « Envers les animaux, déployez toute votre pitié. Soyez pour eux des maîtres, mais aimez-les ! Ne les frappez jamais ! Ils ne sont pas que de la matière. Ils souffrent, sentent, vous aiment et vous sont attachés. Donc ils ont en eux un sentiment, une intelligence (non point comme la nôtre, ne vous révoltez pas de mes paroles); observez leur regard, leur attitude, et vous aurez pitié de leur servitude, vous n'abuserez pas des supériorités qui vous donnent sur eux pleins pouvoirs. »

ROLAND : « Ta maison a séparé deux chants d'oiseaux... Si tu avais ouvert tes fenêtres, leurs plaintes auraient pu se répondre... Il faut toujours ouvrir une fenêtre devant une âme qui cherche. »

CHRISTOPHER : « Les animaux ont vraiment quelquefois de grands esprits dans leur espèce. »

Albert PAUCHARD : « L'animal est, comme toute chose dans la nature, une expression de la vie divine. Il s'agit surtout de comprendre cette vérité fondamentale, et c'est à mesure qu'il en prend conscience que l'homme se civilise. »

A.B. à Mary Bruce WALLACE : « La libre volonté est un glorieux privilège, dont jouissent tous les êtres sur chaque plan d'existence. Même les animaux inférieurs ont un rudiment de libre volonté; mais le but de leur activité est tellement limité que vous ne pourriez reconnaître cette faculté divine dans ses formes les plus basses et les plus rudimentaires. L'instinct est leur guide sûr, et c'est l'action sur eux d'une force centrale à l'intérieur de l'âme collective dont ils sont membres. »

MAX-GETTING : « Les âmes des hommes, seules, arrivent à l'astral, celles des animaux évoluent dans des sphères inférieures. Le regard de certains animaux prouve combien leur âme est arrivée à la perfection dans leur race. »

PIERRE : « A toutes les créatures, Dieu a donné une âme. Mais l'homme seul pouvait faire fructifier spirituellement cette âme, parce qu'il était esprit avant son stade terrestre : une épreuve qu'il a sollicitée et dont Dieu lui a démontré les dangers, en l'assimilant, pendant de nombreux siècles, à l'animalité qui l'a précédé dans la matière. Voilà pourquoi il y a des mondes, parmi les plus grands, les mieux organisés, qui ne sont pas constamment habités par une race qui ressemble à l'humanité. »

L'existence de l'âme animale est affirmée par les Ecritures. Cela ressort clairement de la Genèse, de Job, de l'Apocalypse et de l'enseignement du Christ.

Raymond et Madeleine Chasles, les grands spécialistes catholiques de l'Ecriture, affirment dans leur ouvrage *De la Bête à Dieu* que la Bible enseigne indiscutablement que les animaux ont une âme. « Vingt-deux fois, dans l'Ancien Testament, le mot hébreu *nephesh* est appliqué aux animaux seuls et sept fois aux hommes comme aux animaux, alors que, par ailleurs, il désigne l'âme humaine. Au seul premier chapitre de la Genèse, la *nephesh* est donnée quatre fois aux animaux avant d'être attribuée à l'homme... Par contre le terme, hébreu ou grec, qui désigne l'esprit, n'est jamais appliqué aux animaux. »

Aux affirmations de la Genèse fait écho le cri de Job, protagoniste de ce drame cosmique et métaphysique qui est le *Faust* de l'Antiquité orientale :

« Interroge donc les bêtes, et elles t'instruiront. Et les oiseaux des cieux, et ils te donneront des leçons. Ou bien, parle à la terre, et elle t'initiera, et les poissons de la mer te donneront leurs enseignements. Qui ne sait, parmi toutes ces créatures, que la main de l'Eternel a fait toutes choses. Lui, dans la main duquel est l'âme de tout être vivant et l'esprit de toute chair d'homme. »

Ce dernier verset est très clair : l'âme, *nephesh* en hébreu, *psyché* en grec, habite tout être vivant : animal ou homme, mais seul l'homme a reçu l'esprit : *rûakh* en hébreu, *pneuma* en grec.

Le chantre du psaume XXVI s'écrie : « Eternel, tu sauves l'homme et la bête. » Ce que Crampon traduit en affaiblissant « Aux hommes et aux bêtes, tu portes secours » et la version synodale de même : « Tu accordes ta protection aux hommes et aux bêtes. » Comme si tous deux craignaient d'englober l'animal dans la rédemption, comme si l'amour salvateur devait se limiter à la seule humanité. Un amour étroit ne serait pas l'amour. L'amour est universel, ou bien il n'est pas.

Dans l'Apocalypse, il est deux fois question de l'âme des animaux. Le premier passage qui la mentionne est particulièrement d'actualité, puisqu'il évoque la chute de quelque bombe thermonucléaire et décrit les effets mortels de ses radiations. L'Apocalypse, hélas ! est de moins en moins symbolique, de moins en moins mystérieuse. Voici donc ce qu'on peut lire au huitième verset du huitième chapitre. Ceux qui connaissent le symbolisme des nombres seront frappés par la concordance de ces chiffres de mort.

Huit

Alors le deuxième ange
sonna de la trompette :
une masse énorme et incandescente,
une sorte de montagne
fut projetée dans la mer.
Le tiers de la mer fut changé en sang.

Neuf

Le tiers des créatures
qui habitent la mer et possèdent des âmes
mourut.
Et le tiers des vaisseaux fut détruit.

De même dans Apocalypse, XVI, 3 :

Le deuxième ange versa sa coupe dans la mer.
La mer devint du sang comme le sang d'un mort,
Toute âme vivante mourut dans la mer...

Non seulement les petites âmes de poissons et d'oursins, mais aussi les âmes évoluées des baleines, des dauphins et des phoques...

Entre la Genèse et l'Apocalypse, le Christ nous a enseigné que les animaux demeurent dans la pensée de Dieu. Ils sont connus de Lui dans leur personne, donc dans leur âme. Selon le récit de Luc : « Ne vend-on pas cinq passereaux pour deux sous? Et pas un seul d'entre eux n'est oublié devant Dieu. » Selon le récit de Matthieu : « Deux passereaux ne se vendent-ils pas un sou? Et il n'en tombe pas un seul à terre à l'insu de votre Père! Ne craignez donc rien : vous valez mieux que beaucoup de passereaux. »

Si les deux évangélistes ne sont pas tout à fait d'accord sur le prix des passereaux, ceux de Luc étant plus avantageux, ils sont bien d'accord sur leur importance aux yeux du Père. Vous valez mieux que beaucoup de passereaux ne veut pas dire que les passereaux ne valent rien. Ceux qui sont au bas de la hiérarchie ne doivent pas être méprisés. Et comme ils ont leur évolution, ils ont à leur mesure un paradis.

Pierre : « Pas un passereau ne tombe sans la volonté de Dieu; n'était-ce pas vous indiquer la valeur réelle, au point de vue de l'amour, que le Créateur accorde à toute vie née de son souffle? Je te l'ai déjà dit, ces modestes amis si fidèles ne restent pas non plus dans le tombeau. S'ils n'arrivent jamais aux hautes sphères spirituelles, ils ont, cependant, ce que vous pourriez appeler un paradis qui est fait pour eux. Leurs évolutions successives les maintiennent toujours dans une place seconde, mais le fait nouveau de pouvoir communiquer leurs pensées est pour eux un incomparable bonheur. Le sommeil qui suit leur mort est d'ailleurs très court, car il y a pour eux une autre conception de la destinée. Ainsi, le petit chien, dont, près de toi, j'ai assisté à la séparation du corps infirme, est déjà tout joyeux à mon côté. »

Tous ceux qui observent et connaissent les animaux savent quel drame c'est pour eux de ne pouvoir se faire comprendre. On assiste, parfois chez le chien et le chat, à un effort désespéré vers la parole. Ils poussent des cris inarticulés qui ne sont plus ni aboiements, ni miaulements, mais un embryon de langage. Leur souffrance ne prend fin que dans un monde où l'on communique par télépathie.

Celui qui fut désigné sous le nom d'Agneau disait : « Tu aimeras ton prochain comme toi-même. » Les animaux, surtout ceux dont la physiologie et la psychologie sont si proches des tiennes, les animaux sont ton prochain.

John ROBINSON : « Dois-je vous rappeler les quelques paroles que Christ allait répétant aux gens quand il était sur la terre : « Aimez-vous les uns les autres. » Il voulait dire, non seulement aimez les hommes et les femmes, mais aimez toute vie, toutes les créatures, vos frères moindres aussi. En faisant cela, vous marchez vraiment sur ses traces... Le véritable amour comprend les faibles, les désarmés. Je sais, pour l'avoir appris de mes maîtres, que Christ a fait et dit beaucoup de choses concernant les animaux qui ont été omises dans les chroniques de sa vie et de ses paroles. Souvenez-vous qu'en ces temps-là, les animaux étaient considérés comme des créatures sans importance. »

Saint Jean nous déclare, en effet, que le Christ a accompli beaucoup plus de choses qu'il n'est rapporté dans les Evangiles. Parmi ces choses que nous ne connaîtrons jamais, il est vraisemblable que nombre d'entre elles concernaient les animaux. C'est précisément pour cette raison qu'elles furent laissées de côté par des scribes et des docteurs qui déniaient une âme à nos frères dits inférieurs.

Si nous ignorons une partie notable de l'enseignement et de la vie du Christ, nous connaissons beaucoup mieux la biographie de celui qui, sur la terre, fut son image la plus fidèle, tant par son enseignement de l'amour, que par ses souffrances, inscrites dans sa chair. C'est le plus christique des saints, c'est le disciple exemplaire qui, justement, nous a rappelé l'importance spirituelle de la communion avec le monde animal.

« Tu as bien fait de lire saint François d'Assise, dit Roland. Imprègne-toi de ses inspirations; elles te seront très bénéfiques. Dieu s'est révélé à lui par des façons simples, ses agents ont été assortis à la candeur de ce cœur pur. Dieu s'est servi de colombes, d'oiseaux pour le toucher. »

François d'Assise a dit et fait ce que Jésus fit et dit, et que nous ignorons pour le plus grand dommage du troisième royaume.

Donc, si l'homme est triple : corps, âme et esprit, l'animal supérieur est double : corps et âme. L'animal ayant un corps psychique, il n'est pas étonnant qu'il puisse parvenir à certains plans spirituels.

Albert Pauchard : « Là où je me trouve à présent, les animaux ne semblent avoir possibilité d'accès et de séjour qu'en dépendance de leur relation avec quelque personne qui les a aimés sur terre. Je veux dire par là que ce n'est pas ici leur monde normal. Ils ne s'y trouvent élevés que par suite de leur attachement à un être humain. Car l'homme (par son affection et par l'action chimique, en quelque sorte, qu'elle exerce sur les êtres qui viennent à son contact) élève l'âme de l'animal à un plan supérieur de vie et de conscience. C'est là un vivant exemple du miracle de l'Amour. »

On avait demandé à Mme Monnier ce que faisaient, sur les premiers plans invisibles, les animaux désincarnés que l'homme-esprit a jadis aimés, qu'il retrouve et qui le reconnaissent, lui apportant leur affection inchangée. Elle transmit la question à Pierre qui répondit : « Les animaux, qui ont traversé la sphère terrestre, ont ici une vie supérieure à celle de leur première existence. Ils perdent l'asservissement de la matière, c'est-à-dire, tout comme nous, le besoin de se nourrir et d'engendrer. Ils gagnent de pouvoir s'entretenir avec nous, puisque les animaux pensent (beaucoup plus que nous ne le savons sur terre) et que la pensée est le langage des esprits libérés. Cela leur permet de nous comprendre et de se faire comprendre. Ils entourent notre société de leur affection simple, tout comme sur la terre. Ils évoluent eux aussi et réalisent que l'amour est le but essentiel à atteindre... De ce côté-ci, ils connaissent des satisfactions nouvelles, et vivent un peu comme de jeunes enfants, dont la conversation est élémentaire. Ils nous apportent leur modeste amour comme une offrande. »

Cependant, les messagers rejettent la doctrine selon laquelle l'âme pensante, immortelle, peut animer successivement des corps animaux, puis des corps humains.

Pierre : « Pourtant c'est notre ressemblance avec Dieu que n'atteindra jamais l'animal, malgré les partisans illusionnés de la métempsycose. Le chien, par exemple, qui est certes le mieux préparé aux émotions affectives, les ressent dans son âme sensible, mais primaire. Cependant, le chien reste un animal jusque dans la vie supérieure où il pénètre à sa mort. »

De son côté, Christopher est très heureux de découvrir que les oiseaux, qu'il aima tant sur terre, possèdent des âmes, mais il constate que ce sont de toutes petites âmes et il conclut : « Il n'y a pas de transmigration comme le pensent les Hindous. »

Si la métempsycose est une doctrine fausse, cela n'empêche pas qu'un des devoirs de l'homme est de favoriser l'évolution de l'animal et de le hausser à une vie supérieure.

Max-Getting : « On peut faire évoluer les animaux en les éduquant, car on éveille leur intelligence et on développe en eux des sens latents. On ne s'occupe pas suffisamment de l'âme des êtres inférieurs et de celle des plantes, que l'on martyrise ainsi que les animaux. Et les hommes osent se plaindre de la vie, eux qui sont parfois si cruels ! »

Aux jours de la Genèse (et comme l'Apocalypse,

la Genèse est permanente et moins métaphorique qu'on l'imagine), les animaux, que Dieu avait bénis, furent confiés à l'homme. Celui-ci, en leur conférant un nom, leur donna l'être pour la seconde fois. Il fut convenu avec le Maître qu'il aurait le droit de les assujettir, de les utiliser, de les tuer (pour sa nécessité et non pour son plaisir), mais non de les tourmenter ou de les avilir. L'homme se montra un mauvais roi, il réduisit le serviteur en esclavage, le protecteur se révéla un exterminateur.

Désormais, l'homme est sur la terre comme l'occupant en pays conquis : on le fuit, on se cache, on se tait à son approche. Cela, je l'ai éprouvé avec une netteté voisine du désespoir. M'avançant dans une forêt, j'avais la certitude que devant moi les voix demeuraient en suspens, de petits cœurs s'inquiétaient. Mes pas faisaient le vide, plus rien ne palpitait parmi les fourrés et les basses branches. Et la voix intérieure murmura : « Pour tous ces yeux qui t'examinent, tu es l'ennemi et le meurtrier. Dans le langage des oiseaux, l'homme et la mort sont le même mot. »

L'animalité, ce peuple sans histoire, est cependant un peuple malheureux, puisqu'il vit soit dans la servitude, soit dans la terreur. Pour l'animal pourchassé, traqué, promis au supplice, à la captivité, à une mort atroce, la terre est vraiment un enfer, un royaume d'horreur dont l'humanité est le Moloch[1].

1. La férocité humaine revêt parfois des formes abjectes. Voici un fait divers particulièrement révoltant, entendu à la radio :

Au large des côtes de Bretagne, un dauphin sans méfiance s'approche

Ce royaume d'horreur est fermement établi dans les laboratoires de vivisection, crime qui soulève dans le monde spirituel des vagues de colère et de dégoût.

Albert Pauchard conjure ses amis de protester contre l'abus de l'animal par l'homme et de faire campagne contre des pratiques aussi barbares qu'inutiles.

Pour John Robinson, ce crime est injustifable, car on ne peut justifier le mal. La vivisection[1] bloque le progrès à la fois pour le monde humain et pour le monde animal.

Un peu partout, dans le monde scientifique, des animaux sont martyrisés et transformés en êtres de cauchemar : « La folie et la cruauté des expérimentateurs sont telles, écrit le professeur G. Haberland, qu'ils ont cousu, l'un avec l'autre, toutes sortes d'animaux : rat et cobaye, mouton

d'un nageur. Il l'entoure de ses évolutions, bondit hors de l'eau, plonge, reparaît, disparaît, folâtre en toute innocence, en toute joie de vivre. De tout temps, le dauphin a été réputé pour son intelligence, sa totale absence de cruauté et son amitié pour les humains. Le dauphin, c'est le saint-bernard des océans. Quant au cétacé en question, il continue à manifester son exubérance et sa fantaisie. Mais, tout en jouant, l'homme, qui a son idée, l'attire avec perfidie vers le rivage. Dès qu'il se trouve dans une zone où il a pied, il se jette sur son compagnon de jeu, le ceinture, le hisse hors de l'eau et le jette sur le sable où il sera désarmé. Là, il saisit un couteau dans la poche de son pantalon et attaque. Il frappe ainsi à tort et à travers comme un fou, comme un imbécile. Le dauphin a la vie dure, le massacre dure trois heures. Quand l'animal a enfin rendu l'âme (je dis bien : rendu l'âme), l'assassin va conter son exploit au village proche. Les gens accourent et, conclut le journaliste, « le poisson (sic) est dépecé et ses restes partagés entre les habitants ».

1. Message reçu par l'auteur : « Dieu aime les recherches des hommes, si ces recherches sont pour le bien de leurs frères. Mais il ne tolérera pas que la souffrance animale soit à ce prix, car toute vie créée par Lui est sacrée. » (9 janvier 1969.)

et chèvre, chien et chat, rat avec oiseau sur son dos, et cela, disent-ils impudemment, pour le bien du genre humain. »

En réalité, on commence par les animaux pour terminer par les hommes. Ne pas oublier les expériences faites sur les déportés par les médecins nazis, ne pas oublier que les tortionnaires de la Gestapo se firent la main *in anima vili,* pour employer une expression consacrée... et ridicule.

Cependant, il y a pire que la vivisection qui, elle, a au moins l'excuse de la recherche scientifique, il y a la cruauté à base de profit commercial.

Dans un chapitre consacré aux animaux, donc à la férocité humaine, il est impossible de passer sous silence la scandaleuse, la monstrueuse affaire des petits phoques blancs du Canada. On sait que leur fourrure est très recherchée pour faire des manteaux ou des mocassins. Les chasseurs ne prennent même pas la peine de tuer les bébés phoques dont ils convoitent la peau. Ils les assomment (pas toujours, car il faut faire vite) et se mettent à les écorcher vivants... sous les yeux des mères qui hurlent à la mort. Beaucoup de ces petits êtres survivent à l'épouvantable torture. Ils se traînent ensanglantés, criant d'une douleur que l'on n'a pas encore chiffrée en unités-dolor, mais qui, si elles existaient, ferait sauter tous les appareils de mesure. Il est impossible, en effet, de concevoir un martyre plus épouvantable. N'oublions pas que ces animaux sont fabriqués exactement comme nous. Alors les mères, dont parfois les chasseurs crèvent les yeux pour les réduire à l'impuissance, ne savent plus que faire dans leur désespoir. S'imaginant, sans doute, atténuer les souffrances des petits suppliciés, elles tentent de les allaiter pendant leur interminable agonie[1].

Aussi longtemps que l'humanité crucifiera l'animalité, elle sera crucifiée. Aussi longtemps que subsisteront la chasse, les abattoirs et la vivisection, subsisteront la guerre, les camps de concentration et la torture. Que l'humanité n'attende pas de Dieu la pitié qu'elle aura refusée à l'animalité! A la différence des tribunaux humains, l'Eternel ne tient pas le coupable pour innocent.

C'est un ânon qui me fit comprendre l'éminente dignité de la personne animale. Attelé à une voiture trois fois plus grosse que lui, le banal bourriquet attendait en plein soleil, et cela depuis deux heures, que son alcoolique de maître consentît à sortir du bistrot. Entre l'homme aviné, radotant, flageolant, bafouillant, hideux, je me demandais de quel côté se trouvait l'âme. Dans ce même bistrot où tout : les meubles, les propos, les figures, était ignoble, un chat noir aux yeux de phosphore, immobile sur le zinc poisseux, maintenait la beauté et la dignité. Et mes regards revenaient à cet âne, à ses sabots de devant joints si sagement, d'un air si bien élevé, si gravement enfantin. Alors je compris le contenu de ce mot : innocence; je me souvins des vers de Francis Jammes et saisis le sens profond de sa prière

1. Message reçu par l'auteur : « Des crimes pareils se paient très cher. Dieu sera intraitable pour ceux qui auront fait souffrir moralement ou physiquement un être vivant créé par Lui, que cet être soit un homme ou un animal. » (20 janvier 1969.)

pour aller au paradis avec les ânes. A l'époque, je ne savais pas que les petites âmes ont accès aux premières demeures.

Il est remarquable que jamais les bêtes n'aient l'air bête ou bestial. C'est l'homme qui fait des projections, c'est l'homme qui accuse l'oie de bêtise, le porc de saleté, le chien de servilité, la pie de bavardage, le chat d'hypocrisie, le bouc de lubricité... un comble! Il est remarquable aussi que ceux d'entre les humains qui considèrent les animaux comme des bêtes et enferment sous ce terme un monde d'impureté et de sottise, soient précisément les moins évolués, les moins dignes de l'honneur d'être hommes. Ils sont nettement inférieurs en intelligence, en courage, en propreté, en esthétique, à ces bêtes qu'ils méprisent. Seuls les brutaux et les abrutis voient dans les animaux des brutes. Seuls les humains inférieurs voient en eux des inférieurs.

Bertha : « Le règne animal ne constitue pas un monde inférieur, ténébreux, mais il représente un état de conscience imparfait, non encore éclairé, du grand *Je suis.* Telle est la vérité. Les animaux aussi s'élèvent, et l'amour est la grande force d'universelle vie qui porte tout vers Dieu et vers le bien. »

Pierre : « Dieu nous entoura de vies innombrables que vous qualifiez inconsidérément d'inférieures. »

Plus l'homme est avancé dans l'évolution, plus il aime et respecte ces vies innombrables. Plus il est intelligent, plus il estime l'instinct. Il n'y a pas de spiritualité authentique sans contact avec le règne animal, et l'attirance pour les autres vies va de pair avec l'attirance pour l'autre vie.

Parmi les contempteurs de l'animal, il y a aussi certains philosophes qui voient en eux des machines. Ce sont d'ailleurs les mêmes qui voient en Dieu un principe géométrique. Cependant, Descartes était trop intelligent pour prendre au sérieux le cartésianisme. Il ne lui manquait que d'avoir regardé un chien dans les yeux. Or, c'est à ces philosophes que Job crie du fond des âges :

« Interroge les bêtes et elles t'instruiront ! »

Les animaux, nos aînés, nous enseignent la terre qu'ils ont possédée avant nous et qu'ils connaissent mieux que nous. Nos frères inférieurs en cruauté nous rapellent les jours de son enfance avant l'apparition du couple bien-et-mal, appelé aussi liberté. L'araignée, au centre de sa toile comme un penseur en son système; le corbeau qui fait sa besogne de fossoyeur; l'écureuil qui amasse des provisions pour l'hiver ont chacun leur vocation, et ces vocations inconscientes sont aussi diverses et nécessaires que les nôtres. Dans la création, chaque être, si minime soit-il, est à sa place.

Interroge les bêtes et elles t'instruiront. Interroge les bêtes et surtout les oiseaux, car ce sont des êtres particulièrement sensibles et psychiques. Regardez les oiseaux du ciel ! recommandait Jésus. Il y a des gens à qui un oiseau passant au zénith n'arrache que ce cri : « Quel beau coup de fusil ! » Nos paroles nous jugent et nous serons jugés par nos propres paroles.

Interroge les oiseaux, car les oiseaux sont, eux aussi, des messagers de l'Invisible. Ce sont les grands experts en sématologie.

Philip nous apprend que, de l'autre côté, les oiseaux, en myriades, semblent chanter comme sur la terre. « L'amitié avec le monde des oiseaux est, semble-t-il, le signe d'une âme qui se développe et apporte du bien, dans la longue course, à la personne qui la ressent. »

Regarde les oiseaux, les oiseaux sont des signes !

ROLAND : « Le deuxième plan commence à vivre en vous lorsqu'il vous est donné de savoir tisser des fils entre les visions extérieures et l'Au-delà. Quand vous êtes accordés à une onde divine, sachez discerner les présages, et les signes se précipiteront sur vous comme les insectes sur la lumière. A l'aube, le matin de ma mort, un pigeon est venu se poser sur ma fenêtre. Souviens-toi ! »

Dans un autre passage, il explique que certains oiseaux peuvent être pris dans des courants qu'il est possible aux disparus de diriger.

Ici, les mystères du monde animal se surajoutent à ceux de l'Au-delà. Mais, pris séparément, les premiers sont déjà aussi difficilement pénétrables que les seconds. Le cas du chat qui rejoint son jeune maître à la caserne, à des centaines de kilomètres de distance, en une ville où ni l'un ni l'autre n'étaient jamais allés, pose des problèmes qui valent bien ceux des communications intermondes. Les migrations d'oiseaux restent toujours une énigme, et la dernière explication proposée – ils se dirigent d'après les constellations – soulève une vague de questions nouvelles, tout aussi insolubles. Quand on a parlé d'instinct, on a prononcé un mot qui sauvegarde les prérogatives de l'intelligence humaine, un mot commode qui recouvre tout, qui camoufle tout, et n'explique rien. L'instinct joue, dans le monde animal, le même rôle de « tarte à la crème » que le subconscient dans le monde spirituel.

Les animaux supérieurs, particulièrement les chiens et les oiseaux, possèdent des dons paranormaux dont nous sommes rarement gratifiés. Ils pressentent plusieurs heures à l'avance les tremblements de terre. Lors de la catastrophe qui s'abattit sur des îles grecques, les habitants avaient observé que les oiseaux s'étaient enfuis bien avant les premières secousses.

Il arrive que des chiens désertent la maison où quelqu'un va mourir. Dans les deux cas précités, on peut dire qu'ils perçoivent des vibrations existantes et qu'il ne s'agit nullement de prophétie. Mais voici un fait divers, encore un, qui s'est passé en Allemagne du Nord dans les années 50 : Un jeune garçon, qui jouait sur une plage avec des camarades, est tué par l'explosion d'une mine. Au cours de l'enquête, les autres enfants déclarèrent que son chien, plusieurs heures avant l'accident, avait refusé de l'approcher. L'animal avait senti la mort sur son jeune maître, une mort qui n'existait pas en lui, puisqu'il était en parfaite santé. Dans ce cas, il y eut véritablement prophétie.

Autre don psychique constaté chez les animaux supérieurs : la perception des disparus. John

Robinson parlant du chien Blair : « Il m'a vu de nombreuses fois avant de passer de l'autre côté, car, ainsi que je vous l'ai dit, les animaux ont plus souvent que les humains la clairvoyance. »

PIERRE : « Le petit chien, qui est venu me rejoindre, n'avait jamais perdu réellement le contact avec moi, puisqu'il me voyait bien souvent; en effet, leurs sens psychiques sont très développés. Tout ce que je dis ici te fera comprendre que Dieu ne permet jamais la disparition absolue de l'étincelle d'amour. Une âme évoluée ou non, qui renferme l'essentialité immortelle, l'Amour, ne périra point. »

Pierre, comme les messagers britanniques, enseigne que le chien est le plus évolué de tous les animaux.

« Il prouve par sa tendre fidélité vis-à-vis de son maître, et par sa faculté évidente d'attachement à d'autres compagnons de sa vie, les sentiments exclusivement désintéressés, par conséquent supérieurs, dont il est capable. Parmi les âmes primaires des animaux, celles des chiens sont particulièrement avancées. »

Le chien et les autres animaux supérieurs ont, en outre, le discernement des esprits[1], discernement que les humains n'ont pas toujours. Les animaux évolués évitent les diaboliques, les pervers, les cruels. Il est prudent de fuir les personnes que fuient les animaux. En revanche, ils s'approchent des doux et des spirituels qui exercent sur eux un véritable charme. Ils les reconnaissent, ils leur

1. Il s'agit ici des esprits incarnés.

font fête, ils leur rendent hommage, parce qu'ils ont perçu leurs radiations d'amour.

L'animalité, ce monde innocent, nous aime obscurément et voudrait avoir part à notre âme. Toute la création aspire à un surcroît d'âme, donc à un surcroît d'amour. L'évolution est une montée de l'amour, et l'animal est entraîné dans la pulsion d'amour universel.

CHAPITRE XII

LE QUATRIÈME ROYAUME

LE premier royaume est celui de la matière en apparence inerte. Le deuxième et le troisième, ceux de la matière vivante. Le quatrième, somme et accomplissement de ceux qui le précèdent, est le royaume de la matière vivante et spiritualisée. Cependant, l'homme-esprit avait préexisté à l'homme terrestre :

PIERRE : « L'origine de l'humanité n'est pas la terre, car le corps n'est pas l'être créé par Dieu, mais c'est l'esprit. Or, l'esprit de l'homme préexistait, en Dieu, à la terre et à la chair. »

Avant l'homme, il n'y avait que les esprits et les vivants. D'une part, les anges. D'autre part, les bêtes. Deux mondes qui ne s'étaient jamais fréquentés. Dans le non-temps, l'Esprit planait au-dessus de la chair comme un oiseau qui cherche à se poser. La joie trop évidente désirait son éclipse, l'Amour avait la nostalgie de l'amour, annonçant ainsi l'imminence de l'homme, l'être nécessaire. Cependant, Adam ne fut pas le premier homme, mais le premier homme qui prit conscience de Dieu. Adam n'est pas le commencement, mais l'aboutissement d'une première lignée.

Etroitement lié au règne animal, le règne humain s'en sépare toutefois : l'hommme ne descend pas des simiens :

Pierre : « L'homme n'a jamais été un singe, ni aucune autre créature inférieure; mais au moment de la naissance de la race, l'homme, comme toute la création, fut un être rudimentaire. Il a évolué, il évolue encore. Vous pouvez vous en rendre compte en voyant la beauté toute spirituelle de certains regards, et la bestialité matérielle de certains autres...

« Je t'ai déjà dit que l'humanité évoluait lentement au-dessus de l'animalité dont elle avait pourtant toujours été distincte par essence. Lorsque l'homme que vous appelez Adam reçut le souffle spirituel de Dieu, il fut réellement le premier homme. Mais une ascendance avait existé, et cet être primaire qui précédait Adam avait peu à peu pris connaissance d'une force toute-puissante qui le dominait : Dieu. La certitude de l'existence de Dieu fut toutefois la naissance spirituelle de l'homme en Adam. »

Il ne suffisait pas que la lumière fût. Il fallait encore qu'elle fût aimée, cherchée, et même combattue. La Toute-Puissance exigeait son antagoniste : la liberté. Liberté, cela veut dire homme. La bête est avant tout chair et l'ange est avant tout esprit. Ni l'un ni l'autre ne dépasse sa fin. Ni l'un ni l'autre n'a besoin de définir ses propres lois. La bête est en deçà du bien et du mal. L'ange est par-delà le bien et le mal. L'homme est de plain-pied avec le bien et le mal. L'être féroce et merveilleux a ses coudées franches parce qu'il est triple : esprit, âme, corps. Et parce qu'il est triple, il fait l'étonnement des bêtes et des anges qui sont doubles. L'ange est esprit et corps spirituel. La bête est âme et corps physique. Ni ange ni bête, il songe plus à imiter la seconde que le premier. Supérieur, en un sens, à la bête, il est inférieur aux anges.

Le quatrième royaume est sauvagement libre, seul libre dans un univers où tout obéit, même les démons finalement. Il est seul révolté avec les démons, dans un univers où tout s'ordonne autour de l'unité dans le bonheur.

Albert Pauchard : « Le bonheur est autour de chaque créature, tout comme l'air même que chaque vie respire sans en être consciente... Devenir conscient de ce bonheur inépuisable, c'est devenir plus fort que la douleur. La nature est, tout entière, plongée et baignée dans cette conscience de bonheur et de joie. Elle n'a pas encore, comme l'homme, une autre sorte de conscience pour l'en séparer. »

A l'image du soleil, de cascade en torrent, de rivière en fleuve, l'eau vive se réjouit de parcourir sa carrière. De cœur en artère, de veine en cœur, le sang se réjouit de parcourir sa carrière. Seul, l'homme est angoissé de parcourir la sienne. Il est angoissé, parce qu'il doit perpétuellement choisir. Il est angoissé parce qu'il est libre. Cette liberté, qui subsiste jusque dans l'ultra-monde, les messagers la proclament d'une voix unanime :

A. B. à Mary Bruce Wallace, dans les derniers mois de la première guerre :

« La responsabilité du cataclysme mondial repose sur l'homme. L'homme produit son propre chaos ou son cosmos. Le choix lui est offert de nouveau chaque jour. Toute âme qui élève sa conscience au-delà du conflit aide les forces de lumière qui finiront pas prévaloir... quant à nous, nous avons une parfaite et libre volonté pour accomplir ce que nous avons choisi, comme sur la terre. »

Message cité par Denis Saurat : « Nous ne pouvons que laisser se dérouler les événements, quoique nous sachions que ce ne soit ni vrai, ni bon. Les hommes sont libres. »

Pierre : « Il faut donc opter entre le Bien et le Mal et vous rappeler la solidarité de tous les fils de Dieu, qu'ils soient dans la chair ou hors de la chair... Votre liberté d'action peut modifier, pour votre bien ou pour votre mal, les événements matériels de votre existence. »

Sœur Marie-Gabrielle : « Dieu a laissé à chacun sa liberté. Il ne veut à son service que des personnes qui lui en fassent librement l'hommage, sans jamais regarder en arrière. »

Bertha : « La liberté authentique ne signifie pas sensation d'isolement par rapport au tout, mais pouvoir de libérer dans l'âme individuelle les forces de Dieu. »

Paqui : « Dieu par amour a laissé le libre arbitre s'agiter dans les esprits et les cœurs des hommes pour que de cette lutte, de cette victoire remportée un jour sur soi-même, la lumière divine jaillisse. »

Roland : « Chaque être a une grande marge de liberté. Il ne faut pas croire que nous vous tenons au bout de fils comme des marionnettes. »

Que cela nous plaise ou non, c'est à nous de prendre nos responsabilités. Le jour où sa mère lui demande ce qu'elle doit faire dans tel cas précis, il répond avec sa netteté habituelle :

« Ce n'est pas à moi de t'indiquer la route. C'est à toi de la découvrir. »

« Quand un explorateur part à la conquête d'une terre inconnue, personne ne peut l'aider. Tu dois trouver toi-même les chemins de ta conquête spirituelle... Ta vie est construite de toutes pièces par toi puisque c'est toi qui la penses... »

Liberté et pensée peuvent-elles exister l'une sans l'autre ? Ne sont-elles pas le recto et le verso d'une même réalité ? La pensée libre fait l'homme libre. Dans ce monde comme dans l'autre, l'homme est identique à ses pensées. Si elles sont grandes, il est grand.

Les messagers font appel à ce qu'il y a de plus élevé en l'homme : la pensée, le raisonnement, le discernement. Aucun d'entre eux ne nous demande d'abdiquer notre sens critique. Aucun ne dit : abêtissez-vous ! croyez parce que c'est absurde ! Ils mettent en relief le caractère surnaturel de la pensée et font ressortir que dans l'ordre des idées spirituelles le cerveau n'est pas émetteur, mais récepteur. Un peu à la façon du transistor.

A. B. à Mary Bruce Wallace : « Le cerveau humain n'est qu'une voie à travers laquelle il est possible d'atteindre et d'influencer l'âme. »

Pierre : « Le processus par lequel la pensée se manifeste ne change pas avec la destruction du cerveau, puisque ce n'est pas le cerveau qui pense, mais l'action de l'esprit qui se prolonge en pensée. »

Roland : « Le ciel ne s'infiltre pas en vous par l'un de vos cinq sens, mais au contraire par l'ultime pointe de votre cerveau. Le cerveau-matière est pourvu parfois de cellules assez fines pour capter des vibrations surnaturelles... La pensée, cet impondérable céleste, que tu as en toi, est le seul instrument que tu possèdes pour forger ton futur. »

Selon Roland, il y a deux sortes de pensées : celle qui monte de la terre, et s'étage sur le créé, et celle qui descend des sphères, produisant les œuvres extraordinaires, irradiant des phosphorescences de l'Au-delà. Cette pensée-là a ses racines dans le ciel. « Elle est comme une longue tige... plantée dans le jardin des anges, et elle se balance au gré de la volonté de vivre. »

Il y a, dans un poème de Rilke, la même idée, la même image des arbres inversés. Rilke, comme tout vrai poète, était en communication, consciente ou non, avec le ciel.

Le cosmos devrait se transmuter à travers l'homme comme l'eau de la terre passe à travers les arbres pour se dissoudre dans les airs. Mais ce miracle se produit quand l'homme invoque, les bras levés, les mains en coupe. A l'image de l'arbre, l'adorateur en forme d'Y unit la terre au ciel qu'il veut atteindre.

Mary Bruce Wallace a entendu : « Ceux qui, dans les jours futurs, s'assembleront pour adorer dans une conscience spirituelle d'unité, seront des foyers de puissance. »

L'adoration est l'acte suprême de l'évolution. L'homme qui lève ses paumes vers le ciel, dans l'admiration et le silence, évoque cette extraordinaire statue de l'école de Lysippe. L'orant grec offre à son créateur la beauté de son geste, la santé de son corps. Il sait qu'il est la perfection des créatures, non pour en tirer de l'orgueil, mais pour en éprouver de la reconnaissance. Quel amour et quelle ferveur dans ces yeux immenses ! On croit entendre : « Je te rends grâce d'avoir fait de moi une étonnante merveille. » Ce n'est pas un poète grec qui dit cela, ce n'est pas non plus un messager, c'est le psalmiste hébreu. Posé entre les deux infinis, obsessions fondamentales, le corps humain est la dernière des affirmations du Créateur. Parmi tant de corps simples ou composés, liquides, solides ou gazeux, il est son œuvre la plus étonnante et le plus immédiat de nos mystères. En lui se retrouvent les perfections du cosmos, et de cet ensemble de signes, il est le plus complet.

BERTHA : « Votre corps matériel renferme tout ce que contient le globe lui-même, ne fût-ce qu'en des quantités infinitésimales. C'est ainsi que vous ne sauriez découvrir dans la nature un corps quelconque à quoi votre corps ne participe déjà. Vous appartenez aux trois règnes : minéral, végétal et animal. »

L'homme est un corps qui s'élève de l'ordre naturel à l'ordre divin, un corps qui a soif de vie et de survie, un corps qui tend vers l'esprit, vers l'âme universelle.

Roland : « La coordination qui règne dans le corps humain est, en réduction, la coordination qui devrait régner entre vous et l'universel. Vous êtes une partie du tout, comme vos mains et vos pieds sont une partie de votre être. L'union règne dans le corps, parce qu'aucun de vos membres ne tend à une vie propre ou à des divergences. L'aliment absorbé se répand dans l'organisme pour le bien de l'ensemble. Cette harmonie parfaite devrait exister dans votre conception du monde astral, et ainsi vous prendriez davantage conscience que vous êtes les organes de l'âme universelle. »

De même qu'ils ne jettent aucun discrédit sur la raison, les messagers ne profèrent aucune malédiction contre l'amour charnel, à condition qu'il soit sublimé par l'amour.

Old Lawyer met Elsa Barker en garde contre toute attraction sexuelle dans laquelle n'entre aucun élément venu du cœur ou de l'esprit.

Dans la doctrine des messagers, le corps n'est pas ce pelé, ce galeux d'où venait tout le mal. A l'instar de l'Evangile, ils n'enseignent ni les macérations ni l'ascèse. Nous avons, au contraire, des devoirs à l'égard de notre frère, le corps, afin qu'il accomplisse au mieux les tâches de l'esprit.

PIERRE : « Si le semeur détériore la semence, l'épi sera pauvre, ou peut-être se perdra-t-il pour toujours. Prenez donc un soin légitime et pur de votre corps, de ses facultés appelées à disparaître avec la chair, mais qui sont les moyens voulus par le Père généreux pour préparer la beauté de l'épi futur. »

BERTHA : « Il est de la plus haute importance que vous appreniez à contrôler le corps physique pour le bénéfice de la race future, et pour les grandes tâches qui s'étendent devant vous. »

Roland nous présente l'image surnaturelle de notre corps : il le voit débordant ses contours, enveloppé d'infra-rouge, baigné de phosphorescences et de fluides mouvants comme des nuages.

« Si vous découvriez un rayon qui vous les rende perceptibles, vous pourriez mesurer votre puissance psychique. Des forces herculéennes vivent emprisonnées dans votre corps comme l'énergie dans l'atome. »

De même que le cosmos n'est pas une machine, le corps n'est pas un tombeau. L'un et l'autre sont temples, temples vivants du Dieu Vivant qui se laisse aimer et pressentir à travers le créé : homme ou cosmos.

Le quatrième royaume est une création au second degré; l'homme est en quelque sorte un créateur adjoint. Dans une création provisoirement fixée, entrée dans le repos du septième jour, l'imagination du créateur semble agir à travers celle de l'homme, qui de l'églantine fit la rose, qui éleva une graminée modeste à la dignité de blé, qui invente aujourd'hui des métaux. Malheureusement, le vice-créateur s'amuse à fabriquer des monstres : un savant soviétique a déjà réalisé le chien à deux têtes et les hybrides de la mythologie sont en passe de devenir réalité.

L'homme contemporain est très fier de ses connaissances et de sa technique. En fait, il est très en retard par rapport aux humanités antérieures et aux humanités de l'espace. La planète Terre, lieu d'expiation, est un des mondes les plus bas de l'Univers, non seulement au point de vue spirituel (ce qui n'étonnera personne) mais aussi au point de vue scientifique. Les termes d'inférieur, de retardataire, de stagnant se rencontrent dans différents messages, à la stupéfaction des scripteurs, car s'il est une chose qui nous semble hors de discussion, c'est bien notre suprématie technologique.

Pierre : « Dans les sciences positives surtout, l'humanité est plus retardée que toutes les autres races de la création. Les forces admirables mises par Dieu à votre disposition se dévoilent avec une surprenante lenteur. Une routine néfaste, et souvent mortelle, vous aveugle. Vous redécouvrez actuellement des clartés que l'humanité primitive avait déjà recueillies, mais que vous avez laissées se perdre dans un obscurantisme volontaire. »

Entre le cosmos et le cosmocrator, l'homme devrait être une sorte de médiateur. Il devrait être la récompense et l'honneur de la terre. Mais l'homme n'aime plus la terre, il ne la connaît que pour l'exploiter au sens de profiter et d'abuser.

Par son matérialisme grandissant, l'homme a été séparé des forces cosmiques :

Albert PAUCHARD : « La conscience humaine a été sevrée de l'Ame universelle, et c'est pourquoi l'humanité est le grand orphelin. »

Qu'on ne nous parle pas du surhomme, puisque l'homme est à peine atteint. L'homme ne fait que commencer : il peut devenir quelqu'un d'autre, il peut accomplir davantage. Il n'est qu'au début de son évolution. Né d'avant-hier, il peut mourir demain; car sa liberté va jusqu'au suicide. Cet acteur, s'il était trop mauvais, pourrait prématurément quitter le plateau. Il a déjà anéanti d'autres espèces, il est possible qu'il s'anéantisse lui-même.

Associé à la création, l'homme l'est aussi à la destruction. Et dans ce domaine, il fera merveille. Plus besoin de déluge, de tremblement de terre, de raz de marée ou de pluie de soufre : la science, son enfant prodige, son enfant terrible et terrifiant, peut répondre à la divinité au jour de sa colère : Seigneur, j'ai tout prévu pour une mort si juste! David, la Sibylle, l'Apocalypse, saint Pierre et le *Dies irae* sont d'accord sur ce point : *Solvet saeclum in favilla!* Le monde se dissoudra en cendres!

A l'image de l'univers-un, l'homme doit être un. L'union est le retour à la perfection originelle. Cette union a un double aspect : d'une part, union des forces humaines entre elles; d'autre part, union des forces humaines avec les forces cosmiques et invisibles. Cependant, il existe, surtout chez les hommes d'Eglise, une étrange défiance à l'égard du surnaturel. Or, que reste-t-il d'une religion quand on en a expulsé le surnaturel et le mystique ? Au XIXe siècle, il restait le moral; au XXe siècle, le social... résidus peu exaltants.

Pierre nous reproche d'user trop rarement de nos sens psychiques, de nous maintenir sur le sol, de piétiner dans la boue ou la poussière des routes, alors que notre esprit a des ailes capables de nous transporter avec lui sur les hautes cimes de la transcendance, transcendance encore potentielle.

« Nous cherchons à vous donner la preuve que Dieu a confié à l'humanité une puissance formidable; voulue et créée par lui, mais encore ignorée, critiquée, repoussée. Comment veux-tu faire comprendre que ce que vous appelez le surnaturel est simplement l'utilisation de cette force, connue de certains hommes, qui se laissèrent guider par les esprits envoyés par Dieu pour les éclairer. Dans l'état actuel de vos connaissances, on répondra toujours : illusion, imagination, hallucination, démence ! Et cependant, relis l'Ancien Testament d'abord, tu verras que tous les miracles qui y ont été rapportés ont été accomplis sous la direction des esprits célestes. Tous sans exception ! »

Pour pouvoir communier avec l'invisible, pour avoir accès au surnaturel, l'homme doit commencer par refaire l'unité en lui.

ROLAND : « L'homme n'est jamais moins seul que lorsqu'il est un. »

Cette idée d'unité et de synthèse est un thème

cardinal de son enseignement : « Il faudrait travailler à reconstruire l'homme primordial, c'est-à-dire celui de l'âge d'or. Chaque fois que la science s'attache à redécouvrir une fraction du mystère, elle refait la synthèse du tout et rattache un morceau du puzzle qui fut brisé au moment du chaos... Tous les travaux qui tendent à découvrir les secrets qui sont enfouis dans la nature, contribuent à redonner au monde l'unité qu'il a perdue au moment du péché originel, c'est-à-dire lorsque la dislocation de l'harmonie se produisit. »

Le péché originel, c'est donc le désordre à l'intérieur de l'homme. L'unité ne peut être retrouvée que par la *metanoia*[1] ou intégration christique au cosmos.

L'homme actuel est un être désuni, psychiquement atomisé, semblable à un miroir qui a volé en éclats. Il est coupé des forces spirituelles comme il est coupé de la nature, de ses ancêtres, de sa terre. Il devient de plus en plus abstrait. En lui, c'est le chaos, le quatrième royaume est divisé contre lui-même. Chair et esprit, nature et surnature, raison et imagination, logique et foi, incessamment se méprisent et se combattent. Or la doctrine des messages vient concilier ces couples ennemis.

Selon Old Lawyer, il n'y a presque pas de limites aux possibilités de l'imagination. Mais pour en obtenir toute la plénitude, toute la puissance, nous devons lui faire confiance. « Si vous vous

1. *Metanoia :* terme du Nouveau Testament, traduit généralement par repentance. Mais la repentance n'est qu'un des aspects de la *metanoia* qui est transformation du mental, revision des valeurs essentielles, entrée dans le monde spirituel, prise de conscience cosmique.

dites constamment, comme la mère dit à l'enfant : Mais ce n'est qu'un jeu, cela n'est pas réel ! vous ne pourrez jamais réaliser les choses que vous avez créées dans votre pensée. L'imagination elle-même est comme un enfant et doit être encouragée, il faut croire en elle, sinon elle ne peut se développer et accomplir son œuvre parfaite. »

De même, la doctrine des messages assimile la foi à la raison.

Etre raisonnable, dit Roland, c'est avoir la foi.

Pierre, lui, n'hésite pas à juxtaposer deux termes qu'on oppose toujours arbitrairement, mysticisme et raison : « La mystique raisonnable doit, en somme, devenir la vie normale des chrétiens. Par ce que je t'ai dit plus haut, tu vois que la vie du Ciel est une vie normale et logique. »

Contrairement à l'opinion générale, les hommes et les femmes reliés au surnaturel sont des êtres méthodiques, positifs, équilibrés. Ne peuvent s'aventurer en ces domaines que des gens doués d'un grand bon sens. Le bon sens, cette chose du monde la plus mal partagée au XXe siècle. En revanche, ce qui court les rues, c'est le talent et le génie :

« Quand Dieu a quelques desseins particuliers sur une personne, dit sœur Marie-Gabrielle, il lui donne une tête solide. »

Les grands mystiques furent et sont en effet des têtes solides : les secrets du royaume ne sauraient être remis aux détraqués.

Chaque jour, son esprit propose à l'homme le triple voyage de Dante : ciel, purgatoire, enfer.

L'azur et le soufre coexistent en lui. Il peut risquer chaque jour cette aventure, elle est à la fois très lointaine et très proche; à la fois au-delà et au-dessus; là-bas, là-haut et dans son cœur. Pour ne point succomber dans la descente aux enfers, pour désarmer les monstres et retrouver le chemin du retour, il doit porter le rameau d'or : le rameau d'or de la raison.

L'homme est un être qui désire. Il désire comme la branche bourgeonne, comme la marée monte à l'assaut des côtes. Ne médisons pas du désir, comme le font certaines philosophies. Sans le désir, l'existence est transparente comme l'eau, mais elle est aussi, comme l'eau, incolore et insipide. Sans le désir, l'empire sur soi-même est empire de néant, et notre liberté, liberté des épaves. Une vie sans désir est comme un corps exsangue. Un désir permanent, persévérant, unique, est déjà de la volonté et, pourvu qu'il ne nuise à personne, il doit être écouté. Ne médisons pas du désir, car la vie éternelle est, elle aussi, désir.

Ce désir doit commencer sur la terre et hanter notre incarnation. La vie éternelle est un don gratuit, encore faut-il le demander. Il faut vouloir que la croissance intérieure et l'épanouissement progressif commencent dès cette terre.

Roland : « Si vous ne vous êtes pas enfantés avant votre mort, il vous faudra naître dans le deuxième plan... L'immortalité de l'âme naît en vous dès l'instant que vous y croyez. La mort est mort pour ceux qui ne croient pas à la résurrection. »

Si vous croyez en la survie, la mort est un passage. Si vous niez la survie, la mort est une impasse. Cet état de mort n'est pas inconscience. Ce qui réduit à néant le fameux sophisme : la mort n'existe pas puisque, quand elle survient, je n'y suis plus. Il n'en est pas ainsi : le négateur est mort et il sait qu'il est mort.

« Que celui qui veut prenne gratuitement de l'eau vive ! » Que celui qui veut : on n'oblige personne. Que celui qui veut : toujours cet appel à notre libre arbitre. Mais tout le monde n'a pas soif de l'eau vive, tout le monde ne désire pas la vie éternelle. Les soucis passent avant ce qui devrait être le premier des soucis.

Old Lawyer : « C'est une époque matérialiste que la vôtre. Une vaste proportion d'hommes et de femmes n'ont aucun réel intérêt pour la vie au-delà du tombeau. Mais il faudra bien qu'ils viennent ici tôt ou tard. Peut-être un petit nombre d'entre eux, à cause de mon enseignement, trouvera-t-il le changement plus facile, le voyage moins terrible... »

Paqui : « Les hommes font de multiples efforts pour augmenter leur bien-être, leur fortune, mais très peu pensent à progresser dans la voie spirituelle et la compréhension de la vie future. »

Que dirait-elle maintenant, car à l'époque où elle dictait ces lignes, la religion du réfrigérateur et de la machine à laver était encore dans l'enfance, et les guignols d'alors n'osaient pas proclamer : nous sommes plus connus que Jésus-

Christ lui-même ! La prospérité, apparue au début de la seconde moitié du siècle, a fait effroyablement épaissir les âmes... et les corps. Que de gens se chargent dangereusement de matière ! Qu'il leur faudra de temps pour se dégager de tous ces impedimenta ! Quel pénible Au-delà ils se préparent !

Marie-Gabrielle : « Sur la terre, on ne pense pas à ces choses, on vit en aveugle. L'éternité n'est comptée pour rien. Si on réfléchissait quelquefois à l'éternité ! Qu'est-ce que la vie comparée à ce jour qui n'aura pas de soir pour les élus, à ce soir qui n'aura pas de jour pour les réprouvés ! »

L'alternative est claire : ou bien le jour qui n'aura pas de soir... ou bien le soir qui n'aura pas de jour. Le règne humain se présente donc comme une bifurcation, un choix : soit la chute dans le sixième royaume, soit l'entrée dans le septième par la nouvelle naissance, par la *metanoia* et par le don gratuit de la vie éternelle.

TROISIÈME PARTIE

LES ROYAUMES INVISIBLES

CHAPITRE XIII

LE PASSAGE

COMME une épée sort du fourreau, comme le soleil sort d'un nuage, ou comme des oiseaux emportés dans l'espace, telles sont les métaphores dont se servent les messagers pour décrire le passage. Pour les natures spirituelles la sortie, plus exactement la montée, a lieu dans la joie. C'est sans douleur que le corps subtil se délie du corps charnel.

Albert PAUCHARD raconte à sa sœur Antoinette comment les choses se sont passées : « J'étais conscient de me retirer de mon fourreau physique. C'était un petit moment plus ou moins désagréable. Tout comme si le sang se retirait des membres d'abord, puis du reste de mon corps pour se concentrer au cœur. Un petit moment d'angoisse tout corporel. Ensuite la sortie du fourreau et... un immense soulagement. — Ça y est ! me suis-je dit. Pardon de ne pas avoir pensé à toi tout de suite. Mais tu comprends combien mon attention tout entière était dirigée vers ce monde nouveau qui a toujours eu tant d'intérêt pour nous. »

En deux messages dont nous avons fait une synthèse, Roland décrit sa transition : passage d'un esprit élu, passage comportant des hésitations, des étonnements, mais aucune angoisse. « Cette agonie du jour dans l'ombre est une réplique de ce que nous éprouvons au moment de la mort. Quand nous quittons la terre, nous arrivons tout de suite dans une sorte de bulle[1] close. Nous sommes emportés dans l'espace, comme des nuages dans l'ombre d'un soir obscur. Sans ligne de conduite, ayant perdu le sens de l'orientation, nous voletons dans des nuées, toujours sans rien connaître.

« Cela est notre première étape. Puis, peu à peu, nous apprenons à discerner les courants divins. Et des routes célestes s'ouvrent à nous. La première couche qui surplombe le monde est comme un ciel entier à parcourir.

« Cet espace est sillonné de comètes. Nous

1. Il est intéressant de comparer ce texte avec un récit d'expérience *post mortem,* rapporté par Plutarque dans son *Des Délais de la Justice divine* : « Dès que la conscience s'échappa du corps, il éprouva tout d'abord l'impression d'un pilote tombant de son navire dans l'abîme. Telle fut l'impression que lui fit le changement. Puis, s'étant un peu remis, il lui parut que son être entier respirait à l'aise et qu'il pouvait voir de tous les côtés, son âme s'étant ouverte, comme si elle constituait un seul œil. Il ne vit rien de ce qu'il avait vu auparavant, si ce n'est des astres immenses et éloignés les uns des autres d'une distance infinie, laissant échapper un éclat d'une couleur extraordinaire et ayant une certaine tension, de sorte que l'âme, portée facilement sur cette lumière comme sur un flot tranquille, pouvait aller partout et rapidement. Laissant de côté la plupart des spectacles qu'il vit, il dit que les âmes des morts, montant d'en bas, forment une *bulle* en forme de flammes, par le fait de l'air qui s'échappe, ensuite la *bulle,* se brisant soudain, les âmes en sortaient ayant une forme humaine, de volume semblable, mais n'ayant pas le même mouvement... » (Traduction Georges Méautis.)

sommes tout dépaysés dans l'inconnu de cet univers. Sans ailes ou presque, nous voltigeons dans cet éther, aussi maladroitement que des oiseaux nouveau-nés.

« Péniblement, nous visons des courants supérieurs que nous ne pouvons pas toujours atteindre, et nous retombons. Puis l'aube céleste se lève pour nous. Des rayons de plus en plus clairs nous apparaissent. Et nous reconnaissons les voies triomphales qu'il s'agit d'emprunter pour arriver jusqu'à Dieu. Alors la féerie des choses surnaturelles commence... Mais nous sommes encore loin de Dieu, aussi loin que le soleil l'est de la terre. Nous éprouvons la chaleur divine, mais nous ne pouvons regarder la lumière en face : nous ne sommes qu'au royaume des anges. Bienheureux ceux qui, par leurs vertus, ont pu échapper au royaume douloureux, car l'ascension de la vie surnaturelle pour eux commence. »

Sœur Marie-Gabrielle, qui n'a pas échappé au royaume douloureux, ne sait comment décrire ce qui arrive après l'agonie. L'âme, en quittant son corps, se trouve toute perdue, tout investie par Dieu. Elle ne Le voit pas, mais elle est anéantie par Sa présence. Elle se trouve dans une telle clarté qu'en un clin d'œil elle aperçoit sa vie entière[1], par conséquent ce qu'elle mérite. C'est elle-même qui prononce sa sentence, en toute lucidité.

1. Ce fait, et bien d'autres présentés dans ce chapitre, viennent d'être confirmés par les travaux scientifiques du docteur Elisabeth Kübler Ross et du docteur Raymond Moody, qui n'ont été publiés en France qu'en 1977.

Paqui, comme Roland, n'est point passée par les ténèbres, elle a tout accepté, elle s'est soumise en fermant les yeux. Le passage s'est fait pour elle sans aucun déchirement, mais elle sait qu'il n'en est pas ainsi pour d'autres qui souffrent et se demandent ce qui leur est arrivé. « Toutes leurs tares s'agrippent à eux, les encerclent et leur arrachent des cris de désespoir. Et je ne trouve pas de mots qui rendent ce que je ressens de pitié pour ces âmes ainsi chargées. Il faut beaucoup prier pour elles. C'est le travail des anges d'aider ces malheureux, de les secourir, de les éclairer. Mais il nous faut beaucoup de soumission et une grande pureté pour les approcher avec fruit pour eux. »

Cependant l'entrée dans la gloire n'est pas immédiate. Soit dans ses messages, soit dans les rêves qu'il inspira à sa mère, Roland lui parla des zones froides, qui précèdent les sphères heureuses.

Quelque temps après son départ, elle rêva de lui. Il était redevenu petit enfant, il grelottait et répétait : « J'ai froid, j'ai froid. » Ses pieds étaient nus, elle les prenait dans ses mains pour les réchauffer de son souffle. Les nuits suivantes, elle continua à rêver qu'il grelottait. Il lui vint l'idée de tricoter une couverture pour mettre sur son cercueil. Elle acheta de la laine, la plus chaude, la plus neigeuse... Ses amis, qui la voyaient tricoter pour un enfant mort, craignaient pour sa raison. Certains, pour expliquer son geste, avaient recours aux théories théosophiques qui affirment que les défunts traversent des régions glaciales. C'est, disaient-ils, son subconscient qui la pousse à accomplir certains rites de l'initiation.

Mais ce froid était psychique et spirituel, comme l'explique le jeune garçon : « Une forêt dans la brume perd sa matérialité, ses lignes. Elle est prise dans un enveloppement nuageux. Sache que cette métamorphose s'apparente aux transformations par lesquelles vous devrez passer après la mort. Regarde la brume, la brume est notre première évolution : paysage vécu. Pour ne pas avoir trop froid quand tu quitteras la terre, il faut que ta vie intérieure soit torride. Les steppes de glaces dans lesquelles tu seras prise fondront, si ta ferveur est chaude comme un brasier : ta ferveur dissoudra le gel. »

Il n'est pas le seul à évoquer le froid qui accompagne le passage. Les autres disparus disent avoir éprouvé au début un sentiment de malaise à cause du froid. Cependant, au moment où ils communiquent, les variations de température ne les concernent plus.

Malgré le déchaînement de la bataille, le passage fut doux pour Pierre, sans doute parce que sa vie fut toute de droiture.

« Quelle paix! quelle paix! quelle exquise impression de paix, de sécurité, de confiance, j'ai éprouvée, lorsque j'abordai au rivage spirituel, après le brusque départ dans l'effroyable tourmente... Chère maman, dis-le à tous ceux, à toutes celles qui, le cœur haletant, songent aux adieux que nous fîmes à la terre... à la terre et à ce bonheur de vivre... dis-le... la mort n'est pas pénible ! »

La mort, ne la crains pas ! la mort n'est pas pénible ! Trois messagers anglais font écho à cette exhortation. A. B. à Mary Bruce Wallace : « La mort elle-même ne doit pas être crainte. La douleur qui l'accompagne, s'il y en a, peut être atténuée par une préparation spirituelle au changement d'état. On nous dit qu'en dernier lieu viendra la dématérialisation au lieu de la corruption du corps. Mais la race n'est pas encore assez évoluée... »

Old Lawyer à Elsa Barker : « Ne craignez pas la mort, mais restez sur terre aussi longtemps que vous pourrez. »

Bertha : « C'est sans heurt aucun que s'effectua mon passage du monde terrestre dans la grande réalité de l'Au-delà... J'étais plus vivante que jamais. C'en était presque trop pour moi. Je me sentais comme submergée et comblée par la réalité. En fait, j'étais encore encombrée d'idées erronées. Je m'attendais, en particulier, à ce que ma personnalité subît un changement radical et redoutable. Je me disais aussi : mais tu n'es pas au Ciel ! Il me semblait en effet que je n'étais pas dans un endroit bien défini. Je percevais les choses autrement. J'avais de Dieu et de sa présence une conscience nouvelle et vivante. J'avais l'impression que des écailles, en tombant de mes yeux, avaient libéré ma vision intérieure. L'amour devenait comme la respiration même de mon être. C'en était trop ! Je me sentis sombrer dans le sommeil... Mais ensuite, quel réveil ! Impossible de le décrire. Et ce sera aussi le vôtre. Les aspirations les plus profondes de ma nature étaient satisfaites, ma pensée la plus haute atteignait son objet... »

Bertha mise à part (mais Bertha était galloise, c'est-à-dire de la race mystique et rêveuse des Celtes), les messagers britanniques sont moins poétiques, mais plus réalistes et plus concrets que les Français. Ils nous apportent sur les états *post mortem* des précisions du plus haut intérêt.

Christopher raconte à ses parents comment son bateau a été torpillé. Il ne souffre pas d'évoquer ce naufrage, parce que ce souvenir ne le hante plus, parce qu'il se sent plus fort :

« Je ne suis pas sûr de la date, mais je crois bien que c'était le 20 avril[1], tôt le matin. Je dormais et j'ai été réveillé par un coup si fort que cela m'a jeté hors de ma couchette. Puis l'eau a envahi la cabine avant que je puisse en sortir. Je me suis trouvé sur le pont qui était déjà sous l'eau. Le bateau commençait à s'enfoncer. J'ai plongé pardessus bord dans l'espoir de nager, mais la mer était tellement forte qu'il n'y avait rien à faire. Je me débattais quand ils ont tiré. Alors j'ai coulé. J'ai crié vers Jésus-Christ... Le Christ est venu quand je me noyais, pour calmer les vagues d'épouvante. Et je l'ai vu à ce moment-là... Puis je

1. 1944.

me suis apaisé : j'ai eu l'impression de dormir. »

Mais c'est Thomas Dowding qui nous relate sa mort avec le plus de détails : « J'attendais au coin d'une traverse d'aller prendre mon tour de garde. C'était une belle soirée. Je n'avais aucun pressentiment du danger, jusqu'à ce que retentît à mes oreilles le sifflement d'un obus. Alors suivit une explosion, quelque part derrière moi. Je me tapis involontairement, mais il était trop tard. Quelque chose frappa fort, fort, fort contre ma nuque. Perdrai-je jamais le souvenir de ce choc ? C'est le seul incident désagréable que je puisse me rappeler. Je m'effondrai, et sans passer par un quelconque intervalle d'inconscience, je me trouvai à l'extérieur de moi-même.[1].

« Un moment auparavant, je regardais par-dessus le parapet de la tranchée sans alarme aucune. Cinq secondes plus tard, j'étais debout à l'extérieur de mon corps, aidant deux de mes camarades à le transporter à travers le labyrinthe des tranchées vers un poste de secours. Ils pensaient que j'étais évanoui. Je ne savais pas si l'obus m'avait fait jaillir hors de mon corps temporairement ou pour toujours... Quand je réalisai que mes deux camarades pouvaient porter mon corps sans mon aide, je passai derrière. Je ne faisais plus que suivre d'une façon étrangement humble. Humble ? oui, parce que je semblais si inutile. Nous rencontrâmes une équipe de brancardiers. Mon corps fut hissé sur une civière. Je me deman-

1. En anglais, c'est dit de façon plus expressive : *I found myself outside myself.*

dais si je pourrais rentrer un jour en lui. Je m'imaginais exister toujours physiquement. Je constatais que l'ensemble de moi-même – tout ce qui pense, voit, sent et connaît – était vivant et conscient.

« Mon corps arriva au premier poste de secours et, après examen, fut dirigé sur une morgue. Je restai près de lui toute la nuit pour le veiller. Sans pouvoir réfléchir. C'était comme si mon être sentant et pensant avait été suspendu par quelque puissance, graduellement, tandis que la nuit avançait. J'attendais toujours de me réveiller en mon corps, dans la mesure où j'attendais quelque chose... Alors je perdis conscience et m'endormis profondément...

« Quand je me réveillai, mon corps avait disparu. Combien je le cherchais et cherchais ! Alors commença à poindre en moi l'idée que quelque chose d'extraordinaire s'était produit, bien que j'eusse l'impression de rêver et de devoir m'éveiller bientôt. Mon corps avait-il été enterré ou brûlé ? Je ne le sus jamais. Enfin je cessai de le chercher. Alors ce fut le choc. Il se produisit sans avertissement, tout d'un coup ! J'avais été tué par un obus allemand. On m'avait tué, tué, tué ! Il est étrange que je n'aie pas ressenti de choc, quand j'avais été projeté hors de mon corps. Mais maintenant il s'était produit, terriblement réel. S'il y a un choc, ce n'est pas celui de la mort physique. Il survient plus tard, lorsque la compréhension se fait jour. »

Bertha, Christopher et Thomas Dowding ont parlé d'une période de sommeil qui est le deuxième acte du passage. Pierre confirme l'existence de cette léthargie des premiers temps : « J'étais là, cherchant à te consoler, et ne pouvant arriver à te faire comprendre que j'étais près de toi. Puis grand-mère est venue, et nous avons prié pour vous. Mais quand tu t'es apaisée, je me suis rendormi. Lorsque j'ai repris conscience ensuite, Granny se penchait vers moi et m'aidait à me dégager de ce sommeil encore matériel. »

De même, Paqui, parlant d'un jeune mort, demande qu'on ne le trouble pas par des manifestations intempestives de chagrin, qu'on le couvre de pensées calmes en l'offrant à Dieu, qu'on le laisse dormir avant le réveil dans les sphères blanches.

La mort est un tel scandale que même ceux qui sont passés par là n'y croient pas encore. Pas plus que les vivants, les morts ne croient à la mort. Il leur faut un certain temps pour se persuader qu'ils ont fait cette expérience.

Les messagers parlent de disparus récents qui n'arrivent pas à réaliser qu'ils ont traversé le voile. Albert Pauchard cite le cas d'un pasteur qui, n'ayant pas rencontré dans l'Au-delà les conditions qu'il supposait, est si troublé, si désemparé qu'il s'imagine être devenu faible d'esprit. Pauchard veut lui expliquer, l'aider à comprendre, mais le pasteur a peur de lui. Il se dit que, n'étant plus très solide mentalement, il risque d'être induit en erreur et de s'écarter de ce qu'il croit être la vraie doctrine.

Christopher, avec une jovialité toute juvénile, décrit une scène qui s'est passée sur les deux plans pendant la dernière guerre. C'était en Sicile, la bataille faisait rage. Les soldats alliés rampaient dans l'herbe sur les mains et les genoux. Il s'agissait de prendre d'assaut une colline où les Allemands s'étaient retranchés. Un Anglais s'avance, il a sa mitraillette en bandoulière pour garder les mains libres. Tout à coup, il se trouve nez à nez avec un Allemand. Impossible d'atteindre sa mitraillette pour tirer. Alors il saute sur l'ennemi avec ses mains nues, il le fait dégringoler. Les deux hommes roulent ensemble dans une volée de coups de poing et de coups de pied. Christopher, qui regarde le spectacle dans l'Invisible, éclate de rire, tant la réaction du Tommy a été prompte, tant est comique le spectacle de l'Allemand déboulinant, éberlué. Mais sa gaieté ne dure qu'une seconde. Un obus éclate et met en pièces les deux hommes.

« J'ai ramassé le Tommy hors de son corps, raconte le jeune garçon, mais j'ai laissé le Fritz à quelqu'un d'autre. J'en ai assez d'aider les Fritz! J'ai pensé que quelqu'un de plus expérimenté pouvait s'en charger cette fois-ci. » Quand l'Anglais désincarné aperçoit son compatriote qui le dégage, il s'écrie, stupéfait et jovial :

« Hello! jeune homme! Qu'est-ce que tu fabriques par ici?

– Je suis venu pour vous aider!

– Aider à quoi? s'étonne le soldat, qui s'étrangle de rire. Retourne bien vite chez ta maman, l'endroit est malsain!

– Ce n'est plus dangereux, ni pour vous, ni pour moi ! »

Christopher essaie de lui expliquer ce qui s'est passé. Rien à faire : le soldat, dont le mental et le corps spirituel sont intacts, ne veut pas admettre qu'il est mort.

Cette difficulté d'admettre l'évidence peut expliquer certains cas de possession et d'obsession.

Le docteur Elwood Worcester, spécialiste de ces problèmes, évoque le traitement qui consiste à chasser la personnalité obsédante du corps du malade et à l'amener à prendre conscience du mal qu'elle fait : « Notre but est de soulager le malade, mais aussi d'aider le désincarné, en lui faisant comprendre qu'il a passé les portails de la mort et qu'il devrait chercher son bonheur dans le monde des Esprits, ce qu'il ne trouvera jamais en essayant d'importuner les vivants. Ce n'est pas une tâche aisée. Ces esprits sont parfois ouvertement hostiles, souvent très habiles dans l'argumentation. *La plupart ne savent pas qu'ils sont morts et ne veulent pas le croire.* Ils s'imaginent qu'ils continuent leur vie terrestre et ils restent centrés sur un monde matériel dans lequel ils désirent ardemment retourner. C'est une des raisons principales pour lesquelles ces personnes ne savent pas qu'elles sont mortes. Elles persistent dans cette ignorance pendant des mois ou parfois des années. Elles s'imaginent que le corps dans lequel elles ont fait leur habitation est leur propre corps; ce qui explique les faux cas de réincarnation, et, pour cette raison, parfois pendant une période assez longue, elles résistent à tout effort tendant à les en chasser. Ce sont les aveugles de l'autre monde. »

Comme la séparation entre esprit et corps n'est pas immédiate, il est important que ce dernier reçoive des soins et du respect. Roland est heureux que son corps repose dans une chapelle de l'église Saint-Roch : « Ce sanctuaire, plein de chants et de prières, que tu m'as trouvé, a été un grand privilège : car il ne faut pas croire que notre âme se dégage tout de suite de notre chair. Après notre mort, notre âme est encore reliée aux vibrations de notre corps. Nous ne sommes pas complètement séparés de notre enveloppe. Donc, c'est une très grande aide que notre dépouille soit bien. »

Les fleurs et les cierges ont leur utilité, parce que les unes sont des êtres vivants et les autres des symboles de vie. Mais ceux qui restent doivent contrôler leur douleur, sinon elle risque de perturber celui qui s'éloigne.

Pour Albert Pauchard, cette douleur peut considérablement gêner la marche vers la lumière de ceux qui viennent de passer : l'amour désintéressé, au contraire, et la foi en la vie indestructible sont des forces puissantes pour libérer et pour soutenir, aussi bien ceux qui restent que ceux qui partent.

« Pour quelqu'un qui commence à vivre ici d'une vie intensifiée et qui, naturellement, désire en faire part aux êtres aimés qu'il a laissés derrière lui, il est plutôt décourageant de se voir ainsi déclaré mort par eux. Quelquefois, il lui arrive de se heurter à des brouillards épais et noirs engendrés par le regret et le chagrin des siens. Ainsi les êtres aimés deviennent, par leur propre fait, inaccessibles pour lui. Je parle de choses vues, ne l'oubliez pas ! »

Paqui reproche à la terre ses enseignements sinistres et sa conception absolument fausse de la mort : « Oh ! pourquoi ces pleurs, ces lamentations, ces ornements et cérémonies lugubres, tandis qu'au contraire il devrait s'élever ce jour-là un hosanna d'allégresse comme pour un jour de fête lumineuse ! »

Les disparus des sphères christiques évoquent leur passage avec sérénité. Les mots de délivrance, de soulagement, d'essor, d'extase, et tous leurs synonymes reviennent pour traduire les sentiments qu'alors ils éprouvèrent.

Roland : « La mort, lorsqu'elle est attendue et préparée, ne peut signifier qu'une sensation de dégagement, de libération et d'envol qui vous projette à la cime des points ultimes de vos extases les plus hautes. »

Extase, Albert Pauchard prononce le même mot :

« Je vis dans un monde bienheureux et je vous ai une fois offert comme comparaison ce qu'est sur terre, pour les grands mystiques, la transe religieuse ou l'*extase.* Seulement la transe religieuse, sur terre, est un état supranormal. La différence est qu'elle est normale ici. Je ne puis donc, en ce qui nous concerne, parler de transe. Non, c'est une sérénité au-dessus de toute compréhension, et qui est faite d'une directe certitude que l'essence de toute chose est amour et joie. »

Cette paix qui surpasse toute intelligence, Paqui la connaît également : « Souris à ma joie ! Oui, je suis heureuse du bonheur de Dieu. Il n'en est pas d'autre, parce que celui-là les contient tous, les dépasse, et que, voir Dieu, c'est tout ! On est en *extase* et si c'était possible d'expliquer ces joies célestes à ceux d'en bas, le Ciel alors habiterait la terre. »

CHAPITRE XIV

LES COMMENCEMENTS DE L'AUTRE VIE

Pour nous aider à imaginer la période qui suit immédiatement la mort physique, Roland nous propose sa parabole du phalène qui franchit des kilomètres d'ombre pour parvenir à la lumière : « Il trace des routes dans la nuit afin d'aboutir dans la clarté. Ces chemins sont les mêmes que ceux que nous avons à parcourir après la mort. Sur la terre, les papillons nocturnes s'élancent vers la lumière. Dans le deuxième plan, nos âmes visent les étoiles. »

Tracer des routes! Quand Roland était tout enfant, il aimait répéter : je tracerai des routes. Deux ans après son départ, il s'explique davantage sur le symbolisme des routes : « Pour certains insectes, les radiations caloriques provoquent des phénomènes d'orientation. Ces mêmes phénomènes de radiations existent du ciel à la terre. Donc, dans l'invisible, il y a des conducteurs de routes célestes. Mais ces routes sont toujours vides, car vos antennes spirituelles sont trop faibles pour capter ces courants. »

Les commencements de la vie future, tellement plus longue que la vie présente, sont fertiles en stupeurs et en effrois.

Stupeur[1] de découvrir au-delà du voile son identité :

Pierre : « Lorsque nous arrivons aux sphères encore prochaines du monde matériel, nous nous sentons si bien celui que nous avons toujours été que l'idée d'une évolution accomplie ne nous vient pas même. Pour me servir d'une expression familière, nous n'en revenons pas. »

Effroi de constater la profondeur abyssale de la régression :

Pierre : « Désormais, nous, les libérés du bagne charnel, nous entrevoyons avec tristesse les cimes pures d'où l'orgueil a fait tomber les hommes. Au début de notre délivrance, je puis dire que c'est une sorte d'effarement douloureux qui nous saisit quand nous avons la révélation d'une telle chute. »

Les premiers pas de l'autre côté sont aussi difficiles que de ce côté-ci.

Roland : « Le voyage de l'Au-delà est long. Sois prévoyante ! Emplis tes mains du pain des anges, sinon tu mourras de faim. »

Pierre : « Attendez-vous à ce que la vie des sphères premières soit encore parsemée d'épreuves. »

1. Le 14 juillet 1976, un ami, W.S., dont j'ignorais la mort, se manifeste spontanément. Je lui demande de résumer son expérience en un mot, il écrit : STUPEUR.

Ces épreuves sont les ténèbres, la sensation d'enlisement, la solitude et le brouillard et, pour certains, la perte de l'importance sociale. Cette dernière souffrance est sans doute la plus vive : ceux qui ont tout misé sur les choses du monde constatent avec épouvante qu'ils ont tout perdu. « Les premiers seront les derniers, les derniers seront les premiers. » Encore une parole du Christ qui s'applique à l'Au-delà.

Quant à ces riches qui auront tant de peine à entrer dans le Royaume des cieux, ce ne sont pas tant ceux qui possédèrent de grands biens que ceux qui furent possédés par les valeurs matérielles, donc périssables. Ceux qui furent quelque chose sur terre ne sont plus rien. Ceux qui possédèrent une large surface sociale sont réduits à un point. Ceux qui s'enorgueillirent de leur nom : artistes, politiciens, écrivains, aristocrates, s'aperçoivent qu'ils ont perdu jusqu'à leur nom.

MARIE DE LA CROIX : « Vous connaissez-vous dans le Purgatoire ?

MARIE-GABRIELLE : « Oui, à la manière des âmes. Il n'y a plus de noms dans l'autre monde. Il ne faut pas comparer le Purgatoire et la terre. Quand l'âme est libre et débarrassée de son enveloppe mortelle, son nom est enseveli dans la tombe avec son corps. »

Le nom, au même titre que la fortune, la puissance, la célébrité, fait partie de ce que nous ne pouvons emporter dans l'ailleurs.

La première chose qui frappe ceux qui débarquent de l'autre côté, c'est l'importance qu'ils ont attachée aux choses sans importance et le mépris dans lequel ils ont tenu les valeurs essentielles : c'est-à-dire les valeurs de l'esprit. La plupart du temps, elles ont été reléguées au dernier rang de leurs préoccupations. Or, comme l'écrit Pierre, qu'il choisisse le bien, qu'il choisisse le mal, c'est dans le domaine spirituel que l'homme achève sa carrière. Quelques décades d'incarnation en regard de siècles passés dans les espaces de l'esprit.

Presque deux ans après son départ, Roland évoque les commencements de sa nouvelle vie. Souffrir, ce mot n'a plus de signification pour lui. « J'ai dépassé les plans rugueux où nos fluidités s'accrochent. Ma lumière ne traverse plus d'éclipse. Les plus grandes souffrances, au début de la vie astrale, sont les alternatives d'ombre et de clarté, de scintillement et de non-scintillement. Ne captant plus la luminosité céleste, nous perdons les rayons centraux. »

Pour le juge Hatels, ces espaces intermédiaires ressemblent à des marais. Il demande à Elsa Barker si elle se souvient de ce couple d'amants dont il lui a parlé voici quelques semaines? Lui est venu ici, il y a quelque temps. Il l'a attendue; il l'a aidée à franchir les incertaines régions marécageuses qui s'étendent entre les deux stades d'existence.

Ces régions marécageuses[1], comme le sentier aride et solitaire où se trouva Albert Pauchard, ne

1. Ces régions marécageuses, je les ai traversées en songe, après avoir eu un assez long entretien, en songe également, avec une amie qui venait d'entrer dans le monde des esprits.

doivent pas être prises à la lettre, ce sont des états spirituels. « Dans les débuts, j'avais bien l'impression de me déplacer à l'ancienne manière. Mais je sais à présent que c'était un état de conscience. Car les conditions subjectives, ici, donnent l'impression d'être objectives et prennent des formes symboliques et tangibles. »

Donc les épreuves ne manquent pas dans les premiers temps de la vie astrale : le froid, l'obscurité, la solitude, le chemin douloureusement cherché. Là-bas, comme ici-bas, la prière est le fil d'Ariane qui nous guide dans ce labyrinthe. Méditons sur ce symbole, car, au bout du labyrinthe, celui que nous rencontrons, le minotaure embusqué, c'est nous-mêmes.

A ce propos, Albert Pauchard raconte une expérience curieuse. Il cite le cas d'un homme qui, sur terre, éprouvait de violentes antipathies. Passé de l'autre côté, il se trouve plongé dans un épais brouillard, qui a une particularité curieuse : il fait miroir. Il ne s'en rend pas compte tout de suite. Il voit bien devant lui une image en mouvement, mais il croit que c'est le spectre d'une personne qu'il avait autrefois cordialement détestée. Il veut regarder ailleurs : inutile ! De quelque côté qu'il se tourne, il la voit encore. Il prend le parti de fermer les yeux... peine perdue : il la voit toujours. Après un certain temps, l'image change. C'est maintenant une autre de ses anciennes connaissances. Encore quelqu'un qu'il n'aimait pas ! Et cette fantasmagorie se répète, se multiplie ! Tous ceux qui l'avaient jadis horripilé tour à tour apparaissent et disparaissent. Enfin, absolument excédé, il appelle à l'aide son guide. Aussitôt il entend ceci :

« Mais regarde bien, mon enfant ! Cesse donc de projeter ainsi ton image sur un autre et de le condamner ! Regarde bien qui sont ces fantômes. »

Alors il les considère avec plus d'attention, et c'est lui-même qu'il reconnaît dans tous ces simulacres. Ces formes exaspérantes étaient enfantées par son attitude envers les personnes qu'il n'avait pas aimées.

Thomas Dowding est passé, lui aussi, par cette aventure désagréable. Il s'est trouvé immergé dans un brouillard qu'il projetait et qu'il créait.

On rencontre également chez Pierre les termes de nuages, brume, brouillard : « Peu à peu, le souffle spirituel balaie les brumes. Nous nous élevons graduellement au-dessus de ces obscurités, qui ne recouvrent que les vallées du monde nouveau où nous pénétrons par la mort. Je pourrais comparer ce phénomène psychique à celui que vous appelez la mer de nuages. Lorsque vous dépassez les premiers plans de la montagne, toute enveloppée de brouillard, vous découvrez soudain un ciel immaculé, un soleil lumineux et réchauffant. »

Les images se présentent donc aux disparus comme des formes réelles. Ce sont leurs sentiments et leurs pensées terrestres qui créent leurs nouvelles conditions. Tout le subjectif devient objectif en traversant le voile.

Roland : « C'est dans la qualité de tes pensées que tu seras projetée dès l'instant de ta mort. Si vous gagnez votre vie avec vos mains, vous gagnez votre éternité avec vos pensées. Accrois chaque jour le champ de tes ravissements, car après ta mort c'est en eux que tu entreras. Le point que tu auras atteint sur terre sera ton point de départ pour ici. »

Ceux qui furent sur la terre des âmes de lumière créent des sphères de lumière. Ceux qui furent des âmes opaques créent des sphères opaques.

PAQUI : « Je vous parle, bien entendu, de nos sphères blanches, car au milieu d'autres, le désordre règne. Les âmes lourdes, sans bonne volonté, forgent des sphères épaisses où elles souffrent et où tout est chaos. »

Il ne tient qu'à nous de nous préparer une survie sans angoisse en développant en nous les valeurs mystiques, en faisant surgir, dès ici-bas, les arbres et les eaux de la vie éternelle.

A. B. demande à Mary Bruce Wallace qu'elle fasse en sorte que ce monde où elle entrera ne lui soit pas trop étranger, qu'il soit un lieu pour le développement ultérieur de l'idéal qu'elle aura cultivé sur la terre. « Semez cet idéal ici-bas. Arrosez, surveillez la croissance de la plante pour que sa floraison soit certaine et parfaite, tant de votre côté que du nôtre. »

Les sphères les plus proches de la terre sont le domaine des esprits errants qui ne demandent qu'à entrer en communication. Là se trouve la foule des misérables qui rôdent autour de notre planète et ne peuvent accéder aux sphères blanches. Esprits imparfaits, malheureux, désespérés, ce sont les « âmes en peine » des anciennes croyances. Ils regrettent le confort, la sensualité et les plaisirs terrestres. De leur vivant, ils se flattaient d'avoir les pieds sur terre. C'est sans doute pour cela qu'ils ne peuvent s'en dégager. Ce sont justement ces entités qu'évoque le spiritisme de salon. Elles sont trop contentes de se procurer pour quelques instants cette personnalité corporelle dont la disparition les torture. Leurs communications sont un tissu de mensonges, de sottises, de plaisanteries douteuses. Elles aiment mystifier et inquiéter.

Les messages christiques nous invitent, de façon pressante, à ne nouer aucune relation avec les habitants des sphères proches. Si nous les contactons plus aisément que les autres, cela tient justement au fait de leur évolution incomplète. Leur influence est souvent néfaste.

PIERRE : « Ce sont des camarades et non pas des amis. Parfois, hélas! des ennemis de vos âmes. Vous atteindrez facilement ceux d'entre nous que les mêmes perplexités retiennent dans les premières phases du développement spirituel : ils parlent le même langage, ils sont heureux de vous le faire savoir. »

Dès que le disparu a dépassé, du fait de son évolution, les régions inférieures de l'ultramonde, il ne peut plus communiquer, ni se manifester matériellement. Son silence devient le signe de sa montée.

Comme l'autre monde est constamment peuplé

par celui-ci, il n'est pas étonnant qu'on y rencontre les mêmes spécimens d'ignorants, de pervers, de menteurs... Le fait d'être passé par les portes éternellles n'a pas accompli en eux de métamorphose fondamentale. Ces inadaptés de l'autre vie, ces nostalgiques de la matière sont des sortes de vagabonds, de rôdeurs.

Old Lawyer met en garde Elsa Barker contre ces errants de l'espace qui ne doivent à aucun prix pénétrer dans son mental : « Ils n'ont pas plus le droit d'entrer en vous que les gens de la rue n'auraient le droit de faire irruption dans votre home, sous prétexte qu'ils ont faim ou froid, ou tout simplement pour satisfaire leur curiosité... Je serais vraiment désolé que la lecture de mes lettres puisse conduire des irréfléchis et des fous à se lancer dans la chasse aux esprits, en invitant dans la sphère humaine des entités irresponsables et souvent mensongères. »

Ces esprits sont des mystificateurs, des mythomanes, mais non des diaboliques. Ils n'ont visé que les valeurs matérielles, ne professant que mépris pour ceux qui recherchent les réalités invisibles, ce que, naguère, ils appelaient ironiquement les nuages. Ils ont peu aimé, si ce n'est eux-mêmes. Ils ne furent pas méchants, ils ne furent que médiocres. Ils n'ont assassiné personne, si ce n'est la personne divine qui se cachait en eux.

CHAPITRE XV

LES SPHÈRES DE PURIFICATION

Pratiquant une terrible politique du tout ou rien, du tout de suite ou jamais, les réformateurs, en réaction violente et justifiée contre le scandaleux marché des indulgences, supprimèrent le purgatoire. Pour eux, pas de lieu spirituel intermédiaire, pas de moyen terme entre la béatitude éternelle et la damnation éternelle. Comme personne ou presque n'est digne de la première, c'est l'immense majorité de la race humaine qui est promise à la seconde. Aucune possibilité de se ressaisir, de se purifier; les jeux sont faits, ils sont faits pour toujours. Presque toute l'humanité a perdu. Presque toute l'humanité est perdue.

La non-existence du purgatoire signifie que l'évolution s'achève brusquement à la mort et que la condamnation est sans appel et la peine sans sursis. La non-existence du purgatoire est une doctrine effroyable, désespérante, incompatible avec l'amour de Dieu. On renonce à qualifier une législation qui ne connaîtrait que les travaux forcés à perpétuité, qui enverrait au supplice les délinquants mineurs, au même titre que les assassins et les tortionnaires.

A l'appui de leur négation du purgatoire, qui fut le point de départ de la Réforme, les protestants[1] déclarent qu'on ne trouve pas trace de ce dogme dans le Nouveau Testament.

Le nom n'y est pas, mais la chose y est. Le purgatoire, dans les Evangiles, les Epîtres et l'Apocalypse, s'appelle hadès. Dans le Nouveau Testament, on distingue avec précision le feu qui purifie et le feu qui dévore. Le premier, beaucoup plus destiné à amender qu'à punir, s'éteint quand il a purifié : c'est le purgatoire, dans le texte grec : hadès. Le second ne s'éteint pas : c'est l'enfer, dans le texte grec : gehenna[2].

1. Le fameux « comme à travers le feu » de saint Paul dans la première Epître aux Corinthiens leur semble peu convaincant.

« Si quelqu'un édifie sur ce fondement (Jésus-Christ) de l'or, de l'argent, des pierres précieuses, du bois, du foin, du chaume, l'œuvre de chacun apparaîtra clairement. Le jour du Seigneur, en effet, le fera connaître, puisque ce jour sera révélé dans le feu, et c'est ce feu qui éprouvera la qualité de l'œuvre de chacun. Si l'œuvre bâtie dessus tient bon, l'ouvrier recevra un salaire. Si l'œuvre vient à être consumée, l'ouvrier en portera le dommage; mais lui-même sera sauvé cependant, comme à travers le feu. »

La parabole est cependant transparente : les édifices d'or, d'argent et de pierres précieuses subsisteront après l'incendie général, qui atteindra toutes les œuvres, grandes ou médiocres. Les maisons de bois et de chaume auront disparu. Cependant, ceux qui auront bâti ces constructions périssables ne périront pas avec elles. Il ne sera pas tenu compte de leur échec. Ils seront sauvés, eux aussi, après avoir traversé le feu.

2. Voici dans saint Matthieu cette alternance de géhenne et de hadès que Luther (et d'autres) ont traduit indistinctement par *Hölle,* enfer :

– Mat. V, 30 : « Il vaut mieux pour toi qu'un de tes membres périsse que d'avoir ton corps tout entier jeté dans la géhenne. »

(Dans le récit parallèle, Marc ajoute à trois reprises : « Là où *leur* ver ne meurt pas. » On croit connaître les Ecritures, on ne les connaît

Le célèbre « ô mort, où est ton aiguillon ? ô Sépulcre, où est ta victoire ? » est en réalité : « ô hadès, où est ta victoire ? » Enfin, dans l'Apocalypse, hadès est prononcé quatre fois [1]. Il n'est pas question de géhenne, mais tantôt d'abîme, tantôt d'étang de feu et de soufre où tout s'anéantit, même le hadès. Après le jugement dernier, le purgatoire cesse. Alors il n'y a plus que le ciel et l'enfer.

Dans les années 20, deux garçons de neuf et dix ans, Jacques et Jean, étaient sagement assis dans

jamais. Jusqu'alors, je n'avais pas remarqué ce possessif qui se rapporte aux puissances diaboliques.)

– Mat. X, 28. « Craignez plutôt celui qui peut faire périr l'âme et le corps dans la géhenne. »

– Mat. X, 23. « Et toi, Capernaüm, qui as été élevée jusqu'au ciel, tu seras abaissée jusque dans le hadès. »

– Mat. XVI, 18. « Tu es Pierre, et sur cette pierre je bâtirai mon assemblée, et les portes du hadès ne prévaudront point contre elle. »

(Ici la différence entre géhenne-enfer et hadès-purgatoire est particulièrement fondamentale. Il semble évident que les portes de l'enfer ne puissent prévaloir sur l'assemblée christique, mais la question peut se poser pour le hadès qui n'est pas un lieu diabolique).

Quant au mauvais riche, qui n'est pas un criminel, mais un égoïste et un jouisseur, il n'est pas en enfer, mais en purgatoire. Il ne souffre pas dans la géhenne, mais dans le hadès :

– Luc XVI, 22-23. « Le riche mourut aussi et fut enseveli. Etant dans le hadès, en proie à des tourments, il leva les yeux et vit de loin Abraham et Lazare dans son sein. »

1. a) « Je tiens les clefs de la mort et du hadès, affirme le Christ, car les clefs de l'enfer appartiennent à Satan. »

b) « Alors je regardai... voici un cheval vert ! Celui qui le montait se nommait la mort et le hadès le suivait. »

c) « Et la mort et le hadès rendirent les morts qui étaient en eux, et ils furent jugés chacun selon leurs œuvres. »

d) « La mort et le hadès furent précipités dans le lac de feu. La seconde mort, c'est le lac de feu. »

une église de Rouen. Les parents de Jacques, qui habitaient une petite ville normande, les avaient laissés là pour une bonne heure, car ils avaient des courses à faire et les enfants les auraient encombrés. Que faire en une église à moins que l'on n'y prie? Jacques, l'aîné, qui est catholique, propose à Jean, son cousin germain, qui est protestant, de prier pour leur grand-père paternel qui est, dit-il, en purgatoire. Jean s'étonne, c'est la première fois qu'il entend ce nom. Le purgatoire, qu'est-ce que c'est? Jacques, frais émoulu de son catéchisme, le lui explique. Jean trouve cela très satisfaisant, très intéressant, mais continue à s'étonner :

« Il n'est donc pas au Ciel?

– Non, répond Jacques, il n'y a que le pape qui aille directement au Ciel. Grand-père est en purgatoire; mais si nous prions un bon coup, il en sortira plus vite. Tu veux que nous priions pour lui?

– Oui, bien sûr. »

Et les deux cousins, œcuméniques sans le savoir, disent une prière pour le grand-père que, ni l'un ni l'autre, n'a connu.

L'été suivant, Jean passe ses vacances dans la partie protestante de sa famille entre Suisse et Alsace. Sa cousine germaine, une jeune fille d'une vingtaine d'années, l'emmène au cimetière où repose sa grand-mère maternelle. Il s'assied sur un petit banc de pierre et se recueille. Comme son cousin, et son père aussi, le lui ont appris.

« Qu'est-ce que tu fais? demande la cousine.

– Je prie pour eux...

– C'est absolument inutile!

– Mais le purgatoire ?
– Le purgatoire n'existe pas. »

Jean ne dit rien. Il est impressionné par cette grande cousine qui appartient au monde omniscient des adultes. Monitrice à l'école du dimanche, elle est dépositaire des vérités sacrées. Puisqu'elle l'affirme, c'est sûrement vrai. Et il s'inquiète, non pas pour la mère de sa mère qui est au Ciel, cela ne fait aucun doute, mais pour lui, qui a tant de péchés sur la conscience. Et tout en redescendant de ce lieu plein de fleurs, d'arbres et d'oiseaux, il pense : C'est vraiment très embêtant qu'il n'y ait pas de purgatoire !

Ce petit garçon avait raison : c'est très embêtant, en effet, d'avoir rayé d'un trait de plume un dogme qui satisfait à la fois la raison, l'amour et la justice. Très embêtant aussi de laisser sans prières des personnes qui vous ont connu, qui vous ont aimé et qui vous aiment encore. Les portes du purgatoire restèrent donc fermées pour Jean jusqu'au jour où, plus de quarante ans après, il lut les lettres de Pierre. Celle-ci notamment :

Jour de la Toussaint : « Nous nous unissons à vos prières. Lorsque vous priez pour nous, des appels plus ardents encore s'élèvent de nos sphères vers le Dieu de l'amour et du pardon. C'est bien le jour où la communion des saints se réalise de la manière la plus parfaite, la plus conforme à la volonté du Père des vivants, des vivants dans la chair et hors de la chair. Ce serait donc une faiblesse pour l'Eglise protestante de ne pas s'unir à ces demandes de secours et de bénédictions. Le salut peut être acquis après la mort.

Pourquoi l'éducation protestante a-t-elle étouffé une vérité aussi nécessaire, et seule d'accord avec la justice de Dieu ? »

Et cette autre lettre : « Cette barrière dans le revoir, voilà bien ce que l'Eglise pourrait appeler un purgatoire : c'est la justice de Dieu. Ce qui sépare dans l'Au-delà ceux qui s'aiment, c'est le retard dans l'évolution. »

Ce que l'Eglise pourrait appeler un purgatoire, voilà un conditionnel plein de réticence. Mais bientôt sa pensée se précise et, pour désigner le troisième lieu, il trouvera les expressions les plus heureuses :

« Peut-être cette angoisse des esprits qui sont parvenus à l'extrémité lumineuse de la vallée de l'ombre de la mort vous surprendra-t-elle ? Ne le savez-vous pas ? Ce que l'homme a semé, il le moissonne. Et le remords est un puissant moyen au purgatoire. Je ne parle pas d'un lieu de châtiment, mais d'un état propice à la purification qui fait évoluer...

« ... Le passage des âmes sur un plan d'amélioration et d'épreuves peut se comparer au purgatoire enseigné par l'Eglise romaine. Il n'y a pas, à proprement parler, d'autre châtiment que les remords, la honte, presque le dépit, d'avoir tant reçu et si peu fait fructifier les largesses de Dieu. Mais la charité divine reprend, avec autant de douceur que de sévérité, les coupables repentants, quand ils recherchent avidement la perfection négligée sur la terre.

« ... Demander le salut des âmes encore en travail est donc conforme à l'Evangile du Maître. Et cet Evangile lui-même vous dit, simplement et clairement : quiconque demande reçoit... Si je te dis ces choses, c'est pour te confirmer que les saints, au Ciel, ont traversé l'ère de sanctification que l'Eglise appelle le purgatoire. »

La purification qui fait évoluer, le plan d'amélioration et d'épreuves, l'ère de sanctification... peut-on donner de meilleures définitions du purgatoire ? Ainsi, en 1918, un protestant rouvrait, de l'intérieur, les portes que Luther avait condamnées (dans le double sens du mot) exactement quatre siècles auparavant.

Cependant, d'autres protestants parvenus dans l'ultra-monde découvraient l'existence de ce purgatoire qu'on leur avait caché.

Thomas Dowding : « Après avoir quitté la vie terrestre, nous devons tous passer par un processus de purification. Je suis encore en purgatoire. Un jour je m'élèverai au-dessus de cet état. La majorité de ceux qui viennent ici s'élèvent au-dessus ou plutôt par l'intermédiaire du purgatoire vers des conditions plus hautes. Une minorité refuse d'abandonner ses pensées et ses croyances dans les plaisirs du péché et dans les réalités de la vie sensuelle. Ces esprits sombrent par le poids de leurs propres pensées. Aucun pouvoir extérieur ne peut exercer son attraction sur un homme contre sa volonté. Un homme s'enfonce ou s'élève par une loi de gravitation spirituelle. Il n'est pas sauvé aussi longtemps qu'il ne s'est pas vidé complètement de lui-même. Vous voyez combien je mets l'accent sur ce fait. Certaines de ces pensées me vinrent tandis que j'attendais dans cette forêt lugubre. »

Forêt lugubre! Comment ne pas penser aux deuxième et cinquième vers de l'*Inferno*? « *Mi ritrovai per una selva oscura... Questa selva selvaggia ed aspra e forte.* »

Thomas Dowding nous confirme à la fois la pluralité des purgatoires et notre responsabilité dans la création de ces ambiances destinées à nous purifier. « Jetez sur les affaires terrestres un regard sans passion, considérez-les à vol d'oiseau. Dominez-les, sinon elles vous domineront. Dans le second cas, quand vous arriverez ici, vous serez dans une situation misérable. La vie vous semblera vide, un désert; les liens terrestres resserreront leur emprise et vous serez dans l'incapacité d'y répondre. La confusion en résultera, tel est le purgatoire. Il y a plusieurs formes de purgatoire, chacun de nous crée ses propres conditions purgatorielles... »

Plus loin, il remercie son scripteur de l'avoir aidé à traverser ces heures difficiles.

Ne nous étonnons pas que tant de terrestres ne croient pas au purgatoire puisque certains esprits, parmi ceux qui s'y trouvent, n'y croient pas encore. Ces derniers, nous précise Old Lawyer, errent dans la tristesse jusqu'à ce qu'ils se soient adaptés. Si quelqu'un leur affirmait qu'ils ont été en purgatoire, ils pourraient en nier l'existence, mais ils seraient prêts à reconnaître leur angoisse. « Le plus sûr moyen d'échapper à cette pénible période de transition est d'entrer dans la vie future avec une foi solide en l'immortalité, une foi absolue dans le pouvoir de l'âme de créer ses propres conditions de vie. » Quant à lui, il sait que le purgatoire existe parce qu'il est passé par là : « Je suis allé au purgatoire, le purgatoire des catholiques romains. Ne vous moquez pas de ceux qui disent des messes pour le repos des disparus. Les âmes sont souvent conscientes d'une telle sollicitude. Elles entendent la musique et peuvent sentir l'encens. La plupart d'entre elles perçoivent le pouvoir de la pensée dirigée vers elles. Le purgatoire est une réalité, en ce sens qu'il est une expérience concrète. Si vous désirez appeler rêve cette expérience, vous le pouvez. Mais il y a des rêves terriblement réels. »

Albert Pauchard, qui décrit de curieuses expériences purgatorielles analogues à nos cauchemars, s'exprime dans les mêmes termes : « Le purgatoire n'est pas une fantaisie, mais une réalité. En venant ici, je m'imaginais que je n'y trouverais que gloire et enchantement. Mais une fois le premier moment de bienheureuse délivrance et de joyeux revoirs passé, nous descendons dans une région plus ou moins obscure où nous rencontrons le fameux gardien du seuil. A vrai dire, ce n'est pas un être ayant une individualité propre. Il en a pourtant une dans une certaine mesure : celle que nous lui donnons, en nous identifiant avec lui. C'est de là qu'il tire sa vitalité et son pouvoir. Mais par lui-même, il n'est que la localisation de toutes les forces non régénérées de notre passé. Ces forces ne sont pas mauvaises en soi. Mais elles engendrent de la souffrance par le simple processus de leur transmutation. Quand nous naissons, nous apportons avec nous une partie de ces formidables forces, mais une partie seulement, car autrement nous serions écrasés sous le poids. C'est un lot que nous assumons pour le travailler sur terre et qui représente, dans la vie de chacun de nous, les forces de ténèbres de la terminologie chrétienne. »

Ces forces de ténèbres ne sont pas obligatoirement sataniques, « forces telluriques » conviendrait mieux. Il faut bien insister sur le fait que les purgatoires n'appartiennent pas à l'Esprit nommé Satan. Ils ne constituent pas un univers concentrationnaire, un gigantesque pénitencier, un jardin des supplices comme celui que Dante imagina. Ceux qui les parcourent sont dans la patience de Dieu et non dans sa colère.

John Heslop : « Dieu peut pardonner et il le fait, mais tous les résultats du mal doivent être défaits par l'homme lui-même, soit sur la terre, soit quand il vient ici. La mort de Notre-Seigneur n'empêche pas cette grande loi de cause à effet de jouer d'elle-même. Une réelle repentance ne consiste pas à éprouver quelques regrets au sujet du péché commis, mais à remettre tout en œuvre pour défaire le mal et opérer la restitution. »

Loi de cause à effet : donc il n'y a rien d'arbitraire dans tout cela. Les causes : nous les mettons en branle sur la terre. Les conséquences : nous les acquittons de l'autre côté. Mais tout le monde n'a pas la même dette à liquider : à qui reçut beaucoup, il sera beaucoup redemandé. Toujours la parabole des talents ! Ce processus est plus éducatif que punitif. Et parce que le purgatoire est moins châtiment que relèvement, il y a autant de purgatoires que d'esprits. Tout homme est unique. Les expériences qu'il fait sont elles aussi uniques, que ce soit sur la terre ou ailleurs.

En fait d'expériences, voici par exemple celle des négateurs de la survivance. Pour décrire leur purgatoire, Albert Pauchard a une expression frappante : « Ils sont conscients de la seule chose qu'ils aient rêvée : leur inconscience. »

Le purgatoire de ceux qui ont enseigné la mort éternelle s'appelle conscience d'inconscience et conscience de mort. Ne cessant de mourir, ils savent qu'ils sont morts.

Bref le purgatoire est multiple, individuel et provisoire : l'expression états purgatoriels rend bien compte de cette réalité :

Albert PAUCHARD : « On rencontre de tout ici. On y voit chacun tel qu'il est, et chaque individu passe un temps plus ou moins long dans son propre purgatoire. Vous serez les premiers à comprendre combien, en voyant tout cela, on désire avertir ceux de la terre. Car un peu de bonne volonté, le moindre effort, même sans succès, fait une si énorme différence dans les effets ici. »

Avertir ceux de la terre. Tel était aussi le désir du riche qui se trouvait dans le hadès. Saint Luc nous rapporte le dramatique dialogue entre les deux royaumes : Ciel et hadès-purgatoire, Ici et Là...

LE RICHE : Père Abraham, aie pitié de moi, envoie Lazare, afin qu'il trempe dans l'eau le bout de son doigt et me rafraîchisse la langue, car je souffre beaucoup dans cette flamme.

ABRAHAM : Mon enfant, souviens-toi que tu as eu tes biens pendant ta vie, tandis que Lazare a eu des souffrances. Maintenant, ici, il est consolé. Et toi, tu es dans les tourments. D'ailleurs entre nous (du Ciel) et vous (du hadès-purgatoire) est fermement établi un grand abîme, de sorte que ceux qui voudraient aller d'Ici vers vous ne le peuvent, non plus que ceux qui voudraient passer de Là vers nous.

LE RICHE : Je te prie donc, Père, d'envoyer Lazare dans la maison paternelle, car j'ai cinq frères, pour qu'il leur soit un témoin de ces choses, de peur qu'eux aussi ne viennent dans ce lieu de tourment.

ABRAHAM : Ils ont Moïse et les prophètes, qu'ils les écoutent !

LE RICHE : Non, père Abraham, mais si quelqu'un va des morts vers eux, ils se repentiront.

ABRAHAM : S'ils n'écoutent pas Moïse et les prophètes, ils ne seront pas non plus persuadés, si quelqu'un ressuscitait d'entre les morts.

La réponse du patriarche, qui est en réalité la réponse du Christ, est fondamentale. Il ne dit pas : le Ciel et la terre ne peuvent communiquer, c'est irréalisable, c'est contraire aux volontés de Dieu. Il ne dit pas : c'est impossible, c'est défendu ! Il dit : c'est inutile ! C'est inutile, à cause de leur endurcissement et de leur attachement à la matière. Si le Ciel et la terre, si le purgatoire et la terre sont parfois autorisés à entrer en relation, l'interdiction demeure entre purgatoire et Ciel, et cela dans les deux sens.

Quant à cette belle expression « pour qu'il leur

soit un témoin de ces choses », comment ne pas évoquer, à son sujet, la grande nuée de témoins dont nous parle l'épître aux Hébreux. Sans doute, Gabriel Marcel y songea-t-il quand, au cours d'une conversation, il me suggéra mon titre.

Si les messagers qui furent protestants nous ont tous parlé du purgatoire, il n'est pas étonnant que ceux qui furent catholiques l'évoquent, à leur tour.

Roland fait allusion au royaume douloureux, aux zones douloureuses et insiste sur le fait que l'expiation sur terre dispense de pareils séjours : « Ici comme chez vous, il faut faire sa place. Il faut gagner ses étoiles célestes. La marche vers Dieu est dure. Sur terre, il y a les cailloux du chemin. Ici, il y a les épines de la Sainte Couronne. Le symbole des épines autour des roses doit être un sujet de méditation pour toi. »

Sa définition du purgatoire est aussi précise que concise : « Le purgatoire n'est pas autre chose qu'un stage que doivent faire les êtres pour apprendre la pureté. »

L'idée de purification l'emporte donc sur l'idée de pénalité. D'ailleurs il en est ainsi au double point de vue étymologique et historique. Quand Grégoire le Grand parle de *purgatorius ignis,* il s'agit bien de feu purificateur.

Paqui, elle aussi, Paqui dont le ciel a une transparence toute thérésienne, sait que le purgatoire existe, non comme le représente l'habituelle imagerie; mais comme un état spirituel. Spirituel et cependant bien réel. Elle dit avoir vu des merveilles sans être passée par les épreuves : « La vie que nous menons sur terre prépare notre éternité; nous l'avons déjà dit, mais il est bon de se pénétrer de ces paroles et de les méditer. Oui, les purgatoires existent, les laps de temps douloureux durant lesquels l'âme se détache, s'épure, se dépouille de tout ce qu'elle a emporté de mauvais en quittant la terre, cela existe bien. Il ne faut pas croire que, bon ou mauvais, lorsque vient le dernier soupir, ce qui ne meurt pas : l'âme, s'envole vers la béatitude éternelle sans payer la rançon. »

Les purgatoires, Paqui emploie souvent ce pluriel, corroborant ainsi les déclarations de sœur Marie-Gabrielle. Le purgatoire, qui est une des nombreuses demeures, comprend lui-même plusieurs demeures. La salvation a, elle aussi, sa hiérarchie.

« Il y a différents degrés dans le purgatoire. Ainsi j'appelle grand purgatoire l'endroit où sont les âmes les plus coupables, où je suis restée deux ans sans pouvoir donner aucun signe de mes tourments. Les grands pécheurs et ceux qui sont restés presque toute leur vie éloignés de Dieu par indifférence, ainsi que les religieuses qui ne sont pas ce qu'elles devraient être sont dans le grand purgatoire. Et là, les prières qu'on fait pour ces âmes ne leur sont point appliquées. Elles ont été indifférentes pendant leur vie pour Dieu. A son tour, il est indifférent pour elles et il les laisse dans une espèce d'abandon, afin qu'elles réparent ainsi leur vie qui a été nulle.

« Dans le deuxième purgatoire, qui est toujours le purgatoire, mais pourtant différent du premier, on souffre beaucoup aussi, mais moins que dans le premier purgatoire. Dans le deuxième purgatoire se trouvent les âmes de ceux qui meurent coupables de péchés véniels non expiés avant la mort ou bien de péchés mortels pardonnés, mais dont elles n'ont pas satisfait entièrement à la justice divine. Il y a aussi dans ce purgatoire différents degrés suivant les mérites des personnes. Ainsi, le purgatoire des personnes consacrées ou qui ont reçu plus de grâces, est plus long et plus pénible que celui des personnes du monde.

« Enfin il y a un troisième endroit, qui est le purgatoire de désir, qu'on appelle parvis. Bien peu de personnes l'évitent. Il n'y a pas de feu. Là sont les âmes qui n'ont pas assez désiré le Ciel, qui n'ont pas assez aimé Dieu. J'y suis en ce moment. Et dans ces trois purgatoires, il y a encore bien des degrés. Au fur et à mesure qu'une âme se purifie, elle ne souffre plus les mêmes tourments. Tout est proportionné aux fautes qu'elle a à expier. »

« Le parvis qui est en dehors du temple », dit l'Apocalypse. Cette belle expression « purgatoire de désir » se trouve déjà chez sainte Brigitte de Suède. La Vierge lui parle d'un ermite qui serait entré aussitôt dans le ciel si, à l'heure de sa mort, il avait profondément éprouvé le désir de voir Dieu :

« C'est ce qui fait qu'il est maintenant détenu en ce purgatoire de désir, où il n'a d'autre peine que le désir de parvenir à Dieu. Mais avant que son corps soit dans le tombeau, son âme sera dans la gloire. »

Sœur Marie-Gabrielle croit que le purgatoire est un lieu situé au centre de la terre, image provenant de la théologie médiévale, contaminée par les mythologies antiques. Les messagers plus récents pensent que le purgatoire est un état. D'ailleurs elle-même dit qu'elle porte son purgatoire avec soi : il s'agit bien d'un état de conscience.

Albert Pauchard : « Le purgatoire n'est pas la partie la plus importante de mes expériences ici, mais il fallait d'abord en passer par là. Notez bien que tout ce qui est « lieu », dans le monde où je me trouve, ne doit pas être entendu géographiquement. C'est un état de conscience. »

Paqui : « Le purgatoire n'est pas un lieu : il est forgé, créé par l'âme même qui le possède en soi, ressent toutes ses fautes, ses erreurs, et les expie, parce que tout se rachète, tout se gagne, tout se paie ! »

Le purgatoire est créé par l'âme : Thomas Dowding avait affirmé que chacun de nous crée ses propres conditions purgatorielles. Tout se rachète, tout se gagne, tout se paie : Albert Pauchard avait parlé de juste liquidation.

On trouve chez les messagers, comme chez les mystiques, une notion intéressante : c'est l'âme elle-même qui prononce son jugement. Placée dans un monde où tout faux-fuyant est impossible, où tout ce qui est caché devient évident, elle ne peut que juger selon la justice.

Pierre : « Les âmes coupables par obstination se condamneront elles-mêmes. »

Sœur Marie-Gabrielle : « Si c'est une âme coupable comme je l'étais et, par conséquent, qui a mérité le purgatoire, elle est tellement écrasée sous le poids de ses fautes qui restent à effacer qu'elle se plonge elle-même dans le purgatoire[1].

De même pour Catherine de Gênes, il n'y a d'autre jugement que celui que l'esprit hors de la chair porte sur lui-même au moment où il se trouve devant la terrible lumière de Dieu. S'il recule, s'il s'éloigne, c'est qu'il ne peut supporter de paraître en un tel état en présence du Trône. « Je vois que le paradis n'a pas de portes et que peut y entrer qui veut, car Dieu est toute miséricorde et ses bras sont toujours ouverts pour nous recevoir dans la gloire. »

Le Paradis n'a pas de portes. Saint Jean parlant de la Jérusalem céleste : « Ses portes ne se fermeront pas à la tombée du jour. » Tout se passe comme s'il n'y avait pas de portes.

Cependant les états purgatoriels ne sont pas tous douloureux, et Catherine de Gênes a pu parler des joies du purgatoire : « Je ne crois pas qu'après la félicité des saints du Paradis, il puisse exister une joie comparable à celle des âmes du purgatoire[2]. Une incessante communication de

1. De même, pour Swedenborg : « Le Seigneur ne précipite personne dans l'enfer, mais l'esprit s'y précipite de lui-même. »

2. « On peut donc parler du bonheur en Purgatoire ?

– Certainement ! Il y a dans le monde des esprits des lieux si beaux que bien des hommes se croient déjà au ciel. Ils sont de plus en plus dans leur bien. Ils sont de plus en plus dans leur vrai. Oui, il y a des lieux de bonheur, si l'on part vers la droite.

– Le riche de la parabole dit cependant : « Je souffre beaucoup dans cette flamme. »

– La flamme où souffre le riche, c'est-à-dire l'homme trop attaché aux biens matériels, est un environnement qui jaillit de lui-même. Dans

Dieu rend, de jour en jour, leur joie plus vive, et cette communication devient de plus en plus intime, à mesure qu'elle consume dans ces âmes l'obstacle qu'elle y trouve. Cet obstacle n'est pas autre chose que la rouille ou les restes du feu. Comme le feu du purgatoire va sans cesse le consumant, l'âme s'ouvre de plus en plus à la communication de Dieu. »

La terre avec ses alternances de bonheur et d'angoisse, ses chutes verticales dans le désespoir et ses remontées d'espérances, est déjà, en elle-même, un purgatoire. Les épreuves vécues en ce monde nous dispensent des épreuves dans l'autre. La doctrine du purgatoire terrestre est solidement fondée sur les Béatitudes : Heureux ceux qui pleurent !... Nous savons très bien que ce n'est pas la terre qui les consolera.

Cette doctrine est confirmée par les Pères, notamment par saint Augustin qui demandait à Dieu de le purifier dès cette vie et de le rendre tel qu'il n'ait pas besoin de ce feu purificateur créé pour ceux qui doivent être sauvés comme à travers le feu. Dans le texte original il y a : *igne*

le monde des esprits, vous projetez vos sentiments. Si vous êtes la proie de l'ambition, du désir de dominer et de posséder, autour de vous sera du feu ! Ne dites-vous pas déjà sur la terre : dévoré d'ambition, brûlant de passion ? L'impression de chaleur, de fournaise ne vient que de vous-mêmes.

– Je suppose que si l'on prie, on en est délivré.

– Oui, mais il faut que vous vous rendiez compte, il faut que vous compreniez pourquoi vous avez subi cela. Vous devez rechercher la cause. »

(Extraits d'un message reçu par l'auteur, le 20 février 1971.)

emendatorio, le feu qui amende. Le terme de *ignis purgatorius* n'apparaîtra que plus tard.

« Dieu est très exigeant pour ses amis, dit Roland. Mais cette exigence est, en définitive, une grande bonté, car Dieu nous évite ainsi de parcourir après la mort des sentiers interminables. L'expiation sur terre supprime le séjour dans les zones douloureuses. »

Le jeune messager parle comme saint Grégoire de Nysse pour qui les épreuves terrestres ont pour objet d'opérer la guérison de l'âme, guérison qui s'achève après la mort, lorsqu'elle n'a pu être achevée dès cette vie.

Retenons ce terme de guérison. Le curé d'Ars comparait le purgatoire à une infirmerie.

MAX-GETTING: « Il vaut mieux, crois-moi, souffrir sur terre que dans l'Au-delà et payer sur terre son tribut de douleurs; cela est moins pénible qu'après. Je le constate chaque jour par les esprits avec lesquels je puis me trouver en contact. »

Albert PAUCHARD : « Ce que vous pouvez liquider sur terre est gagné plus d'une fois. Rappelez-vous ce que je vous disais au commencement à propos de ces forces ténébreuses que nous apportons avec nous en naissant pour les travailler ici-bas. Forces non régénérées de notre propre passé... Elles doivent... doivent être liquidées en bas. »

Les grandes épreuves peuvent apparaître comme un signe d'élection :

ROLAND : « Ce que vous appelez le purgatoire, pour la majorité des êtres, ne commence qu'après leur mort, mais au contraire, pour les élus de Dieu, il commence sur terre. »

Sœur Marie-Gabrielle : « Certaines âmes font leur purgatoire sur la terre par la souffrance, d'autres par l'amour, car l'amour a bien aussi son martyre. L'âme qui cherche véritablement à aimer Jésus trouve, malgré ses efforts, qu'elle ne l'aime pas assez au gré de ses désirs. Et c'est pour cette âme un martyre perpétuel, causé uniquement par l'amour et qui n'est pas sans grandes douleurs. »

Albert Pauchard : « Plus on peut brûler de scories sur terre, mieux cela vaut, car tout ce qu'on doit brûler ici, on le brûle sans l'écran amortisseur du corps matériel. Comprenez maintenant pourquoi il est écrit : Bienheureux ceux qui pleurent ! Tous, tant que nous sommes, nous avons au fond de nous-mêmes une couche de lie que nous ne soupçonnons pas. Je ne savais pas à quel point cela était vrai avant de venir ici. »

Pierre : « Si vous n'avez pas vécu sur la terre dans la recherche de toute perfection possible, vous apprendrez dans l'Au-delà les leçons que vous auriez dû savoir après l'existence charnelle. Elles se présentent sous une autre forme sans doute, mais il est absolument juste que Dieu ne traite pas de même façon ceux qui ont étudié toutes les raisons de la perfection et ceux qui en ignorent une si grande part. »

Bref, nous repasserons de l'autre côté l'examen auquel, par négligence, par indifférence, nous aurons échoué ici-bas. Le purgatoire est le lieu spirituel où le sel qui perdit sa saveur la retrouve. « C'est le lieu spirituel où l'on expurge, où l'on opère la séparation entre ce qui fait le bien et ce qui fait le mal. Il faut être tout d'une pièce pour vivre en parfait équilibre dans le monde spirituel. Sur terre vous supportez l'environnement, dans le monde spirituel vous le construisez. Si vous n'avez pas évacué ce qu'il y a en vous de déséquilibre, vous ne projetterez que du flou, de l'inconsistant, du désertique... Le purgatoire est la conséquence de la chute : l'homme avait été conçu pour éviter ce règne. C'est une chance supplémentaire qui lui est donnée de devenir citoyen du ciel. *Il fait ainsi l'économie de la réincarnation.* L'homme, depuis la chute, n'est plus en correspondance avec les choses célestes. Le purgatoire est destiné à le rendre apte à retrouver le trésor perdu. » (Extraits d'un message reçu par l'auteur, le 20 février 1971.)

Faire l'économie de la réincarnation, voilà qui intéressera et apaisera tous ceux que cette perspective plonge dans l'angoisse... et ils sont nombreux. Ceux qui ont connu la souffrance physique, les soucis d'argent, les échecs et ces chagrins d'amour, dont il est dit qu'ils durent toute la vie, n'ont aucune envie de revenir sur cette planète qui les a tant déçus.

Ce sentiment instinctif de révolte à la seule pensée de la réincarnation est déjà une forte prévention contre elle. Les plus bouleversés sont toujours ceux pour qui cette vie a été dure : les malades, les indigents, les solitaires, les infirmes. Egalement ceux qui sont mus par un grand amour : que deviendraient en effet les revoirs dans l'autre monde ? Vous y arrivez, et c'est pour apprendre que celui que vous avez aimé vient de repartir pour la terre. Quand, après une nouvelle incarnation, il retourne dans le monde spirituel et vous cherche, c'est vous qui n'y êtes plus. Et la partie de cache-cache se poursuit de siècle en siècle.

Tous ceux qui ont de l'autre côté un authentique amour redoutent l'éventualité de ne plus reconnaître et ne plus retrouver celui qu'ils avaient hâte de rejoindre. J'en ai, plus d'une fois, parlé avec Marcelle de Jouvenel.

« Que se passerait-il, lui disais-je, si, en débarquant là-haut, vous appreniez que Roland n'y est plus, qu'il vient de renaître, qu'il est devenu une autre personne ?

— Ce serait effrayant, répondit-elle, ce serait comme si je le perdais une seconde fois. Non... non... tout cela est impensable, insoutenable. »

J'ai pu constater la même réaction de panique et de refus chez toutes les mères qui ont perdu un enfant, ainsi que chez les époux qui ont formé un couple heureux. Décidément, l'amour n'est pas réincarnationniste. Cela est dans la logique des choses puisque aimer un être, c'est affirmer sa valeur unique : c'est toi, toi, et pas un autre.

En son temps, Mme Monnier avait connu les mêmes appréhensions, les mêmes angoisses que Mme de Jouvenel. Pierre, en effet, lui avait dicté : « Oui, la réincarnation existe, mais il nous est impossible d'expliquer son système. ». Percevant le trouble de sa mère, il se hâta de la rassurer : « Contente-toi de savoir que notre trio n'est pas appelé à disparaître... Quand nous nous retrouverons ici, ce sera bien ton Pierre qui tombera dans tes bras. Ne cherche pas à comprendre. Crois ! »

Dans son cas particulier la réincarnation est exclue : il est arrivé à un stade spirituel qui le dispense d'un retour terrestre. Il déclare, quand il inspire cette lettre, que la réincarnation se produit parfois, mais bien moins fréquemment que ne le croient certains psychistes. Il l'admet à titre volontaire.

« C'est en général par humilité, par repentir, par pénitence que l'âme demande à recommencer l'œuvre charnelle, afin de prouver son désir sincère de progrès et sa douleur d'avoir été jugée indigne. »

Ailleurs, il dit que la réincarnation est conseillée comme un moyen plus rapide d'accomplir son évolution. Conseillée et non pas imposée.

Il revient plusieurs fois sur cette idée : « *Je t'ai déjà dit que vous ne sauriez comprendre la réincarnation, c'est une obligation exceptionnelle. Notre tendresse est un lien indissoluble et voilà ce qui dément la réincarnation obligatoire.* »

Si les incarnés sont divisés sur la question, les désincarnés le sont tout autant. Au début du spiritisme, les esprits anglo-saxons, de formation protestante, n'admettaient pas la réincarnation, tandis que leurs collègues, d'origine catholique et latine, moins férus d'orthodoxie biblique, s'en accomodaient fort bien.

La réincarnation exceptionnelle est également affirmée par un message cité par Denis Saurat dans *La Religion ésotérique de Victor Hugo,* (La Colombe) : « Le nombre de ceux qui reviennent sur Terre est proportionnellement très petit, environ un sur dix : et même alors, sur ces dix pour cent, seulement neuf sont attachés au corps d'une autre personne comme anges gardiens, et environ *un pour cent est lié à un corps.* Quant à la masse, elle va à un ciel ou à un enfer temporaires, sans revenir sur Terre, pour progresser par la suite. »

« Quand quelqu'un revient sur Terre, c'est pour exécuter une tâche, généralement pour enseigner quelque chose aux autres. Ce n'est point par des séries de vies sur Terre, ce n'est point en devenant esprit à votre mort, puis en revenant à votre premier état d'homme corporel que vous pouvez apprendre et vous développer. »

Aujourd'hui, rares sont les esprits qui rejettent absolument la réincarnation, mais nombreux sont ceux qui l'ignorent, ou s'en désintéressent, ou refusent de parler. On a l'impression que ce problème les trouble autant que nous et qu'ils n'ont pas la permission de dire ce qu'ils voudraient.

Une défunte, que j'ai bien connue, et qui était une femme bonne et simple, répondit à ma question : « Je ne comprends pas ce mot. »

Roland lui-même m'avait déclaré : « Je ne m'en soucie guère. » (Voir *Les Morts ont donné signe de vie*) Alain Tessier, le jeune homme tué dans un accident de motocyclette, avait dicté à Julien, son scripteur : « Réponse interdite. » (Paul Misraki, *L'expérience de l'après-vie*) Quant à Michel Belline, il prononce au cœur de son père angoissé par ce terrible problème :

« Il y a une évolution des âmes... un rythme.

Un rythme des âmes. » Il ne précise pas si cette évolution, ce rythme des âmes se situe sur la terre ou dans le monde des esprits. Cela se passait le 10 avril 1971, dix-sept jours plus tard, Mme Belline demande à son tour, par l'intermédiaire de son mari : « Michel, si tu pouvais revenir sur Terre, comme avant, reviendrais-tu ? » Et son fils répond catégoriquement : « Non ! »

Ce *non* est capital, car ici-bas Michel avait reçu tout ce qu'un jeune homme peut désirer : l'intelligence, la culture, la beauté, la santé, les grands voyages, les belles autos, l'indépendance financière, d'excellents rapports avec ses parents, l'amour des femmes.

Pour ma part, j'ai entendu un jeune disparu, nommé Philippe, comblé lui aussi par la vie présente, répondre à la même question : « Voudrais-tu revenir sur Terre ? » de la même façon : « Non ! »

Autrement dit : J'ai atteint un plan de vie supérieur, je suis heureux, mon développement se poursuit harmonieusement, je n'ai aucune envie de redescendre. C'est à vous de venir me rejoindre, aujourd'hui par la prière et demain par la mort, qui d'ailleurs n'exclut pas la prière.

B. – Le sixième royaume

CHAPITRE XVI

LES SPHÈRES INFÉRIEURES

LE sixième royaume est celui qui est menacé de mort et qui cause la mort. C'est le règne qui meurt, mais sa mort dure aussi longtemps que notre race. C'est là-bas le monde de l'envie, de la haine et de la peur : domaine des volontés mauvaises et de la mauvaise volonté. Les puissances du mal sont antérieures à l'homme et leur liberté préexiste à la sienne.

Sept est le chiffre du créé centré sur Dieu. Six est le chiffre du créé qui veut ignorer Dieu : voilà pourquoi 666 est le chiffre de la Bête.

Les Ecritures appellent ces sphères de souffrance et d'obscurité géhenne, ténèbres du dehors, ténèbres extérieures (extérieures à la terre et au ciel); lieux inférieurs, *inferi*, enfers[1]; étang de feu et de soufre; puits, abîme, et même tartare.

Les jeunes messagers comme Pierre, Christo-

1. Définition de l'enfer reçue par l'auteur le 24 octobre 1968 : « C'est une classe d'esprits chassés d'un monde pour aller dans un monde inférieur. »

pher, Paqui et Roland, parlent assez brièvement des sphères obscures pour la simple raison qu'ils n'ont pas eu à traverser ces espaces spirituels. C'est en ce sens que mourir jeune est un privilège. Ayant peu vécu, ayant peu péché, ils n'ont pas eu à liquider une grande quantité de mal. Cependant, bien qu'ils ne soient point passés par les sphères d'expiation, ils en connaissent l'existence.

Christopher, qui n'a pas vu de démons, croit cependant qu'ils existent : et il explique que les esprits inférieurs sont trop obscurs pour qu'il puisse les discerner.

Roland qui, de son vivant, n'avait pas lu l'Apocalypse, parle de la seconde mort où s'anéantissent ceux qui ont combattu et nié l'Esprit. Il distingue deux sortes d'enfers : l'éternel ou enfer clos, le passager ou purgatoire : « Les pécheurs mourront une deuxième fois après leur mort et ressusciteront une deuxième fois, s'ils ne sont pas précipités dans l'enfer clos. »

La première résurrection, c'est la résurrection immédiate, suivie du jugement particulier. La seconde résurrection est la résurrection pour la vie éternelle. Quant à la différence entre enfer et purgatoire, elle est autre chose qu'une affaire de durée. L'enfer et le purgatoire sont des combats entre la justice de Dieu et son amour. Dans le purgatoire, c'est l'amour qui l'emporte. Dans l'enfer, c'est la justice.

Le problème de l'enfer éternel, qui trouble tant de croyants, avait inquiété Mme Monnier. Pierre lui expliqua qu'il s'agit en réalité d'anéantissement :

« L'âme coupable se trouvera dans une atmosphère qui lui rendra la vie impossible. L'obscurité l'enveloppera de plus en plus et, comme rien dans la création ne demeure stationnaire, n'ayant pas avancé, elle rétrogradera, et tombera dans le néant. Le feu, auquel Jésus fit allusion, est l'élément qui détruit. Comprends bien ce terme ! Craignez celui qui détruit l'âme et le corps, dit le Christ, faisant allusion à une désintégration de l'âme, qu'il comparait à celle du corps charnel après la mort. Dans cet anéantissement réside toute la justice de Dieu. »

La notion d'enfer éternel a quelque chose d'intolérable, de scandaleux, d'incompatible avec l'Amour, dont on nous dit qu'il est la substance même de Dieu.

Cependant cette parole existe : « Retirez-vous de moi, maudits, allez au feu éternel ! » Le fait qu'elle nous choque ne nous donne pas le droit de la passer sous silence ou de la minimiser. Allez au feu éternel ! Cette parole est dure. Qui peut l'écouter ? Mais l'évidence intérieure me répond que l'on peut être placé provisoirement dans un état en soi perpétuel. Ainsi nous habitons pour quelques décades sur une terre dont la durée est de quelques milliards d'années. Le feu est éternel, mais ce qu'il brûle n'est pas pour autant éternel.

Seules les plus hautes hiérarchies, seuls les êtres spirituels les plus forts peuvent descendre sans risque dans les lieux inférieurs. Paqui reconnaît qu'elle comprend mal les purgatoires, elle ne les approche pas, les enfers encore moins. Pour descendre dans les sphères d'expiation, il faut être très fort, très pur, très élevé. Ces êtres forts, purs et élevés, sont soit des disparus ayant atteint les plus hauts degrés de l'évolution, soit des anges comme celui qui accompagna Thomas Dowding et son frère dans leur voyage là-bas. Cet adverbe doit être pris dans son sens originel et diabolique : ce qui est très loin, ce qui est très bas :

« Mon frère avait besoin d'aide. Un soldat, qui avait commis des actes affreux, avait été tué. Je veux tirer un voile sur ces actes. C'était un dégénéré, un meurtrier, un luxurieux. Il mourut maudissant Dieu et l'homme. Une mort terrifiante. Cet homme fut tiré en enfer par la loi d'attraction. Mon frère avait reçu l'ordre de le secourir. Il me prit avec lui. D'abord je refusai d'y aller. Ensuite je consentis. La puissance du mal ! Avez-vous une idée de son intensité, de sa fascination ? Cette puissance peut-elle être, elle aussi, une illusion ? L'ange nous déclara : « Oui, c'est une illusion. » Il dit encore que le pouvoir de l'enfer était à présent à son apogée, que l'enfer tirait sa force de l'homme. Dans la mesure où l'homme s'élèverait vers la vie spirituelle, les puissances de l'ombre s'écrouleraient et finalement seraient vouées à l'extinction. Extinction est le terme que j'emploie. L'ange avait dit transmutation. Cette conception me dépasse... »

Transmutation, disait l'être de lumière à Thomas Dowding. Rédemption, dit Bertha à Miss Mortley :

« Il existe au-dessous de votre niveau humain des sphères où l'on est parfois totalement inconscient de la présence divine. Chaque fois que vous remportez une victoire dans le monde matériel, vous améliorez les conditions d'existence de ceux dont le niveau est inférieur au vôtre. Je le répète : chaque conquête individuelle est une victoire pour la race entière. »

John Heslop, lui aussi, est allé vers les sphères obscures pour essayer de ressaisir et d'enseigner les âmes d'évolution incomplète qui ont quitté notre monde en état de péché :

« Oh ! l'horreur et les ténèbres de ces lieux ! Souvent nous recevons un ordre de l'un des chefs qui dirigent notre travail spirituel. Ces ordres viennent aussi rapidement qu'une vibration de lumière et aussitôt nous nous préparons à obéir. Dans l'une de ces sphères d'ombre sont ceux dont la condition pitoyable réclame ma sympathie spéciale. Quelquefois, et c'était le cas l'autre semaine, ils agissent comme des gens privés d'équilibre mental, et c'est alors que nos services sont particulièrement nécessaires. Ces états sont très lugubres et dangereux pour ceux qui y pénètrent. Avant de partir nous devons obtenir un revêtement de magnétisme protecteur. Dans le temple de notre roi, des organisations spéciales existent pour relever ces pauvres âmes. Des courants de lumière spirituelle sont dirigés vers elles et assistent ceux qui œuvrent dans ces sphères obscures. Quand nous y allons, c'est toujours en groupe, et notre trajet ne s'écarte pas du sentier de lumière. »

Les enfers, comme d'ailleurs les paradis, ne sont pas des lieux, mais des créations de l'esprit désincarné. Créations subjectives mais, répétons-le, bien réelles.

PAQUI : « Je vous répète que ce sont les âmes lourdes qui forgent leurs souffrances, et non Dieu lui-même qui est toute bonté, toute justice. Pour l'enfer, c'est aussi les âmes qui le créent, le forgent avec leur passé horrible, leurs mauvaises actions, la haine qui les anime encore. Ces âmes couvertes de fange ne veulent pas reconnaître leurs fautes, refusant de s'humilier, de se repentir et de demander pardon. L'obscurité qui les entoure, les ténèbres où elles se débattent voilent la lumière que les anges essaient cependant de leur adresser pour qu'elles s'y accrochent. »

Marie-Gabrielle affirme, elle aussi, cette détermination par l'homme du destin de l'homme : « Les personnes qui se perdent, c'est uniquement parce qu'elles le veulent à tout prix. Car pour arriver à cette extrémité, il a fallu qu'elles repoussent des milliers de grâces et de bonnes inspirations que Dieu leur a envoyées. C'est donc leur propre faute ! »

De même Old LAWYER : « Vous devez savoir qu'il existe de nombreux enfers et qu'ils sont, pour la plupart, fabriqués par nous. Je crois que les hommes se placent eux-mêmes en enfer, et que nul Dieu ne les y place. »

De même Thomas DOWDING : « J'ai regardé l'enfer ! Je peux avoir à retourner dans cette région. On me donnera le choix. A condition que je sois assez fort pour m'offrir librement. L'enfer est une région mentale. Le mal y réside et réalise ses intentions. Les forces utilisées pour maintenir l'humanité dans les ténèbres de l'ignorance sont engendrées en enfer. Ce n'est pas un lieu, c'est une condition. La race humaine a créé cette condition. Cela a pris des millions d'années pour atteindre son état présent. »

Que la race humaine ait créé l'enfer, voilà qui peut surprendre. Disons qu'elle le développe et l'entretient en pratiquant la cruauté.

Pierre définit l'enfer comme le remords et le désespoir d'avoir péché en toute liberté, en toute connaissance de cause. Le réprouvé s'est exclu lui-même des sphères de lumière et de paix en se mettant dans l'incapacité d'y vivre. Il ajoute que les esprits rebelles se suicideront dans l'Au-delà. Ils se laisseront lentement mourir d'inanition spirituelle. La condamnation ne les atteindra que lorsqu'ils auront consciemment, volontairement rejeté toutes les offres de salut :

« Les âmes coupables par obstination se condamneront elles-mêmes. Et comme Jésus regarda Pierre, Christ ne fera que regarder avec douleur les brebis qui refuseront un berger. Après avoir fait toutes les tentatives pour les sauver, il les abandonnera au choix volontaire qu'elles auront décidé : la mort. Puis la mort elle-même sera détruite par extinction : je veux dire que ses dernières victimes étant dévorées, elle cessera d'être... »

Et il demande à ceux qui se perdent par orgueil s'ils sont assurés de ne pas être comptés un jour parmi ces suicidés spirituels.

Une suicidée spirituelle, Anne, qui, comme Claire, sa correspondante terrestre, croit à l'enfer éternel, révèle qu'elle s'y est précipitée d'elle-même :

« Au moment de ma mort, je me réveillai soudainement du brouillard. Je me vis comme inondée d'une lumière éblouissante. J'étais au lieu même où gisait mon cadavre... Comme dans un miroir, mon âme se montra à elle-même : les grâces méprisées, depuis ma jeunesse jusqu'au dernier non en face de Dieu... Ce fut le jugement particulier; l'invisible juge disait : « Eloigne-toi de moi ! » Alors mon âme, comme une ombre enduite de soufre, se précipita dans l'éternel tourment. »

Ces lignes sont les dernières du *Manuscrit de l'Enfer*. Il ne s'agit pas d'un message dicté, comme ceux qui forment la matière de ce livre, mais d'un texte étrange trouvé dans les papiers d'une jeune religieuse allemande, sœur Claire, morte après quelques années de vie conventuelle. C'est la relation d'un rêve qu'elle fit en automne 1937, au bord du lac de Garde, après qu'une lettre de sa mère lui eut annoncé la mort d'une de ses amies, Anne, tuée dans un accident d'auto. La nuit suivante, Claire rêve qu'elle trouve dans sa chambre une liasse de lettres. Elle reconnaît l'écriture d'Anne et déchiffre avec épouvante ces mots : « Claire, ne prie plus pour moi. Je suis damnée ! Si je te le communique et t'en réfère plutôt longuement, ne crois pas que cela soit à titre d'amitié. Nous, ici, nous n'aimons plus personne. En réalité, je voudrais te voir aboutir à cet état où désormais j'ai jeté l'ancre pour toujours... »

Quand la lettre d'Anne se termine, les derniers mots sont presque illisibles, tant ils sont déformés. Le papier entre les mains de Claire se dissout en cendres... Elle s'éveille en sursaut... Par la fenêtre entrent la lumière du matin et le son de l'angélus.

Albert Pauchard semble résumer tout le survitalisme, quand il affirme que nous créons autour de nous un monde semblable à notre nature. « Les sentiments et les émotions d'un genre donné attirent leurs semblables et amènent ensemble, pour leur mutuelle joie ou leur mutuel désagrément selon les cas, ceux qui les ont cultivés. »

C'est ainsi que l'intempérance et le vice, qui sont une lente dissolution du corps physique, semblent se poursuivre et s'accélérer dans le corps astral. Le juge Hatels fut témoin de l'autre côté de spectacles infiniment plus horribles que ceux de la terre. La dégradation causée par les différentes perversités est plus accentuée là-bas qu'ici-bas. Il a vu des formes épouvantables, des faces qui semblaient à moitié décomposées...

C'est ainsi également que la cruauté place le cruel parmi des cruels dans un univers de cauchemars et de supplices. Enchaîné aux spectres de ses victimes, le tortionnaire subit toutes les souffrances qu'il leur infligea.

Albert Pauchard : « La cruauté crée des formes

terribles qui menacent et poursuivent celui qui les a engendrées. »

C'est ce que les Grecs avaient pressenti, une fois de plus, avec le mythe des Erinyes. C'est le sens profond de cette parole du Christ : Ceux qui prendront l'épée périront par l'épée. Si on l'applique à la terre, elle est inexacte. Que de gens ont tué et sont morts dans leur lit ! Elle ne prend sa signification que si on l'applique à l'ultramonde. Ce qui est le cas pour tant de Ses affirmations mystérieuses.

Ceux qui tuèrent ici-bas ne cessent de mourir là-bas !

Quant à ceux qui ont enseigné ou espéré l'anéantissement, ils se trouvent placés devant un néant qui, loin d'être inconscience, est perception de néant.

ROLAND : « Il y en a pour qui la terre est le paradis, puisqu'elle restera longtemps leur passage le meilleur. Ne croyant ni en Dieu ni en la survie, ils ne trouveront dans un autre plan que leur propre négation. Leurs chaînes les plus lourdes seront celles qu'ils porteront après leur mort. Ceux qui n'auront bâti que sur la matière auront perdu leur vie. »

Bertha vint confirmer Roland, en nous révélant l'existence de hiérarchies descendantes : « L'enfer le plus bas, c'est le matérialisme ! »

« Je suis vivant ! » Cela, non seulement les disparus des sphères blanches le proclament, mais aussi ceux des sphères douloureuses.

« Je suis vivant! » s'écrie avec horreur un criminel qui, dans ses derniers instants, avait blasphémé : « Je croyais qu'après ma mort tout serait fini... C'est pourquoi j'ai bravé le supplice, j'ai bravé Dieu, je l'ai renié! Et voilà que, quand je me croyais anéanti pour toujours, un réveil terrible se fait; oh! oui, terrible! Je croyais être mort, et je vis... C'est horrible! plus horrible que tous les supplices de la terre. Oh! si tous les hommes pouvaient savoir ce qu'il y a au-delà de la vie! ils sauraient ce qu'il en coûte de faire le mal. Il n'y aurait plus d'assassins, plus de criminels, plus de malfaiteurs! Je voudrais que tous les assassins puissent voir ce que je vois et ce que j'endure. »

Il s'agissait de Jacques Latour, meurtrier condamné par la Cour d'assises de Foix et guillotiné en septembre 1864. Il se manifesta, sans avoir été évoqué, dans une réunion qui eut lieu à Bruxelles, le même mois. L'écriture du médium était extrêmement agitée, les caractères étaient énormes, tracés violemment. Le cas est cité par Allan Kardec (1804-1869).

« Je suis vivant! » constatent avec désespoir ceux qui se sont imaginé en finir une bonne fois pour toutes. Ceux qui ont cru à la délivrance par le suicide sont épouvantés de retrouver en eux la vie indestructible. Dans leur folie, ils ont échangé quelques décades d'existence déçue ou souffrante contre une infinitude d'angoisse. Les candidats au suicide sont les victimes d'une désintégration en chaîne qui se déroule souvent selon ces trois phases : doute de soi qui entraîne la haine de soi;

haine de soi qui entraîne la haine de Dieu; haine de Dieu qui se réalise dans le suicide, déicide manqué.

Albert Camus avait raison de penser que le suicide est le seul problème philosophique vraiment sérieux, et que juger si la vie vaut ou ne vaut pas la peine d'être vécue, c'est répondre à la question fondamentale. Cependant, quelle imprudence commettent ceux qui jugent que la vie ne vaut pas la peine d'être vécue!

En ce qui concerne le suicide, le juge Hatels peut seulement dire que si les hommes savaient ce qui attend ceux qui s'en vont de leur propre main, ils s'en tiendraient aux souffrances qu'ils connaissent.

Paqui : « Les seuls grands coupables, les malheureux qui méritent la plus profonde pitié sont ceux qui se donnent volontairement la mort, sans attendre l'heure fixée par Dieu. »

Je suis vivant! Pour certains, c'est une mauvaise nouvelle. Certains redoutent la survie et aspirent au définitif anéantissement. Ils se sont haïs au point de vouloir s'effacer dans ce monde et surtout dans l'autre. Ils ont souhaité que la mort soit vraiment la mort pour n'avoir pas de comptes à rendre. D'autres, ayant rêvé et annoncé la mort de Dieu, réalisent que c'est une chose terrible de tomber au pouvoir du Dieu Vivant.

Je suis vivant : il n'y a pas de mort! Nous sommes vivants, plus vivants que jamais : il n'y a pas de morts! Les seuls morts sont ceux qui, sur cette terre, ont tué en eux la vie de l'Esprit et se sont momifiés dans le matérialisme.

D'ailleurs, c'est notre monde qui fait aux disparus l'effet d'un monde mort. Pour Roland, ce sont les terrestres qui ont l'air de spectres. Il se félicite que sa mère ne fasse déjà plus partie « de ces rondes de fantômes, car les vivants sans âme ne vivent pas ».

Et Pierre, avec une ironie non dépourvue de cruauté, nous pose brutalement la question : Les morts, de quel côté sont-ils ?

Si nous n'avions pas les descriptions des messagers, il nous suffirait, pour imaginer le sixième règne, d'évoquer certaines de ses projections sur notre planète qui lui ressemble par tant d'aspects. Il nous suffirait de nous souvenir de la deuxième guerre mondiale. Roland s'étonne que les hommes de notre génération n'aient pas réfléchi davantage au sens symbolique des camps de concentration : « Ces parcs à misère et à torture étaient le duplicata de ces régions obscures qu'on appelle enfer. »

Certains films où l'on se complaît dans le sadisme, l'ennui, le morbide, les histoires de vampires et le bas érotisme sont aussi des duplicata infernaux, duplicata qui ont pris la relève des camps. Ils sont à nos contemporains ce qu'étaient aux Romains leurs arènes.

Quant à l'enfer subjectif, il est lui aussi une réalité bien terrestre. Nous y passons chaque fois que nous sommes en proie aux sentiments négatifs : envie, critique, haine, découragement, incrédulité, désespoir...

BERTHA : « Votre ciel est ici, votre enfer est ici et tout état intermédiaire est ici. » Tout état intermédiaire, elle veut dire tout purgatoire.

La descente aux enfers de la mythologie universelle est la descente en nous-mêmes quand nous explorons nos échecs et nos hontes.

La descente aux enfers a parfois lieu par l'intermédiaire des mauvais rêves comparables aux zones de malaise, aux espaces purgatoriels qui précèdent les sphères blanches. Certains cauchemars offrent un aperçu de ces immensités sans Dieu qui attendent ceux qui voulurent vivre sans lui ou contre lui.

Par dureté, par égoïsme, nous pouvons infliger aux autres une descente aux enfers, qui pourrait bien avoir des répercussions de l'autre côté.

ROLAND : « Et dire que souvent les êtres se demandent ce qu'est l'enfer, quand eux-mêmes par leur attitude sans compassion laissent autrui sans secours dans les zones expiatrices. Leur bonté serait une goutte de miel; leur douceur, un peu de rosée sur un chemin de feu. Qu'ils cessent de se poser des questions sur les conditions de l'enfer. L'enfer peut être sur terre et ces épreuves dites de purification se vivent vivants. Chose étrange, ils jouent sans s'en douter le rôle d'attiseurs de flammes. »

La descente aux enfers peut se réaliser par un contact imprudent avec les entités humaines non évoluées, celles que l'ancienne mythologie appelait larves. Cet infra-spirituel, qui périt de solitude, s'intéresse à nous. Il nous sollicite et, par l'entremise de la mélancolie ou de la curiosité, nous fait ses offres de service. Il rôde autour de nous : ces désincarnés maléfiques ont la nostalgie de la chair. Ils cherchent à entrer en contact, ils y réussissent parfois : c'est à nous de prendre nos précautions. La première de toutes est la prière.

Déjà saint Jean engageait les premiers chrétiens à éprouver les esprits. Esprits *(pneumata)* est toujours pris au sens de personnalités désincarnées et non pas de mentalités, d'états d'esprit. Un message cité par Denis Saurat nous demande de garder cet avertissement en mémoire et de ne pas accepter aveuglément les communications, les visions et les rêves. Il est très difficile pour les esprits de venir jusqu'à nous, et parmi ceux qui se présentent tous ne sont pas bons. Des imposteurs surgiront, si nous ne sommes pas irréprochables (dis-moi qui tu es, je te dirai qui te hante) ou si notre entourage ne l'est pas.

« Le résultat est souvent mauvais : ils vous apportent des données fausses, des idées fausses, des théories fausses : ils ne sont pas évolués. Après Jean, il fallut les arrêter : il y avait trop de mauvaises communications. Il faudra peut-être les arrêter encore. »

Old Lawyer invite Elsa Barker à prendre certaines précautions pour se protéger contre ceux qui se pressent autour de lui : il est urgent qu'elle prononce sur elle soir et matin une formule bénéfique, qu'elle ne permette pas que son énergie soit vampirisée par ces larves du monde astral. Cette formule bénéfique peut être une parole de l'Evangile.

Pierre, lui, recommande le signe de la croix

que, sur terre, on ne lui avait pas enseigné : « Ne restez pas dans la mauvaise compagnie, non seulement des esprits criminels, mais encore des esprits frivoles et légers. Croyez-nous ! la prière et le symbole du Christ par le signe de la croix (si vous n'en faites pas un geste vide de sens, mais un appel à notre Sauveur) feront fuir celui d'entre ces traîtres des plans immatériels, qui chercherait à vous enlacer pour vous perdre. »

Quant à l'inspirateur de Mary Bruce Wallace, il recommande l'invocation, l'appel aux puissances blanches, la prière attentive, seule protection contre le mal, c'est-à-dire contre les esprits non évolués.

Ainsi le royaume des enfers est tout aussi immédiat et personnel que le royaume des cieux. Qui est passé par le doute et le désespoir absolus sait qu'il ne s'agit pas là d'une illusion. Pour n'avoir ni marmites ni fourches, l'enfer subjectif, que ce soit en ce monde ou dans l'autre, n'en est pas moins horrible.

Mais l'enfer objectif, celui du Moyen Age, celui de la *Divine Comédie,* les cavernes hérissées de flammes, les lacs de poix brûlante, le gigantesque camp de concentration situé au centre de la terre existe-t-il ? Nous avons à ce propos un texte capital, celui du vieil homme de loi : il commença par chercher un enfer de feu et de soufre et en effet il le trouva. Il vit surgir les spectacles qu'avait imaginés Dante. Celui qui se satisfait d'un enfer matériel en bâtit un dans son mental, adapté aux besoins de son imagination. Ce qui expliquerait assez bien les visions des mystiques : Thérèse d'Avila au XVIe siècle, Véronique Giuliani au XVIIe, enfin, au XXe, Josefa Menendez et les petits bergers de Fatima.

Sainte Thérèse d'Avila vit l'enfer sous la forme d'une ruelle très étroite, très basse, très obscure, une sorte de four à l'odeur infecte qui aurait eu des lieues et des lieues de longueur. Sur le sol visqueux et détrempé grouillaient toutes sortes de reptiles. Au fond de ce four, il y avait une sorte de niche où elle fut encastrée. Là, elle se sentit brûlée et hachée. Les parois de la niche se resserraient sur elle et lentement l'écrasaient.

Pour Véronique Giuliani, les souffrances sont moins physiques que spirituelles. Et la plus grande de toutes est d'avoir perdu Dieu : « Cette peine, Lucifer la ressent le premier et tous y participent. Il blasphème et tous blasphèment. Il maudit et tous maudissent. »

Outre la durée, c'est ce sentiment qui fait la différence fondamentale entre le purgatoire et l'enfer. Dans le purgatoire, qui demeure sous le signe de l'espérance, on remercie Dieu pour la délivrance qu'il accordera, tandis que dans l'enfer on le maudit.

Même idée chez Josefa Menendez qui, de son vivant, fit maintes descentes subjectives en enfer. Selon elle l'âme s'y précipite d'elle-même, s'y jette comme si elle désirait disparaître de la vue de Dieu afin de pouvoir le haïr et le maudire. La description que Josefa donne de l'enfer recoupe en plus d'un détail la description de Thérèse d'Avila. On retrouve chez la religieuse de Poitiers les corridors resserrés de longueur infinie, les niches enfumées, les odeurs pestilentielles, les aiguilles brûlantes, la sensation d'écrasement entre des planches incendiées. Et les malédictions et les blasphèmes. Les auteurs de la biographie de Josefa affirment qu'elle n'avait jamais lu les œuvres de sa compatriote.

Quant à Lucia dos Santos, François et Jacinte, c'est un enfer classique qu'ils ont vu à Fatima. La lumière émanant des mains ouvertes de la Vierge semble pénétrer la terre, et voici qu'apparaît une grande mer de feu, où sont plongés, noirs et brûlés, semblables à des braises transparentes, des démons et des âmes sous forme humaine. Ils s'élèvent au-dessus des flammes en même temps que des nuages de fumée, puis retombent de tous les côtés comme les étincelles dans les grands incendies, sans poids ni équilibre[1], parmi les hurlements de douleur et de désespoir...

Thomas Dowding décrit une descente aux enfers qui réalise la synthèse de la conception objective orthodoxe (de sainte Thérèse d'Avila aux trois enfants de Fatima) et de la conception subjective affirmée par les messagers. « Nous descendions des avenues sinistres. L'obscurité croissait. Il y avait une étrange fascination dans l'atmosphère. Même la lumière de l'ange devenait terne. Je pensais que nous étions perdus. Par moments j'espérais que nous étions perdus, si forte est l'attraction d'en bas. Quelque chose de

1. Dans la non-pesanteur.

sensuel à l'intérieur de moi palpitait et brûlait. Je pensais que je m'étais vidé de moi-même avant d'entreprendre cette grande aventure. Si j'avais agi ainsi, j'aurais été en sécurité. Toujours est-il que, sans le secours de l'ange et de mon frère, j'aurais été perdu. Je sentais les immenses désirs sensuels de la race humaine; ils frémissaient à travers moi, je ne pouvais les maintenir à distance. Nous descendions plus profondément. Je dis « descendions ». Si l'enfer n'est pas un lieu, comment peut-on descendre? J'interrogeais mon frère. Il dit que nous ne bougions pas au sens physique du terme. Notre marche dépendait d'un certain processus de pensée évoqué par la volonté. »

Cependant Thomas Dowding n'atteignit pas le lieu où fut tenté le sauvetage. Son frère et l'ange continuèrent seuls et il attendit leur retour dans un espace mental qui semblait une sombre et profonde forêt. Il n'y avait là ni existence ni lumière, partout la stagnation qui est le genre d'enfer le plus insidieux, parce qu'il n'est pas reconnu comme tel.

« Ceux qui meurent pleins de pensées d'égoïsme et de sensualité, sont attirés en bas, ils descendent par les avenues grises vers l'enfer des sens. L'obscurité de ces forêts profondes est effroyable, l'isolement est total. Enfin ils voient de la lumière devant eux. Ce n'est pas la lumière du ciel, c'est le leurre de l'enfer. »

Et Thomas Dowding explique que, contrairement à la croyance habituelle, l'enfer est violemment éclairé, lumière artificielle et brutale, qui repousse et ternit la radiance divine. Ceux qui sont alourdis de sensualité se hâtent de descendre non vers la destruction (il n'y a pas de destruction) mais vers des états qui sont la contrepartie de leur propre état intérieur : la loi est à l'œuvre! « Cet enfer est l'enfer des illusions, il est lui-même une illusion. Je trouve cela difficile à croire. Ceux qui y pénètrent sont conduits à s'imaginer que les seules réalités sont les passions sensuelles et les idées de l'ego humain. Cet enfer consiste à prendre l'irréel pour le réel. Il consiste dans la fascination des sens sans la possibilité de les satisfaire. On me dit beaucoup d'autres choses au sujet de cette horrible région, mais je ne dois pas les transmettre. L'ange déclara que cet état finalement se dissoudrait en néant. Apparemment l'enfer, ou cette partie de l'enfer dont nous parlons, dépend pour son existence des pensées et des sentiments des hommes. Cette race ne s'élèvera pas à un grand destin aussi longtemps que les passions ne seront pas dominées. Cela concerne les nations aussi bien que les individus. Etant sur terre, je ne m'étais jamais intéressé à de tels problèmes. Je ne réalisais pas l'existence de ce cancer sexuel au cœur de la vie humaine. Quelle chose effrayante! N'attendez pas de venir ici. Mettez-vous au travail aussitôt. Il n'y a pas de temps à perdre. Gardez le contrôle en vous vidant de votre ego. Toutes les pensées de luxure, de passion, de cupidité, de haine, d'envie et surtout d'égoïsme, passant par le mental des hommes et des femmes, engendrent l'état appelé enfer. »

Enfin reviennent l'ange et le frère de Thomas,

après avoir trouvé celui qu'ils cherchaient. Il n'a pas voulu partir avec eux, il était enchaîné par la peur. Son existence, disait-il, était horrible, mais il redoutait de s'en aller et de trouver des conditions pires. Aucune puissance extérieure ne pouvait libérer cet homme : la délivrance viendrait un jour de l'intérieur.

Les messages envoyés à Lord Dowding, Chief of Fighter Command, par ses aviateurs tombés dans la bataille d'Angleterre, promettent aussi la délivrance : « Le plan le plus bas de l'astral est l'enfer. Noir, torturé, bouillonnant, démonté comme la mer. Mais ici gravitent seulement ceux qui, dans la haine et la cruauté, ont fait opposition à la lumière activement, délibérément, en toute connaissance de cause. Leurs tourments, qui leur sont imposés par eux-mêmes[1] et infligés réciproquement, peuvent se terminer à volonté. Ces âmes ont accumulé une croûte autour de leur cœur pour faire obstacle à la lumière. Mais tôt ou tard cette croûte est dissoute par le feu; elle s'amollit et craque. Dès qu'elles se décident à réclamer du secours, interviennent ceux dont la tâche est de les conduire et de les replacer sur le sentier ascendant. »

1. Swedenborg : « L'homme est la cause de son mal, c'est lui-même qui s'induit en enfer... Il semble que les mauvais esprits soient punis par le Seigneur, mais toujours est-il que le châtiment vient du mal lui-même. Le mal est tellement conjoint au châtiment qu'ils ne peuvent être séparés... Les mauvais esprits en enfer ne désirent rien de plus que de faire le mal, infliger (à leurs pareils) des peines et des tourments. »

CHAPITRE XVII

LES PUISSANCES DU MAL

DANS les religions antiques, les dieux étaient immoraux, jaloux, vindicatifs, encore plus inhumains que les humains. Donc le spectacle du monde, ce permanent scandale, n'étonnait ni ne choquait personne. Ni bons ni justes, les dieux antiques ne précipitaient personne dans l'incrédulité. L'existence du mal n'était pas une pierre d'achoppement comme aujourd'hui, puisque la Grèce, l'Egypte et l'Inde ne reculaient pas devant cette idée effrayante : la présence du mal dans la divinité.

Toutes les difficultés, tous les problèmes ont commencé à l'avènement du Dieu de justice et d'amour[1]. C'est à partir du Christ que le problème du mal devient cet insoluble casse-tête. Toutes les définitions qu'on en peut donner ne sont que de maladroites approximations. La célèbre distinc-

1. C'est justement parce qu'il nous accorde les compensations de la survivance que Dieu est justice et amour.

tion entre mal physique, mal moral et mal métaphysique permet au moins de comprendre qu'en dernière analyse, les deux premiers se ramènent au troisième, c'est-à-dire que le mal est essentiellement d'origine surnaturelle.

Le mal, c'est la division à l'intérieur de l'homme dont les différentes facultés incessamment se combattent. Le mal, c'est essentiellement la séparation. C'est la course divergente qu'entreprennent chacun pour son compte le corps et le mental. Le mal a une préférence pour le mental, car c'est en lui qu'il prend naissance. C'est l'esprit qui convoite et inaugure les saturnales, la chair ne fait que suivre. Sans attendre la mort, le mal sépare l'esprit du corps. La mort, c'est le divorce juridique après une longue séparation de fait.

Le mal, c'est l'indifférence : plutôt la révolte que l'indifférence! Plutôt « *non serviam* » que « tout ça m'est égal ». C'est le haussement d'épaules de l'indifférence qui est sacrilège. C'est l'indifférence qui a fait de l'homme contemporain une terre de personne, dévastée, inhabitable, entre les puissances blanches et les puissances démoniaques.

Les messagers nous mettent en garde contre l'indifférence à l'égard de Dieu :

PIERRE : « La tiédeur est un péché qui mène à la mort. Plût à Dieu que vous fussiez froids ou bouillants, mais vous êtes tièdes; et c'est la plus grande erreur de l'après-guerre que cette aboulie générale, qui a succédé au généreux enthousiasme d'une époque tragique. »

Marie-Gabrielle, qui voit en purgatoire l'indifférence de Dieu pour l'homme désincarné succéder à l'indifférence de l'homme terrestre pour Dieu, met les religieux en garde contre ce péché : « Elle se trouve aussi, cette indifférence, parmi le clergé. A présent, plus que jamais, Jésus y est traité d'égal à égal. Ceux qui devraient trembler, en pensant à l'auguste mission dont ils sont chargés, s'en acquittent le plus souvent avec froideur, avec ennui ! Combien y en a-t-il qui possèdent l'esprit intérieur ? Le nombre en est petit. Ici, en purgatoire, les prêtres[1] qui expient leur indifférence et leur vie sans amour sont nombreux. »

La doctrine des messages distingue entre le mal relatif et le mal absolu, entre le mal qui suscite le bien, et le mal qui suscite le mal.

Selon Roland, lorsque le mal se transcende en un avantage pour nous, c'est que le regard divin n'a cessé de nous suivre. Le mal qui engendre le mal vient d'en bas. Pour lui, il y a deux sortes de souffrances : la souffrance reliée et celle qui ne l'est pas. Le mal qui suscite le bien, c'est la souffrance reliée : « Jésus-Christ a ses élus, et ces élus sont ceux qu'il crucifie au-dedans d'eux-mêmes. Leur être intérieur est cloué à la croix des jours. Pour te sauver, il faut mettre ta souffrance en Dieu et la vivre en Lui, car il ne suffit pas de souffrir pour être sauvé. Les méchants, les damnés souffrent eux aussi. »

1. Message reçu par l'auteur : « Malheur aux prêtres qui ne suivent plus les lois principales de l'Eglise, des lois de Dieu ! Les petits changements dans les cérémonies n'ont aucune importance. Mais ne touchez pas aux bases, ne touchez jamais à la conception du bien et du mal ! » (9 janvier 1969)

Ceux qu'Il crucifie au-dedans d'eux-mêmes... même idée chez Marie-Gabrielle : « C'est l'âme la plus aimée de Jésus qu'il crucifie davantage sur la terre, mais la croix envoyée par Dieu a toujours des douceurs mêlées à son amertume. Il n'en est pas de même des croix qui nous arrivent par notre faute : pour celles-là, il n'y a que l'amertume seule. »

Nous avons crucifié Jésus. A son tour, Jésus nous crucifie, pour nous conduire à la résurrection.

Bertha compare à l'humus le mal qui suscite le bien : « Le sol obscur, ce sont les conditions nécessaires à votre croissance. Il est l'image du mal, et Dieu a mis le mal dans la création, afin qu'à son contact la germination spirituelle s'opère en nous. Sans l'aide du sol, abandonnée à elle-même, la semence, même de qualité parfaite, resterait improductive. »

Roland : « Le bien et le mal viennent aussi de Dieu, à nous de les séparer, comme il est donné à l'homme de séparer par son travail le bon grain de l'ivraie. »

« Dieu a mis le mal dans la création... le bien et le mal viennent aussi de Dieu » : deux phrases qui peuvent choquer, mais auxquelles Job a déjà répondu : « Nous recevons le bien de la part de Dieu et nous n'en recevrions pas le mal ? »

Le bien et le mal sont mêlés sur la terre si inextricablement que chacun peut dire à propos de chacun : il m'a fait trop de mal pour en dire du bien; il m'a fait trop de bien pour en dire du mal. La séparation ne peut s'opérer que dans l'Au-delà.

Tel est le sens de la parabole du bon grain et de l'ivraie.

Message cité par Denis Saurat : « Le véritable mal est dans le mélange du bien et du mal, car alors on ne peut pas séparer le mal pour le détruire sans nuire aussi au bien. C'est pour cela que la terre, où se fait ce mélange, est la plus difficile de toutes les sphères. »

Le mal est la conséquence de la nécessaire distance entre Dieu et son œuvre. Une création parfaite ne se distinguerait pas de son créateur et s'anéantirait dans un embrasement de lumière. Pour que le monde puisse exister, il faut que Dieu s'en retire pour laisser du champ à la liberté. Le mal, inévitable sous-produit, est l'ombre du cosmos en évolution. Sur la terre, Dieu consent à ne pas être tout-puissant. Sur la terre, son royaume est encore à venir : il y a des raies obscures dans le spectre de la lumière solaire.

ROLAND : « La terre des hommes est comme les hommes, elle engendre l'injustice. Dieu parfois répare le mal, mais plus souvent, Il laisse aller selon l'ordonnance naturelle. »

Cependant tous les règnes travaillent à la réalisation du divin, même celui-là. Anne dit à Claire : « Je suis du côté de cette puissance qui toujours veut le mal et fait le bien. » Cette phrase est une réminiscence de *Faust.* Goethe (comme Schiller, comme Hölderlin, Novalis et Baudelaire) a fait dans l'Au-delà de fulgurantes incursions. Les inspirations des initiés sont autant de révélations parallèles.

De même, pour Thomas Dowding, la puissance du mal est permanente, mais elle peut être transmutée jusqu'à ce qu'elle serve des fins divines : « Si vous pouvez comprendre que le mal n'a pas d'existence réelle et peut être entièrement éliminé de la vie humaine, vous aurez beaucoup appris. »

Le mal n'a pas d'existence réelle! Il faut avoir quitté la terre pour se permettre de l'affirmer. N'étant plus, comme nous autres, de plain-pied avec la souffrance, l'injustice, l'échec, la cruauté, les esprits libérés ont d'excellentes raisons pour considérer le mal comme une illusion. Des raisons que nous n'avons pas.

Certes, il ne manque pas de penseurs qui ont pris, au cours des âges, des positions semblables. Le père Teilhard, par exemple, qui expliquait le mal par ce fait que Dieu suscite son ombre et ne peut créer qu'organiquement. Un jour, il s'est écrié, dans un cercle d'amis : « Vous êtes tous obsédés par le mal. Le mal n'existe pas[1] ! » Il était dans la ligne de ces théologiens qui définissent le mal comme une absence de bien. Mais si le mal n'est qu'une simple absence de bien, comment se fait-il qu'un Dieu soit nécessaire pour en venir à bout? Dans la ligne également de saint Thomas qui voyait dans le mal, non pas un être, mais une « désharmonie de l'être ».

La formule est jolie, elle est de celles qui viennent d'un vol heureux dans la paix d'un cabinet ou d'une cellule monacale. Mais qui oserait la

1. Ce propos m'a été rapporté par son premier biographe, François-Albert Viallet.

redire à ceux qui sont passés par Auschwitz, Hiroshima ou Dresde? Qui oserait la redire aux enfants, victimes de ce crime qui les contient tous : le kidnapping; au petit Luc Taron, par exemple, suppliant l'étrangleur qui avait un instant desserré les doigts : « Ah! monsieur, ne me faites pas de mal! » Il serait indécent de déclarer « le mal n'est qu'une absence » à ceux qui ont tenu dans leurs mains le crâne de leur enfant. La seconde partie de cette phrase n'est pas de moi, mais de Mme Desouches dans sa lettre aux députés qui discutaient de l'abolition de la peine de mort.

L'affaire Desouches, comme l'affaire Taron, appartient à ces faits qui désarment le vocabulaire. Mme Desouches était la mère de Thierry, cet enfant de onze ans, enlevé et massacré par des ravisseurs qui avaient touché la rançon. Elle s'est éteinte après une agonie de cinq années, rongée, dévorée par le chagrin. Cinq années de martyre silencieux auprès de son téléphone[1].

Cinq années de descente aux enfers, elle en avait parcouru tous les cercles. Tous : l'angoisse de l'attente, le désespoir, les faux espoirs, la révolte devant l'indifférence du public, devant l'indulgence à l'égard des criminels[2]. Tous les cercles de l'enfer : jusqu'à l'impossibilité de prier, de croire en Dieu, donc en la survie. A ceux qui lui offraient les consolations de la religion, elle

1. Dans ce cas-là, il n'y a pas que les ravisseurs qui appellent, il y a aussi les curieux, les maniaques, les mauvais plaisants, les sadiques, ceux qui composent le numéro et ne parlent pas, ceux qui parlent pour réclamer de l'argent, bref, tous les démoniaques qui s'exercent en ce monde avant d'aller prendre du service dans l'autre.

2. Et combien de parents, après elle, ont vécu ce calvaire!

répondait : « Si Dieu existait, comment aurait-il permis une chose pareille ? » Toujours ce dilemme depuis Epicure : Ou Dieu peut empêcher le mal et il ne le veut pas. Ou il le veut et ne le peut pas. Dans le premier cas, il n'est pas bon. Dans le second, il est impuissant.

Si Dieu existait... Devant cet absolu de souffrance, ce triomphe insolent du mal, devant ce scandale métaphysique qu'est l'histoire de Thierry et de tant d'autres, il est difficile de parler. Il le faut cependant. Il est trop commode de résoudre ce problème en refusant de l'examiner; les autruches spirituelles, loin de diminuer la somme du mal qui est dans le monde, accroissent, malgré elles, son pouvoir.

Si Dieu existait, comment aurait-il permis une chose pareille? Que fallait-il répondre à Mme Desouches? Sans doute ceci : Dieu existe, puisque, malgré tout, l'Amour existe. L'amour existe puisque votre dernier geste fut un geste d'altruisme envers cette humanité que vous aviez tant de raisons de haïr. L'amour existe, vous en êtes la preuve, vous qui, avant de mourir, avez légué vos yeux. Dieu existe, et parce qu'il existe, vous reverrez votre fils. Dieu existe, mais la liberté humaine, sous ses formes les plus effrayantes, les plus abjectes, existe, elle aussi. Tout lui est possible sur cette terre. Le mal est la liberté qui se décompose. Le mal, c'est l'ombre et le risque de la liberté. C'est l'effrayante autonomie que Dieu laisse à l'homme et aux anges révoltés. Dieu n'est pas l'auteur du mal, il est l'auteur de la liberté.

Mais alors qui? Qui est le responsable? L'homme? L'homme n'est pas l'auteur, mais la victime du mal. Il n'est coupable que dans la mesure où, par veulerie, par lâcheté, il n'édifie pas le barrage. Il n'est l'auteur du mal que quand il le choisit... Quand il l'entretient ou quand il n'opère pas en son mental les purifications nécessaires.

Roland : « Si le mal a tant de prise sur vous, c'est que déjà vous êtes atteints. Si vous n'entreteniez pas toujours en votre esprit des climats impurs, la prolifération du péché ne se produirait pas... Si vous êtes lisses comme un disque, glissants comme la glace, le mal ne pourra plus s'engrener à vous. Ce ne sont que les aspérités de vos imperfections qui se tendent, pareilles à des crochets, aux menées troubles qui passent. »

Le mal préexistait à l'apparition de l'homme, comme nous le montre clairement le symbole du serpent enroulé autour de l'arbre de la connaissance. Le serpent et l'arbre, deux êtres appartenant aux deux règnes antérieurs. Le mal a jailli de la liberté des anges, de la révolte luciférienne, préfiguration de la révolte adamique. Le mal, répétons-le, est d'origine métaphysique. Puissance surnaturelle, il ne sera vaincu que par des moyens surnaturels, au premier chef par la prière.

Les amis de Paqui lui ayant demandé : pourquoi l'esprit du mal existe-t-il? pourquoi le maître de l'univers ne l'a-t-il pas anéanti à jamais? elle répondit que certains esprits se sont soumis à la volonté de Dieu, acceptant sa tutelle, tandis que d'autres se sont cabrés. « Les orgueilleux se sont imaginé avoir la puissance du Créateur, parce que le Créateur les avait faits beaux et leur avait donné certains pouvoirs. »

Ces révoltés sont toujours à l'œuvre : les désordres, les violences que nous constatons sur la terre ne sont qu'un reflet des batailles gigantesques qui se livrent dans l'invisible entre les puissances blanches et les puissances de ténèbres. Le mal est aussi dans l'espace. Ce problème irritant, insoluble, garde, de l'autre côté, tout son mordant. Celui qui séduit toute la terre est très actif là-bas.

PIERRE : « Nous nous efforçons d'influer sur la destinée de la terre, mais nous soutenons une lutte tragique contre les esprits mauvais qui sont dans les régions spirituelles, car vous leur avez abandonné vos armes. Ils sont vos maîtres incontestés, ils vous conduisent, troupeau indiscipliné, mais contraint à l'obéissance, dans ces vallées voluptueuses et perfides, dont le terme est la seconde mort. »

Une fois de plus, tournons-nous vers celui qui a tout dit en ces matières : saint Paul. Voici Ephésiens VI, 12, version synodale : « En effet, ce n'est pas contre la chair et le sang que nous avons à combattre, mais contre les dominations, contre les puissances, contre les princes de ce monde de ténèbres, contre les esprits mauvais qui sont dans les régions célestes. »

Le passage est clair : l'ennemi appartient à l'invisible. Mais ce qui n'est pas clair du tout, c'est cette présence du mal dans les cieux, elle a de quoi choquer et inquiéter. C'est sans doute pourquoi Crampon traduit : « les esprits mauvais qui sont dans les airs ». Cependant, dans l'original, il n'y a pas « dans les airs », il n'y a pas non plus « dans les cieux » (*én toîs oúranois* – comme dans le Notre Père), il y a *én toîs épouraniois.*

En serrant le texte grec, on obtient : « Car notre lutte n'est pas contre le sang et la chair, mais contre les dominations *(árchás),* contre les puissances extérieures *(éxousias),* contre les princes du monde *(cosmocrátorás)* de ténèbres de ce siècle, contre les êtres spirituels *(pneumatiká)* de méchanceté qui sont dans les lieux postcélestes *(én toîs épouraniois).* » Maintenant on peut se demander s'il n'y a pas eu faute de copiste car à côté d'*épouranios,* il existe aussi *épouraios* : placé en queue, dernier.

Les esprits puissants et mauvais des lieux derniers aiment à descendre dans l'ambiance terrestre. Ils cherchent à pousser d'autres victimes dans le mal. Perdus, ils veulent nous perdre à leur tour. Révoltés, ils tendent à nous entraîner dans leur révolte. Ils suggèrent les crimes, le désespoir, et ce sommet de crime et de désespoir qui s'appelle le suicide. Mais cela ne diminue en rien la responsabilité humaine. L'absence d'invocation, de religion (action de se relier aux puissances supérieures) crée un vide psychique, un no man's land dont s'emparent bientôt les puissances diaboliques. Si nous repoussons les esprits bénéfiques, si nous ne sommes plus reliés aux puissances blanches, nous aurons à subir l'offensive des puissances de l'air. La surnature, comme la nature, a horreur du vide... et toute vacance est bientôt comblée...

Les puissances du sixième règne savent une partie de la vérité, elles peuvent même parfois la dire. Elles ne peuvent jamais en accomplir les œuvres. Elles savent que Dieu existe. Comment pourraient-elles l'ignorer? Dans l'ordre surnaturel, il est une évidence. Elles savent que Dieu existe, elles croient que Dieu existe, mais elles lui refusent l'hommage, et c'est là le premier de leurs crimes.

Les puissances du sixième règne remportent leur victoire sur tous ceux qui s'abandonnent. L'homme, en proie aux sentiments négatifs : haine, envie, découragement, est en proie aux puissances. Elles ont surtout prise sur les vies sans bonheur, les intelligences médiocres, les sentiments d'orgueil.

PIERRE : « Les dominations et les puissances, auxquelles Paul fit allusion pour vous avertir de leur danger, sont en grande partie filles de vos œuvres mauvaises. Elles sont nées de vous, elles se nourrissent de votre méchanceté, elles luttent contre votre âme pour ne pas perdre le bénéfice que leur apporte votre lâcheté devant le mal! Vampires des âmes, elles en sucent la vie spirituelle, et renaissent toujours des principes de vie qu'elles vous arrachent. Ces adversaires vous dominent avec puissance, si vous ne vous révoltez pas contre leur emprise. Il nous est bien difficile de vous faire pénétrer, sans une nuisible épouvante, dans cette société terrible, dont les occultistes vous entretiennent à tort, car ils devraient vous dire, en même temps, que rien ne vous empêche de détruire ces effluences morbides[1]. »

Bertha : « Les principautés et les puissances ne peuvent plus rien contre vous pour peu que vous leur refusiez résolument votre assentiment. Jésus est descendu jusque dans les bas-fonds de l'enfer pour y libérer les captifs et pour que soit détruit tout ce qui tend à séparer l'homme de Dieu. »

Les puissances du sixième règne ont surtout prise sur les hommes en masse. Une masse est moins intelligente que le moins intelligent des humains qui la composent. Il y a pire que l'homme : les hommes.

Pierre : « L'antéchrist existe et prend possession de certains hommes, de certains peuples[2], qui, de ce fait, deviennent des émanations corrompues et corruptrices, mais il y a plus d'un antéchrist. Vous avez donc pu le voir dans le

1. Message reçu par l'auteur : « Il n'y a que Dieu qui vit et peut créer. Il n'y a que Dieu qui vit. Satan a une vie éphémère que les hommes pourraient anéantir à l'instant même, si seulement ils voulaient penser dans la pensée de Dieu. Le mal ne durera pas toujours, tandis que Dieu existera éternellement. Le mal, cette contrepartie de la lumière, perd de sa force au fur et à mesure que les humanités avancent vers leur intégration en Dieu. Un monde, qui arrive à cette fusion d'unité avec le divin, ne connaît plus le mal, ni la présence de cet être qui en fut le symbole. Tout cela se dissout, n'a plus de prise, n'a plus de vie. Mais le mal subsiste sur les mondes jeunes. Il sévit, non seulement sur la terre, mais sur d'autres mondes, sur des quantités de mondes. La terre n'est point parmi les mondes les plus évolués. La terre est jeune, elle va vers la délivrance du mal. » Pierre, le 24 octobre 1968.

2. Nombreux exemples au xxe siècle.

passé. Vous le verrez reparaître dans l'avenir; et vous en avez une formidable représentation dans le moment actuel. »

Les puissances du sixième règne poursuivent notre race de leur colère. Leur vocation est sans doute de nous donner le sentiment du péril, de nous tenir éveillés. Elles veulent abolir la condition humaine, et pour cela, réduire l'homme à soi-même, obscurcir en lui le sens de la vie, l'enfermer dans le réseau de l'illusion et de l'abstrait, le couper du créateur et de la création. Ne pouvant anéantir le premier, elles tentent d'anéantir la seconde par la destruction lente et systématique de l'environnement, en attendant la destruction instantanée et explosive.

Le sixième royaume qui fait tous ses efforts pour retarder, dévoyer et, si possible, supprimer l'évolution, est vraiment le monde de la chute, c'est-à-dire de la régression.

Le mal est une régression, et c'est pourquoi la tradition donne à Satan les apparences d'un reptile. Satan, le nom à ne pas prononcer, le nom qui fait peur ou qui fait sourire, le nom, que ce siècle ne veut plus entendre, est enfin lâché !

Selon Pierre, ce qui nous désarme dans notre lutte contre le Calomniateur, c'est notre disposition à le considérer comme un mythe : « Vous ne redoutez pas assez les tentatives de Satan contre vos âmes. Parmi vous, il en est même qui doutent de la personne objective de l'adversaire. Votre faiblesse contre ses entreprises vient de ce que vous ne croyez pas à sa réalité. En nommant Satan le mal, et non pas le Malin, vous en faites une abstraction; rendez-lui le nom que lui-même vous conseille de travestir, par un subterfuge bien grossier cependant, aussitôt vous retrouverez, se dressant devant vous, insinuant et superbe, le Prince du Monde. »

Sur ce point comme sur tant d'autres, Pierre confirme l'enseignement de son maître. Dans le texte original du Notre Père, il y a bien « délivre-nous du Malin » et non pas « délivre-nous du Mal »[1].

Le Malin est une personne, en attendant de devenir personne. Satan est non pas un principe, mais un être réel. Jésus, qui commandait avec autorité et force aux esprits impurs, n'a cessé d'affirmer l'objectivité de son adversaire. Cet adversaire, il l'a vaincu provisoirement. Il doit définitivement le vaincre. La tentation fut bien un dialogue avec l'ennemi et non une allégorie morale, comme le pensaient les modernistes. Ce sont bien les démons qu'il chassait et non des principes de maladie, comme le soutiennent les rationalistes.

Si le Malin n'était que le mal, c'est-à-dire une abstraction, un simple manque, il ne serait pas si efficace. Si le Malin n'existait pas en tant que

1. Une fois de plus, on constate une divergence entre les différentes versions de la Bible.

Stapfer, Ostervald, Crampon, Segond traduisent : « Délivre-nous du Malin. » Oltramare, Darby, Synodale : « Délivre-nous du Mal » Cependant cette dernière version reconnaît, en bas de page, qu'on peut aussi comprendre : « Protège-nous contre le Méchant. » La T.O.B. traduit : « Délivre-nous du Tentateur. »

puissance autonome, collective[1], intelligente et consciente, la Rédemption n'aurait pas de sens. Celui qu'on nomme Satan est puissant. Nous haïssant d'une haine parfaite, le Prince de ce monde ne rêve que de détruire cette terre qu'il gouverne. Il triomphe et ravage, mais celui qu'on nomme Tout-Puissant lui impose des limites. Satan se pose en accusateur, il nous juge et nous condamne, son nom signifie celui qui calomnie. Et la calomnie est essentiellement une intrusion diabolique. Il veut goûter sur nous l'âpre joie de la revanche. Il veut nous entraîner dans son incertitude et dans ses risques, dans la destruction à laquelle il se sait voué. Car lui et les siens savent qu'ils sont perdus. Pour le moment (et ce moment s'étend sur des siècles) le sixième royaume n'est vaincu qu'en espérance. Ce condamné à mort a encore devant lui de beaux jours.

Dans *Eloa,* Vigny fait dire à Satan : « Je suis celui qu'on aime et qu'on ne connaît pas. Sur l'homme j'ai fondé mon empire de flamme. » Cet empire de flamme est surtout un empire de contradiction. Il est celui qui dit et qui se contredit.

1. « Satan ne peut être une personne, mais un égrégore du mal ayant de la conscience. C'est un centre de désagrégation, de destruction, un ventre intelligent. C'est pourquoi les hommes disent souvent qu'il existe comme personnalité; on peut le considérer comme une personnalité; il peut même en prendre la forme. Plusieurs esprits du mal peuvent revêtir cette forme vis-à-vis des hommes. C'est un égrégore humain. Ce sont des émanations du mental humain qui arrivent à condenser cette force! Les hommes le créent, il n'a pas de vie concrète. Il n'y a que Dieu qui vit et peut créer. » (première partie du message du 24 octobre 1968, précédemment cité en note)

Il dit : « Rien n'a de sens. Tout est injuste, laïd, absurde. Ce monde ne saurait provoquer que la nausée. » Il contredit : « C'est moi qui sais, c'est moi qui suis le sens. Si je ne t'ensemence pas, tu es une terre stérile. Moi seul saurai te faire porter des moissons. »

Il dit : « Tu es une larve. Ton travail, ton existence ne servent à personne, pas même à toi. Tu nais par accident, tu vis par accident, tu meurs par accident. » Il contredit : « Tu es un dieu, le seul dieu qui soit, car Dieu, s'il existait, ne serait que ton fils. L'humanité est la grande Mère des Dieux. »

Il dit : « Identifie-toi aux végétaux, aux pierres. Redescends l'échelle de l'évolution. Ne bouge plus, ne pense plus. Ne désire plus, puisque, déçu ou accompli, le désir est souffrance. » Il contredit : « Profite, jouis! le plaisir est le seul Au-delà. Jouis avant de descendre vers le néant. La jouissance démesurée te donnera ta vraie mesure. »

Il dit : « Il n'est pas une minute de ta vie qui ne soit prévue. Tout est décidé, machiné d'avance. Les jeux sont faits depuis toujours. Tu es un automate déterminé par tes chromosomes. Dans le bien, dans le mal, tu es irresponsable. D'ailleurs, il n'y a ni bien ni mal; ni bons ni méchants. » Il contredit : « Tu peux faire et être n'importe quoi. Tout est permis. Tout est possible. Souviens-toi de la parole de mon disciple Néron : « Nul avant moi n'a su tout ce qui est permis. » Tu ne sauras jamais à quel point tu es libre. Suis-moi, je te montrerai les chemins de la liberté.

« Je ne te demande pas de tuer, de voler, de violer. Simplement de me rendre l'hommage qui m'est dû en tant que Prince de ce monde. Simplement de reconnaître l'évidence, ma toute-puissance. Je t'en donnerai une part, si tu me donnes ce que je n'ai plus : l'âme, ton âme. Je te demande aussi ton âme visible : ton sang. J'ai besoin de ton sang, car je veux m'incarner moi aussi. Cependant, je ne te demande pas de confesser mon nom. Le négateur demande qu'on le nie. J'aime qu'on ne croie pas en ma réalité. C'est sur ceux qui me nient que ma puissance est la plus grande. »

Malheur à qui l'écoute et le croit ! Malheur à qui le croit, car il a les paroles de la mort éternelle. Celui qui croit en lui a la mort éternelle. Il est le pain de mort qui monte de la terre. Il est le pain de mort qui ne rassasie pas. Qui mange de son pain meurt éternellement. Qui boira de son eau aura toujours plus soif. L'eau qu'il fait payer cher est comme l'eau de mer. Elle brûle, dessèche, altère davantage. L'eau qu'il fait payer cher est un bourbier de miasmes qui stagnera jusqu'en la mort définitive.

C. – Le septième royaume

CHAPITRE XVIII

LES SPHÈRES DE RADIANCE

LE septième royaume, que certains attendent plus que les sentinelles n'attendent le jour, a déjà commencé dans le nôtre. Il a commencé dans notre vie par l'invocation. Il a commencé dans l'histoire par l'incarnation. Il s'approche parfois concrètement de certains d'entre nous. C'est du septième royaume qu'il faut dire chaque jour : que ton règne vienne ! C'est son avènement qu'il faut désirer : qui le désire le hâte. Qui met dans son cœur la joie et l'amour le hâte pour soi, pour autrui, pour le monde.

Le septième royaume est au-dedans de nous. Il est intéressant de retrouver cette affirmation, à la fois si connue et si méconnue, telle que la rapporte l'évangile selon Thomas : « Voici les paroles cachées que Jésus le Vivant a dites, et qu'a transcrites Didyme Jude Thomas : Si ceux qui vous entraînent vous disent : Le royaume est dans le ciel, alors les oiseaux du ciel y seront avant vous.

S'ils vous disent : il est dans la mer, alors les poissons y seront avant vous. Mais le royaume est au-dedans de vous et il est au-dehors de vous. »

L'Au-delà est aussi un au-dedans.

Albert Pauchard exprime cette vérité en langage moderne : « Tout ce qui est « lieu » dans le monde où je me trouve ne doit pas être entendu géographiquement. C'est un état de conscience... Sur terre, on vit et on se développe surtout par les contacts et les frictions avec le non-moi. C'est, si je puis m'exprimer ainsi, la période de dégrossissement. Après quoi, nous venons ici... et nous récoltons notre moisson personnelle dans le domaine des sentiments et des imaginations... Nous sécrétons nous-mêmes nos conditions, tout comme l'escargot sécrète lui-même la matière qui devient sa coquille. »

Pierre, lui aussi, nous enseigne que le royaume éternel n'est pas un lieu, mais une attitude du cœur : « Le Ciel n'est pas un pays étranger, mais une région de l'âme. Chacun de nous habite une sphère appropriée à son état spirituel. »

Old Lawyer révèle que les deux mondes se joignent et qu'ils se joignent par l'intérieur. « Si seulement vous saviez cela, vous pourriez venir vers nous à tout moment, ou presque, pour une brève visite, je veux dire en descendant assez profondément en vous-mêmes. » Il rencontra dans l'espace une personne qu'il avait connue au cours de l'un de ses voyages à New York. Il avait discuté avec elle sur les mystères de la vie et de la mort, de la volonté libre et du destin. Par la suite, il relata une partie de leur entretien.

« J'ai expérimenté, dit-elle, beaucoup de choses que vous m'avez dites et je les ai trouvées vraies.

– Par exemple ?

– La première et la plus importante : l'homme peut créer son propre environnement. »

Mary Bruce Wallace a reçu la même vérité exprimée dans les mêmes termes : « L'âme crée sa propre atmosphère, donc son ciel ne doit jamais être gris. »

Roland confirme ses aînés : « Le paradis, pour chacun, ressemblera à son paradis intérieur, puisque, de l'autre côté de vous-même, c'est encore vous-même. Vous n'échapperez pas à votre entité. Tu portes, dans ta pensée, l'infini de tes facultés et la possibilité de vivre ou de mourir pour l'éternité. Dieu vous a fait le plus beau cadeau du monde en vous donnant la possibilité d'imaginer le paradis. Si, dans votre univers, vous savez cueillir la beauté, vous pouvez construire des temples à l'image de Dieu, car Dieu a parsemé votre terre de touches paradisiaques. »

Le septième royaume introduit dans la vie universelle les ferments de la vie éternelle.

De même que la vie universelle est symbolisée par l'océan qui se soulève comme une respiration, par l'océan global où tout a pris naissance, par les eaux fécondes, mais amères, la vie éternelle est symbolisée par le fleuve qu'on n'appauvrit pas en y venant puiser, par l'eau vive et limpide que nous boirons, si nous sommes, dès à présent, à l'image de cette eau.

Roland : « Pour se présenter au royaume de Dieu, il faut avoir atteint la transparence. »

La vie éternelle est une eau puissante, abondante, surabondante. Elle est fraîche, mais elle ne supprime pas le désir de sa fraîcheur. Cette eau est sa propre soif. La vie éternelle est un éternel désir, comme le mouvement du système solaire est une course sans fin.

La vie dans l'invisible est une vie consciente. Que ce soit là-bas (sphères de ténèbres) ou là-haut (sphères blanches), que ce soit dans les sphères christiques ou dans les autres, la personnalité est conservée. Ce faisceau de facultés, constituant un ensemble qui se connaît, est indispensable à la résurrection et au salut. Il ne nous est pas demandé de renoncer à notre personne, mais à notre personnalisme :

PIERRE : « Ne croyez pas que dans la sphère blanche où je vis, le sacrifice de notre individualisme, toujours âpre, n'ait plus lieu de nous être demandé. »

Quant à lui, il reste un patriote, un militaire et un grand connaisseur de la Bible. On trouve dans ses textes l'atmosphère fervente qui caractérisa la première guerre mondiale. Cet officier se proclame, de l'autre côté du voile, soldat du Christ. Il croit en la vocation de la France, comme Christopher en celle de l'Angleterre.

Roland, dans ses premiers messages, a des espiègleries d'adolescent. Il en est de même pour Lancelot qui a gardé son orthographe de petit garçon.

Quant à sœur Marie-Gabrielle, elle emploie les

expressions de son état et de son époque : mon Jésus, le bon Jésus, le bon père, le bon Dieu.

Paqui, elle, pense et parle comme une jeune fille d'autrefois. Elle, qui fut heureuse sur cette terre, se souvient de tous ses amis, de sa mère, de son fiancé...

Car leur mémoire est intacte, la mémoire, condition essentielle de la personnalité, est conservée, elle aussi. Une immortalité sans mémoire serait une chose absurde, une épouvantable duperie. La perte de la mémoire équivaudrait à la mort. Si je ne sais pas que j'ai été, si je ne sais plus ce que j'ai été, je n'existe pas, je n'ai jamais existé. Si la vie éternelle était un *léthé,* les notions de bien et de mal, de compensation et de récompense, de responsabilité et de justice seraient anéanties. Ce serait une autre entité qui connaîtrait la béatitude ou l'angoisse, absolument définitives, absolument injustifiées. Si la vie éternelle était un léthé, elle ne serait pas la vie éternelle. Dieu merci, la grande nuée de témoins de tous les siècles, soit dans la chair, soit hors de la chair, affirme le contraire :

BERTHA : « La mémoire subsiste pour nous ici, bien que nous apprenions à éliminer totalement (c'est en cela que consiste l'oubli véritable) tout ce qui a perdu son utilité. »

CHRISTOPHER : « Je suis tout à fait différent, mais toujours la même personne. »

PAQUI : « Mais comprenez donc, une fois pour toutes, que la mort n'existe pas ! Ceux qui partent pour la cité bénie vivent d'une vie active et lumineuse. Ils sont toujours eux-mêmes, plus eux-mêmes dans la vérité, puisque libérés de leur prison charnelle. »

Pierre : « Pas plus que le passage de l'enfance à l'adolescence, puis de la maturité à la vieillesse ne vous transforme au point que vous cessiez d'être vous-mêmes, la transformation de la vie rétrécie de la terre à la vie large et libre du ciel n'empêchera que, devant Dieu, vous soyez uniques... Nous sommes des voyageurs qui avons changé de continent, mais non de personnalité. Si la continuité du caractère propre à chaque individu devait cesser, au passage dans la vie de l'esprit par la mort du corps, l'immortalité serait un leurre. »

Le sexe, élément primordial, irréversible, de la personnalité, subsiste dans l'ultra-monde, mais l'amour physique a fait place à l'amour spirituel. Quel contraste entre le ton viril de Pierre, de Roland, de Pauchard et de Max-Getting, dont les scripteurs sont des femmes, et le charme, la délicatesse de Paqui ou de Bertha !

Pierre : « Il y a parmi nous comme autrefois les hommes et les femmes. Puisque nous conservons toute notre personnalité, il ne peut en être autrement. Nous vivons tous comme des frères et des sœurs, des mères et leurs fils, des pères et leurs filles. La tendresse, toute morale, mais accrue, exquise, sans jalousie ou querelle, ou regret, ou blessure... »

Les connaissances rationnelles, fruit d'un labeur de synthèse, sont elles aussi emportées dans le devenir *post mortem,* où elles se complètent et se transcendent. La vie terrestre a fourni un substratum de notions scientifiques, religieuses, pragmatiques, qui seront conservées pour servir de base à des édifices futurs.

ALBERT PAUCHARD : « Rien n'est perdu de ce qui a été *acquis* en bas. »

ROLAND : « Tout l'*acquis* sert ici. »

PIERRE : « L'individualité est respectée éternellement. L'*acquis* d'un esprit est définitif. »

Identité des termes, identité du réel décrit. Il n'y a pas dans l'Au-delà cette déperdition constante de connaissance et d'énergie que nous observons sur la terre. Faisons confiance à ces témoins : hâtons-nous d'acquérir et de faire fructifier les talents. Amassons des trésors que n'atteignent ni les vers ni la rouille. Mais amassons avec le Christ, de peur de disperser et d'être dispersés.

La vie éternelle, comme la vie universelle, est une création continue. La vie éternelle, comme la vie universelle, est une évolution. Evolution, donc hiérarchie... Hiérarchie de la révélation, hiérarchie des esprits, hiérarchie des sphères : les messagers parlent tantôt de sphères, tantôt de plans, tantôt de cycles, tantôt de mondes. Mais tous se rejoignent dans le concept d'évolution.

ROLAND : « Ceux qui sur la terre n'auront pas fait naître leur âme auront des cycles à traverser... Dans le domaine spirituel, il y a aussi des races, mais le classement se fait d'après les évolutions... Il est indispensable d'avoir des pôles d'attraction spirituelle, car les âmes, après la mort, se sentent attirées par la loi de gravitation et ainsi rejoignent leurs évolutions les plus parfaites. »

Loi de gravitation spirituelle, le terme et la chose sont attestés par d'autres messagers : notamment Bertha et Thomas Dowding.

Dans cette sorte de civilisation égalitaire et démagogique qui nous entoure, il n'est pas de notion plus dévaluée, plus bafouée que celle de hiérarchie. Cependant, elle constitue l'armature de l'ultra-monde.

PIERRE : « Les sphères célestes sont une succession de plans spirituels où notre évolution nous amène triomphants avec l'aide de notre Christ adorable. »

Adorable, doit être pris selon sa valeur étymologique. Tous nos messagers sont exigeants au point de vue des expressions. Ils emploient toujours les mots dans leur sens fort, dans leur sens pur. Le style, c'est l'homme, même désincarné.

MAX-GETTING : « L'âme, durant son existence dans le monde spirituel, a une vie en concordance avec celle qu'elle vient d'achever parmi les mortels. De cette vie dépend la rapidité de son ascension dans les hautes sphères de l'espace. »

Albert Pauchard nous enseigne que chaque monde est le reflet d'un monde supérieur : « Au-delà du monde de la pensée, et supérieur à lui, se trouve le monde de l'adoration. Au-delà de celui-ci se trouve le monde de la raison pure, celui où naissent les idées et les lois qui régissent la création. Au-delà du monde de la raison pure et du monde des idées, se trouve celui de la volonté de création. »

La seconde vie connaît aussi les départs, les changements de plan et l'appréhension qui les accompagnent : on a dit à Lancelot de se préparer à partir pour un autre monde, il est tout angoissé. Il dicte : « Oh ! Maman, Maman, être aussi loin de vous »... Soudain, le crayon s'arrête, il va écrire : cela me désespère. Et, comme il a quitté la terre à l'âge de huit ans, sa mère s'adresse à lui comme à un petit garçon, elle le raisonne, elle le rassure : « Vous étiez un boy si courageux, quand vous êtes allé à l'école pour la première fois. »

De même que Roland parle de sept cieux superposés, Mary Bruce Wallace entend qu'il existe sept plans de conscience : « Je suis maintenant sur le troisième où certains d'entre nous résident en familles d'esprits. D'autres sont seuls, mais tous vivent en amour et harmonie. Quand on atteint une conscience plus profonde des réalités éternelles, on se trouve sur un plan plus haut. On peut visiter ces plans supérieurs, mais on n'y peut rester aussi longtemps qu'il est impossible de maintenir en soi le stade de sentiment le plus évolué. »

Paqui, elle aussi, connaît la réalité de l'évolution : « Pensez que la vie terrestre n'a d'importance que par son évolution, son ascension spirituelle, seule raison, but essentiel de vos épreuves, de vos souffrances... A l'heure évolutrice que traverse la terre, vous ne pouvez voir, dans la grande détresse du monde, le travail de l'Esprit universel. »

Elle dicta ce texte à Noël 1941. Un an plus tard, elle déclare : « Je voudrais que vous compreniez que ce voyage terrestre est une étape parmi les étapes, indispensable pour vous conduire, après les évolutions nécessaires, vers votre but : Dieu Tout Amour. Les grandes vérités vous seront révélées plus tard, beaucoup plus tard, lorsque vous serez en mesure de les comprendre. »

A Noël 1944, Christopher explique à ses parents qu'il possède beaucoup plus de conscience qu'autrefois; mais qu'il a l'impression de ne pas s'être encore accompli : « Je voudrais faire quelque chose de très grand pour me réaliser... Tout ce que j'ai essayé jusqu'à présent n'est pas tout à fait mon travail, et je ne sais pas encore exactement ce qu'il me faut. J'espère que je trouverai bientôt, mais, en attendant, je me sens à l'épreuve. »

Dans ces sphères successives, d'intensité lumineuse croissante, l'évolution, commencée sur terre, se poursuit. On continue à s'instruire, on reçoit des missions toujours plus importantes.

Lancelot, parlant de son oncle, passé lui aussi de l'autre côté, annonce qu'il ira bientôt dans un plan plus haut que la terre où il pourra œuvrer d'une manière encore plus efficace.

Le 19 mai 1944, il dit que Christopher a fait de tels progrès qu'il a été désigné pour une mission spéciale : aller hors de la sphère terrestre, dans l'espace interplanétaire, chercher de l'aide contre les forces de panique qui, à cette époque-là, faisaient chanceler les hommes. C'est Lancelot qui doit le guider, mais c'est Christopher qui doit réclamer le secours, parce qu'il connaît la peur.

Guider, aider, travailler, voilà des termes qui reviennent fréquemment dans les communications christiques. Bertha se réjouit d'être envoyée auprès de ceux qui peinent pour s'élever. Elle les aidera à réaliser leur vraie condition.

Mais le secours n'est accordé que si nous mettons effectivement la main à la pâte. En aucun cas, la doctrine des messages n'accorde de prime à la paresse et à la passivité. Nous n'agissons réellement, dit Roland, que si vous nous aidez.

Les missions confiées dans l'autre vie correspondent aux travaux, aux talents et aux aspirations terrestres. Christopher est devenu un guide pour les hommes qui furent tués sur les fronts de 1944 et 1945, parce qu'il avait voulu intensément aider à gagner cette guerre.

Pierre fait partie désormais de cette grande armée de liaison envoyée par Dieu entre le ciel et la terre. Armée de liaison, le terme est de lui. Liaison spirituelle, avait-on prédit à Roland de son vivant. Les messagers, leurs scripteurs et leurs lecteurs réalisent une véritable osmose entre l'invisible et le visible.

« Tout comme il y a une vie intérieure sur terre, remarque Albert Pauchard, bien que la vie terrestre soit avant tout faite d'activités extérieures, ainsi y a-t-il une vie extérieure ici, bien que la tendance normale soit vers l'activité intérieure. Seulement les proportions sont inversées. »

Old Lawyer complète tout naturellement ce qui précède : « Nous devenons de plus en plus objectifs en entrant en contact avec votre monde. Vous devenez de plus en plus subjectifs en entrant en contact avec le nôtre. »

Que ceux qui n'ont pas atteint leurs buts sur la terre ne se désespèrent pas, ils les atteindront dans les ultra-mondes. Roland le leur promet parce qu'il l'a vécu : « Ce que parfois les hommes ne peuvent faire de leur vivant, ils le réalisent de leur ciel. »

Vraiment, on est très occupé sur l'autre rive du peu profond ruisseau. Sainte Thérèse de Lisieux le pressentait dès cette vie, lorsqu'elle se promettait de passer son ciel à répandre du bien sur la terre.

Paqui : « Dans nos sphères de lumière, nous *travaillons* intensément pour influer sur la destinée de la terre, en vous environnant de nos rayons d'amour. »

Pierre : « Nous aussi, nous exerçons notre *ministère* en faveur de nos frères. Nous aussi, nous sommes envoyés pour fortifier ceux qui luttent. »

Ce « nous aussi » est éclairé par le dernier verset du premier chapitre de l'Epître aux Hébreux : « Les anges ne sont-ils pas tous des esprits destinés à servir et qui sont envoyés pour exercer leur ministère en faveur de ceux qui doivent avoir l'héritage du salut. »

Ce « nous aussi » assimile aux anges les disparus des sphères blanches. Ils ne sont pas des anges, mais ils sont *comme* les anges. Ils ont les mêmes tâches ici-bas et là-haut.

Pierre : « Les anges sont nos compagnons de service et, comme nous, des serviteurs du Roi des rois. »

La vie des sphères blanches est donc une vie

active. La vie éternelle n'est pas du tout un repos éternel. Là-haut, comme ici-bas, la paresse est un péché capital. Cependant la vie de l'éther ne consiste pas uniquement en travail métaphysique :

Pour Albert Pauchard, la vraie vie spirituelle englobe toutes les manifestations de l'énergie humaine. Il en déduit qu'une orientation exclusivement spirituelle selon la conception habituelle du mot est aussi incomplète et dangereuse qu'une orientation exclusivement matérielle.

Les visiteurs de l'ultra-monde parlent d'actions, de missions qu'ils doivent accomplir sur la terre et ailleurs. Leurs parents, leurs amis, leurs scripteurs font partie de ces missions qui leur sont confiées par des entités plus hautes. Ils ont auprès de nous un rôle pédagogique ; ils expliquent, ils consolent, ils inspirent. Ils sont des médiateurs aux ordres du Médiateur.

Pierre voit dans le cataclysme que fut la guerre de 1914-1918 une source de grâces nouvelles. Tous ces jeunes prématurément libérés ne sont pas destinés par Dieu à un service égoïste, mais à un rôle de guides et d'instructeurs. Ils cherchent à nous introduire dans une période de réalisations spirituelles, dont l'histoire ne connaît pas d'exemples.

La vie des sphères blanches est solidarité. Solidarité est la traduction en termes modernes de communion. Cette solidarité, Paqui la traduit par l'expression « faire la chaîne », chaîne destinée à aider, à instruire; chaîne qui maintient l'équilibre entre les deux mondes. « Chacun de nous a besoin du secours céleste de beaucoup d'autres pour mener à bonne fin une œuvre dictée par Dieu. Nous sommes faibles malgré notre force et ne sommes rien encore à côté de ce que nous serons au fur et à mesure de notre compréhension. »

Compréhension : une fois de plus est souligné le rôle important de l'intelligence dans l'évolution commencée en deçà, achevée au-delà.

La vie des sphères blanches est communion. Communion avec les vivants de la terre. Communion entre eux des vivants du ciel. De l'autre côté du voile, il n'y a plus de solitude, mais des communautés d'amour. Les Invisibles se regroupent par familles spirituelles et communiquent entre eux par transmission directe de la pensée. Roland parle d'essaims d'esprits qui, à de très grandes distances, se retrouvent et se reconnaissent.

La communion des saints est la communion des croyants sur cette planète et dans les sphères, aujourd'hui et dans l'éternité. Communion des saints que Roland définit comme l'intégration des âmes au Christ. Communion des saints que Pierre nous demande d'étendre à tous les hommes.

Ce serait une grave erreur que d'imaginer le septième royaume comme une projection du christianisme[1] sur un écran céleste. Il y a beau-

1. Pour comprendre ces choses, il me fallut en plus des messages une expérience personnelle. Un de mes étudiants, un Japonais, à qui j'avais prêté mon chapitre sur le Corps spirituel, me le rendit en déclarant :

« C'est très intéressant, c'est nouveau pour moi, mais cela ne me concerne pas. Tout ça, c'est des histoires de chrétiens !

– La survivance concerne tout le monde, même les Asiatiques, même les nombreux Occidentaux qui n'y croient pas. Les Japonais aussi ont un corps spirituel...

coup de demeures dans la maison du Père universel et le christianisme est l'une de ces demeures.

Dans les sphères les plus évoluées se rejoignent non seulement les prophètes, les apôtres et les saints, mais aussi de grands inspirés tels que Platon, Mahomet, Çakya-Mouni qui, dit Pierre, laissa l'humanité sur une cime qui n'était pas cependant la plus haute.

Les missions des disparus s'exercent souvent auprès de ceux qui traversent le voile. Ils viennent accueillir les âmes désorientées, saisies de désarroi à la vue de réalités qu'elles n'avaient pas prévues. Le passage est en effet pénible pour ceux qui ne s'en préoccupèrent jamais.

Les messagers évoquent le vertige et la peur des âmes chargées de matière lorsqu'elles se réveillent de l'autre côté. Cependant Dieu envoie à leur rencontre des guides destinés à les instruire, à leur montrer la route. C'est un mari qui vient accueillir sa femme, un frère sa sœur, un fils sa mère.

– Je ne suis pas chrétien et ce terme christique...

– ...vous irrite et vous éloigne. Que voulez-vous! De ce côté-ci comme de l'autre, on dit christique, parce que c'est le Christ qui a révélé l'essentiel sur ces questions.

– Le Christ est un Occidental...

– Il a vécu et œuvré à égale distance entre l'Orient et l'Occident. Un Occidental, soit! Il fallait bien qu'il naisse quelque part. La géométrie est d'origine grecque, les neuf chiffres et le zéro sont d'origines indienne et arabe, le système métrique est d'origine française. Le monde entier les a adoptés parce que c'est pratique, logique et conforme au réel. Je ne vois pas pourquoi un Japonais, qui a adopté le système métrique, n'adopterait pas le système christique. »

Roland n'aura plus qu'à venir chercher la sienne et leur joie sera parfaite : « Nos vibrations s'enroberont l'une l'autre, puis peu à peu nous reformerons une symbiose. »

Dans ses derniers instants, il se dressa tout à coup sur son lit et cria d'une voix puissante : « Je vois ma grand-mère ! Elle est là ! Nous sommes tous les trois ! Maman, regarde-la ! »

Il se laissa retomber en arrière et murmura, plein de joie :

« C'est merveilleux ! Ma grand-mère est vivante ! »

Nous avons vu que Pierre fut accueilli par celle qu'il nommait Granny et qu'elle lui facilita le passage.

Comme Roland, Paqui promet à sa mère de venir la chercher. C'est elle qui, le moment venu, viendra fermer les yeux qu'elle aimait.

Puisque l'évolution continue de l'autre côté, chacun grandit en connaissance. Et Pierre crie sa joie d'avoir trouvé la réponse à tant de questions qui l'avaient troublé sur la terre. Ses compagnons et lui progressent, ils progressent parce qu'ils agissent.

Quand Lancelot est entré dans l'Au-delà, c'était un enfant; mais là-haut, il est devenu adulte. De même, à travers les communications de Roland, on sent s'accomplir une évolution, une fuite vers les sommets. « Je suis au cœur d'une grande action, j'évolue, je m'allège encore... Je voudrais bien te guider davantage, mais je suis arrivé dans une zone d'où il ne m'est pas facile de te conduire... Je suis en ce moment dans un cycle d'où je puis t'aider, mais tu es moins attentive... Hosanna ! je suis comblé ! Tout un nouveau cycle s'ouvre à moi, ma dernière gaine terrestre est tombée. Je suis complètement dégagé ! »

Un jour, Alice Gilbert réalise que si elle n'a plus le sentiment physique de la présence de Philip, c'est justement parce qu'il s'est avancé dans les sphères supérieures.

Les messages ne sont que pour un temps. Vient un moment, décidé en haut, où les relations cessent. L'émotion est grande entre les amis qui se séparent :

Dernière lettre du vieil homme de loi à Elsa Barker : « Un jour, vous direz à mon fils de vivre une vie courageuse et nette. Il sera surveillé. Dites-lui, s'il sent quelquefois une direction intérieure, de ne pas hésiter à lui faire confiance. Dites-lui de regarder au-dedans pour trouver la lumière... Je désire que vous publiiez ces lettres, en laissant de côté les passages trop personnels. Je ne vous reverrai pas avant bien longtemps. Ne soyez pas triste. Quand je serai parti, peut-être un autre viendra-t-il. Ne fermez pas votre porte trop hermétiquement. Mais gardez-la bien et ne laissez pas pénétrer quiconque n'aurait pas les signes et les mots de passe... Je ne peux pas écrire beaucoup ce soir, car il y a de la mélancolie à quitter la terre. »

Dernière lettre de Thomas Dowding, le 18 mars 1917 : « Vous serez protégé, gardé, éclairé. Si votre destin était de venir bientôt dans cette région, j'essaierais de venir à votre rencontre. Je pourrais vous être utile. Mais je ne pense pas que ce soit pour maintenant. J'ai tant parlé de moi. C'est seulement maintenant, à l'heure de vous quitter, que je parle de vous. Pardonnez-moi. Une fois de plus, mon ami, je vous remercie. Je vous dois plus que je ne puis vous rendre. D'une certaine façon, vous avez lancé une bouée à ma foi, au moment où elle allait me faire défaut[1]. Que Dieu vous accorde l'intelligence ! Que Dieu vous accorde la paix ! Good bye ! »

Dernière lettre de Pierre, le 9 janvier 1937 :

« Les heures de la terre volent, et le moment du revoir se rapproche. Ne crains rien !... Ainsi donc, ma pauvre bien-aimée, arrache de ton cœur cette écharde que tu appelles notre déception, car désormais, la lumière du monde, Christ, rayonne autour de nous. Il n'y a plus d'ombre, plus de chemins obscurs... tout est lumineux, par l'amour et dans l'amour. Courage ! Courage ! »

Derniers mots de la dernière lettre de Paqui en 1947 : « A toujours ! courage, confiance et foi ! »

Les messagers prennent de la hauteur et s'éloignent dans la lumière. Plus ils s'élèvent, plus leur activité terrestre décroît. Plus ils s'élèvent, plus la part de contemplation devient grande. C'est la montée de gloire en gloire dont parle saint Paul : « Or nous tous, contemplant à face découverte la gloire du Seigneur, nous sommes métamorphosés

1. Il arrive que l'esprit incarné soit plus évolué que l'esprit désincarné. En ce cas c'est le premier qui dirige et qui aide.

en la même image, de gloire en gloire, comme par le Seigneur de l'Esprit[1]. »

Il s'agit là des sphères les plus hautes : celles de la contemplation à visage découvert. De gloire en gloire[2], jusqu'à l'absolu de la gloire : l'unité avec Dieu. De gloire en gloire, de sphère de radiance en sphère de radiance, jusqu'à la sphère centrale, celle du face à face.

Les messagers n'y sont pas encore. S'ils y résidaient, ils ne pourraient plus s'entretenir avec la terre. Même les maîtres, les intelligences qui communiquent avec eux, ne sont pas encore parvenus à la sphère de la vision directe, sphère de la connaissance totale, sphère des esprits purs.

1. II Corinthiens, III,18.

2. Certaines Bibles, comme Crampon, traduisent l'expression « de gloire en gloire » par « toujours plus glorieux », ce qui, non seulement affadit, mais détruit le sens.

CHAPITRE XIX

CONNAISSANCE ET PROPHÉTIE

La vie des sphères blanches est pensée et connaissance. Connaissance grandissante, mais non pas connaissance totale. Celle-ci est le domaine de Dieu. Là aussi existe une hiérarchie. Il y a des choses que le Père sait et que ni le Fils ni les anges ne connaissent. Il y a des choses que les anges savent et qu'ignorent les esprits venus de la terre et qui sont « comme » les anges. Certains mystères subsistent.

Les messagers christiques, esprits de Vérité, reconnaissent volontiers leurs lacunes :

Paqui : « Je ne possède pas encore toute la lumière. Paqui ne connaît point les desseins de Dieu. »

Thomas Dowding : « Jadis, je pensais que je savais beaucoup. Ensuite je fus persuadé que je savais un peu; maintenant je sais que je ne sais rien. »

Pierre : « Il nous est très difficile de vous révéler ce que nous comprenons encore à peine : la nature de Dieu. »

Old LAWYER : « Les gens qui s'imaginent leurs amis disparus comme des êtres connaissant toute chose, qu'ils seraient déçus s'ils pouvaient savoir que la vie de ce côté-ci n'est qu'une extension de la vie terrestre ! »

Là-bas comme ici-bas, il y a des pervers et des naïfs, des ignorants et des menteurs, des mystifiés et des mystificateurs. Un message, cité par Denis Saurat, nous met en garde contre ces imposteurs qui prétendent être quelqu'un d'illustre, parce qu'ainsi il leur est plus facile de nous impressionner. Ils utilisent de grands noms, celui de sainte Thérèse, par exemple, parce que tout est connu sur elle et qu'ils peuvent se servir des détails de sa vie. Etant eux-mêmes obscurs, ils n'auraient ni autorité ni prestige. Même ceux qui sont sincères, et qui ont de bonnes intentions, ont leurs limites. Ils commettent parfois des erreurs dans le temps; ils voient tellement vite, que le présent chevauche le passé et le futur. Ils peuvent montrer dans des songes et des visions des choses passées comme à venir, des choses à venir comme présentes. Ils commettent des erreurs de personnes et peuvent, à un certain moment, percevoir comme un individu deux êtres qui travaillent ensemble à une même tâche.

MAX-GETTING : « Nul n'est infaillible, pas même les esprits. Etre un esprit libéré ne confère pas la science infuse, la connaissance totale de tout ce qui existe sur le monde Terre et dans tous les autres mondes. Le savoir intégral n'appartient qu'au Créateur. »

PHILIP : « Il y a une tendance parmi vous autres

de croire que nous sommes omniscients, connaissant toute chose et tout un chacun. C'est absurde, aussi absurde chez nous que chez vous. Nous ne pouvons retrouver un individu dans notre monde ou dans le vôtre sans quelque lien. Un lien matériel tel qu'une lettre nous mettra en contact avec un incarné, mais ce n'est pas une petite affaire que de dénicher un désincarné parmi des trillions. Il nous faut rejoindre les lieux où il a vécu et retrouver ses traces. Mais il y a une chose que nous avons et que vous n'avez pas : la vitesse. Nous pouvons mener à bien cette tâche en ce que vous nommez quelques secondes. »

Cette connaissance, plus vaste que la nôtre, est indépendante des catégories du temps et de l'espace :

BERTHA : « Il n'y a pas d'écoulement du temps. Il n'y a pas de passé. L'homme est créé chaque jour par la puissance du Christ vivant... N'oubliez pas que, pour nous, il n'y a plus ni temps ni espace ! »

CHRISTOPHER : « C'est tellement intéressant de voir le passé en même temps que le présent. On me dit que quand je serai plus avancé, je pourrai, un jour, voir dans l'avenir. »

PIERRE : « La division du temps n'existe plus dans les sphères où Dieu nous a rappelés... Le passé, le présent et l'avenir sont placés pour nous sur un plan très différent de l'échelle terrestre. Cependant, je ne veux pas prétendre à l'annulation absolue du temps, bien qu'en ce qui nous concerne, il n'existe plus. Ceci semble un paradoxe, et je m'explique : il n'y a plus de division infranchissable entre le passé, le présent et l'avenir, puisque nous avons la possibilité de passer sans transition d'une période à une autre. Toutefois, pour nos âmes (restées humaines, ne l'oublie pas), le passé terrestre existe, le présent transitoire existe, et l'avenir glorieux vers lequel nous évoluons existe. Il existe même avec une inconnue puisque Dieu ne nous est pas encore intégralement révélé. »

La plupart des événements ne fondent pas sur nous à la façon du stalactite qui se détache. Ils se forment en nous à la façon du stalagmite qui s'accroît. L'avenir n'est pas une statue de pierre achevée, qui attend qu'on l'inaugure en arrachant un voile, c'est un bloc de glaise que nous dégrossissons, que nous malaxons, que nous modelons pour en faire une statue. Notre avenir dépend en grande partie de nous. Il existe d'abord dans notre pensée, comme le chêne préexiste dans le gland. Notre avenir est une création incessante de notre esprit, à part, évidemment, ce qui ne dépend pas de nous : les catastrophes collectives, humaines ou naturelles.

Comme nous nous imaginons que l'avenir est entièrement préformé, la tentation est grande d'interroger les disparus. Or, en général, ils ne le connaissent pas. S'ils le connaissent, ce n'est pas en vertu d'une science infuse, c'est qu'ils l'ont appris par les Hiérarchies. Saint Augustin déclare dans son *De Cura pro Mortuis* que les esprits des morts peuvent être envoyés aux vivants pour leur dévoiler l'avenir qu'eux-mêmes ont appris, soit par d'autres esprits, soit par les anges, soit par une révélation divine.

C'est ainsi que le maître de Thomas Dowding, un esprit qui se nomme *the Messenger,* a fait en 1917 à Wellesley Tudor Pole une série de prophéties qui, à l'exception des fédérations internationales promises avant 1926, se sont toutes réalisées dans les cinquante années qui suivirent.

« Aussi loin qu'il me soit permis de regarder, la paix sera rétablie en 1919. Des fédérations mondiales verront le jour durant les sept années qui suivront. Bien que le conflit actuel puisse finir en 1918, cela prendra bien des années pour rendre actuels et permanents la paix et l'équilibre. »

Et le *Messenger* annonce, en donnant l'an 2000 comme limite à ses prédictions, la désintégration de l'empire turc, un regain de gloire pour la Perse, un progrès social en Chine, la fin des rivalités entre les religions, le réveil et la progression du monde arabe, et des événements révolutionnaires dans les trois Amériques.

Si les disparus connaissent l'avenir, ils n'ont pas toujours la permission de nous l'annoncer. Exceptionnellement Dieu les autorise à nous avertir par un pressentiment ou par un rêve. Ils ont du futur une vision globale se rapportant plus au devenir collectif qu'aux devenirs particuliers.

Christopher peut voir approximativement les événements qui se préparent. Il ne distingue pas les destins individuels, seulement une sorte de destin national émergeant de la guerre.

Philip connaît les conditions dans lesquelles se trouvent les siens, mais il ne perçoit pas l'avenir en détail. Il n'en saisit que les grandes lignes. « C'est comme une esquisse à grands traits dans laquelle les petits cubes de mosaïque se placent d'un bond pour former un tout. »

PAQUI : « Votre erreur est de croire que, dès que nous sommes partis de la terre, dès que nous avons laissé nos corps pour aller vers des sphères plus légères, nous devenons savants et puissants; et que nous pouvons, si nous le voulons, vous diriger, vous avertir, et vous prédire l'avenir. Si vous parliez de l'avenir, du seul qui compte, nous pourrions déjà mieux vous répondre; mais votre avenir à vous, celui qui vous intéresse et vous préoccupe le plus pour le moment, est composé des quelques années qui vont suivre celle que vous vivez. Et pour nous, il nous est impossible de les prédire. »

Old LAWYER : « Vous attendez de nous que nous vaticinions à la manière des diseuses de bonne aventure et que nous vous informions de ce qui se passe de l'autre côté du globe. Quelquefois nous pouvons, la plupart du temps, nous ne pouvons pas. »

MAX-GETTING : « Si quelquefois un médium prédit l'avenir, c'est qu'il est inspiré par l'esprit auquel il s'adresse qui, lui, possède ce don. Mais, en général, on a tort de croire que les désincarnés deviennent des devins, parce qu'esprits purs. Dans le cas où ils donnent des conseils pour l'avenir, c'est qu'ils en reçoivent l'autorisation. Mais souvent on nous pose des questions au sujet desquelles nous ne pouvons pas plus que vous répondre. »

Cette connaissance limitée que les disparus ont de l'avenir est également attestée par le *Manuscrit du Purgatoire* :

MARIE-GABRIELLE. – « Les âmes du purgatoire n'ont de connaissance sur l'avenir que ce que Dieu permet et veut leur en donner. Certaines âmes, d'après leurs mérites, en ont plus que les autres.

MARIE DE LA CROIX. – Les âmes peuvent-elles quelquefois se tromper? Dieu peut-il le permettre?

MARIE-GABRIELLE. – Non, pour les choses qui existent! Oui, pour les choses à venir! Mais il n'y a en cela pour elles aucune imperfection. Dieu, lui-même, ne paraît-il pas changer souvent l'ordre de ses desseins? Voici comment : il peut arriver que Dieu, dans sa justice, veuille châtier un royaume, une province, une personne. C'est l'intention qu'il manifeste, mais si quelques personnes de ce royaume, de cette province, par la prière ou par d'autres moyens, désarment sa justice, Dieu fera grâce entièrement ou amoindrira la peine, selon les prévisions de sa sagesse infinie. Souvent même, il permet que les grands événements soient prédits d'avance, ou bien il en donne connaissance à quelques âmes, afin qu'elles préviennent et arrêtent sa vengeance. Sa miséricorde est si grande, qu'il ne punit qu'à la dernière extrémité. »

La conversation entre les deux mondes se poursuit :

MARIE DE LA CROIX. – « Pourquoi parlez-vous si bas?

MARIE-GABRIELLE. – Je parle plus bas qu'à l'ordinaire, parce que vous-même, depuis huit jours, vous parlez trop bas à Dieu en psalmodiant. Quand vous parlerez plus haut, je ferai de même.

MARIE DE LA CROIX. – Connaissez-vous, dans le purgatoire, la persécution dont l'Eglise est l'objet ? En connaissez-vous le terme ?

MARIE-GABRIELLE. – Nous savons que l'Eglise est persécutée et nous prions pour son triomphe, mais quand aura-t-il lieu ? Je l'ignore. Peut-être quelques âmes le savent-elles ! Moi, je ne sais pas. »

Supposons que notre avenir soit écrit tout entier dans un livre, et que ce livre nous soit offert, nous devrions le jeter au feu sans l'ouvrir. On n'a un avenir que dans la mesure où l'on ignore ce qui adviendra. Le véritable avenir est la perpétuelle surprise. Les messagers n'aiment pas qu'on les interroge à ce sujet. Ils nous mettent en garde contre cette tendance enracinée en nous.

Albert Pauchard recommande à son groupe d'amis de ne rien accepter qui ne satisfasse pleinement le bon sens et d'observer une prudence extrême envers tout ce qui prend des allures de prédiction ou de prophétie.

Avec impatience, Roland reproche à sa mère de vouloir lui faire jouer un rôle de devin : « Tu viens toujours un peu auprès de moi avec l'idée que je dois te prédire ton avenir terrestre, comme si vraiment ce que font ou ne font pas les hommes avait une importance de premier plan. » Une autre fois, comme elle lui a demandé : « Quelle sera ma journée de demain ? », il se fâche : « Tu vas lancer des fils ! Mais je m'éteins, si tu insistes pour me faire prédire l'avenir. »

Cependant, nous verrons, au cours de ce chapitre, que Roland fait des prophéties remarquables, à condition qu'on ne lui demande rien et qu'il s'agisse d'événements mondiaux.

Cette connaissance de l'avenir repose évidemment sur une certaine connaissance du présent. Ils le voient, quand il les concerne directement ou quand nous pensons à eux.

PIERRE : « Les dates ne passent pas inaperçues pour nous aussi longtemps qu'une pensée tendre nous évoque sur la terre; plus spécialement un jour qu'un autre. »

Ils peuvent lire l'actualité à travers notre conscience. Ainsi Marie-Gabrielle n'ignore pas les manifestations antireligieuses qui se sont déroulées en 1880 : « Vous êtes affligée de voir que Dieu est insulté à Paris, mais ces personnes ne savent pas ce qu'elles font. Malgré leurs blasphèmes, Jésus est plus offensé des péchés que commettent les âmes qui lui sont dévouées, ou qui devraient l'être, que des sanglantes injures de ceux qui ne sont pas ses amis. »

Il est curieux de voir se dérouler quelques événements de l'histoire contemporaine à travers les regards de ceux qui nous ont précédés.

Old LAWYER en 1912 : « Vous n'imaginerez jamais où j'ai été l'autre jour... aux grandioses funérailles de l'empereur Mutsu-Hito ! Vous ne pourriez aller de Paris au Japon et en retourner dans un temps si bref, n'est-ce pas? Moi, je l'ai fait. »

Mais c'est la guerre de 1914-1918 qui allait permettre des échanges plus actifs entre les deux mondes. Les millions de morts prématurées devaient tourner la pensée des survivants vers ceux qui leur étaient arrachés avec violence. Et ces derniers, de leur côté, aspiraient à consoler, à multiplier les preuves de leur présence.

A. B. à Mary Bruce Wallace. – « A présent, le voile s'amincit rapidement et s'amincira encore plus vite pour les âmes qui sont conscientes de ce que nous cherchons à accomplir. Demain ou après-demain, vous pourrez recevoir la lumière que vous ne pouvez obtenir aujourd'hui, mais l'atmosphère de guerre de la terre, à l'époque présente, nous perturbe gravement. Elle produit un brouillard si dense et si étouffant que nous pouvons à peine supporter d'y descendre. Descendre, pour nous, signifie souffrir. »

Alors que dans les dernières années de la Grande Guerre, tous les terrestres étaient persuadés que c'était, comme on disait à l'époque, « la der des der », de l'autre côté, on savait déjà que rien n'était résolu, et que tout recommencerait bientôt.

Dès le 28 juin 1919, Pierre annonce qu'en réalité la grande épreuve n'est pas achevée : « J'ai bien senti, crois-moi, la douleur de ton cœur, lorsque le canon tonnait pour annoncer la fin de cette guerre terrible, tout au moins sa fin apparente. » Trois ans plus tard, il précise : « Depuis la fin des batailles et du conflit des armes, nous vous prévenons que la guerre n'est pas terminée. » En 1926, lettre du 6 octobre, il prédit la deuxième guerre mondiale : « Dieu vous châtiera ! et nous venons avec douleur vous préparer à la désolation qui attend le monde ! » Qui dans l'insouciance des années 20 pensait à la grande désolation des années 40 ? En effet, la Grande Guerre n'a pas été suivie de ce renouveau spirituel qu'escomptait le monde invisible. Plus d'une fois, Pierre exprime sa déception et son angoisse en constatant que son sacrifice et celui de ses camarades n'ont finalement servi à rien. L'Eglise elle-même, qu'elle soit protestante ou catholique, n'a pas su ou n'a pas pu être le levain qui fait lever la pâte. Et il stigmatise son silence sur la vie *post mortem* et la résurrection immédiate. Il lui reproche sa carence dans la crise que traversent les sociétés chrétiennes :

« Crise si terrible que nous la regardons pleins de crainte devant les menaces que nous connaissons et qui pourraient s'accomplir si la réaction n'est pas immédiate... Une sorte de fumée sombre et rougeoyante à la fois enveloppe de ténèbres votre monde désorienté. »

Il dictait cela en 1926. Cette nuée mettra exactement treize ans à déchaîner son orage...

Il y a entre les années 20 et les années présentes d'inquiétantes similitudes : le péché commun à ces deux époques de prospérité, c'est le culte des biens de consommation. Et Pierre vitupère contre le matérialisme qui sévit aussi bien chez les chrétiens que chez les autres : « Le matérialisme est un exterminateur, dont vous ne soupçonnez pas encore les crimes qui iront jusqu'à l'assassinat. Or on n'assassinera pas l'Esprit, centre et producteur de vie, Dieu, mais bien l'homme qui a reçu la vie, vie qui peut lui être reprise. »

De 1939 à 1945, nous avons assisté à l'assassinat permanent de l'homme. Cependant la montée des périls (Hitler arrive au pouvoir en 1933), bien loin de freiner la décadence, ne fait que l'accélérer. Pierre, cette année-là, apostrophe avec colère « les jeunes hommes sans virilité, les jeunes femmes sans pudeur, les vieillards lascifs ou futiles selon les sexes, qui emplissent la terre de leur recherche du plaisir ». Ces divers personnages sont bien plus nombreux à notre époque qu'à la sienne. Il en est de même pour les prêtres sans respect pour le Christ dont parlait sœur Marie-Gabrielle au siècle dernier. Les messagers croient constater un état de choses contemporain, en réalité ils prophétisent.

Dans sa dernière lettre à Mme Monnier, lettre datée du 9 janvier 1937, et qui met fin à dix-neuf années d'entretiens, Pierre prophétise encore la deuxième guerre mondiale : « Je ne peux rien vous dire sur les événements futurs de la terre fratricide, car Dieu n'a pas voulu que l'homme connaisse l'avenir, que cet avenir soit entouré de joies ou tissé de douleurs. »

Pierre cesse de s'adresser à sa mère en 1937. Cependant les autres messagers continuent à juger l'actualité :

Albert Pauchard en 1936 : « Si je sais ce qui se passe en Abyssinie? Non. Je sais qu'il y a une guerre injuste. Mais il m'est déconseillé de me mêler de ce qui se passe sur terre. Quant à recevoir les âmes de ceux qu'elle envoie en astral, ce n'est pas mon département en ce moment. »

John ROBINSON : « Cette guerre en Abyssinie a été une terrible affaire. C'est une catastrophe pour la civilisation actuelle que l'Italie ait été autorisée à conquérir ce malheureux pays par des méthodes aussi horribles, alors que nous avions tous adhéré à un pacte qui devait empêcher un tel crime. J'ai été chargé d'un groupe qui a aidé ces suppliciés à passer de l'autre côté. Ce ne fut pas chose facile, car en bien des cas, ils étaient morts dans des conditions atroces : brûlés par le gaz moutarde... »

La guerre d'Ethiopie n'avait été que le prélude à la guerre de 1939-1945, annoncée par Pierre dès le 28 juin 1919. Cette patrie terrestre, pour laquelle il avait tant d'inquiétudes, devait subir la plus grande épreuve de son histoire : occupation totale, fusillades, démembrement[1], déportations, tortures. On allait voir ressurgir, pendant quatre ans, des quantités de fléaux que l'on croyait définitivement relégués au Musée des horreurs.

Pendant ces nouvelles années sombres, Paqui prend la relève pour faire connaître le point de vue de l'Au-delà. Faisant allusion à l'entre-deux-guerres, elle écrit en 1940 : « Dieu tout amour ne punit pas : ce sont toutes les erreurs des hommes, leur aveuglement, qui retardent l'évolution du monde, créent le mal, le déséquilibre et toutes les

1. Zone occupée, zone dite libre, zone interdite, zone annexée au Reich.

souffrances qui en découlent. Tout se paie : rien de bon ne pouvait se créer par tant d'années de désordre. Vous deviez passer par ce chemin rocailleux et vos pieds devaient saigner. »

En 1941, en plein triomphe des Nazis, elle annonce leur chute : « La guerre? Mais Dieu ne l'a pas voulue! Ce sont les hommes qui l'ont créée par leur inconscience, leur égoïsme, leur incompréhension des lois divines de la vie. Et si une bande de criminels, déchaînés par l'esprit du mal, a mis le feu dans le monde entier, leur châtiment sera terrible. »

En 1942, alors qu'aucun présage de délivrance n'est encore apparu, Paqui annonce la résurrection de la France : « Les soldats du Christ combattent avec vous et triompheront. La spiritualité de la France n'est pas éteinte. Voilée, elle revivra. Ecrasée, elle se redressera... »

Enfin, en 1944, elle affirme que la vérité n'est nulle part : « Les uns et les autres sont dans l'erreur puisque la haine les dirige. »

La même année, en juillet, Christopher annonce qu'il travaille très dur : « Nous avons encore une rude bataille devant nous, mais j'apprends qu'il n'y a plus beaucoup de bombardements sur l'Angleterre. Les Allemands donnent le grand coup pour essayer d'abattre le moral anglais, mais ils ont déjà échoué. »

En 1945, Philip décrit l'arrivée du Führer dans cet autre monde où il avait expédié tant de gens. Plongé par les lois de la haine dans un cauchemar sans fin, Hitler voit surgir de toutes parts les enfants squelettiques des camps de concentration. Comme des oiseaux épouvantés, ils fuient à son approche en poussant des cris stridents.

« Son chemin de salut est la torture et l'agonie. Il est le plus misérable des misérables. Cependant cette femme[1] lui est fidèle. »

Quant à ses complices, ils devaient passer auparavant par la justice des hommes. C'est en novembre 1945 que commença le procès de Nuremberg et, en octobre 1946, que furent exécutés par pendaison Goering, Ribbentrop, Rosenberg, Frank... et autres grands prêtres de la Malemort.

A cette époque, Philip annonce qu'il travaille de nouveau dans l'astral inférieur. « Il y a eu, comme nous l'avions prévu, une hideuse résurgence de haine due à l'arrivée des Neuf. De nombreuses victimes les attendaient. Ce fut Hitler qui vint vers Goering et commanda par télépathie le moment de son exécution. Ce sont tous deux des magiciens noirs. Goering était ce que les anciennes superstitions auraient appelé un démon incarné. »

La fin de la deuxième guerre mondiale ne signifiait pas pour autant la fin des épreuves. Tout se passe comme si la guerre représentait l'état normal de l'humanité : conflits entre les nations, conflits entre les races, conflits entre les classes sociales[2], les générations, les sexes, ne cessent d'agiter le monde.

1. Eva Braun.

2. L'humanité est tellement allergique à la paix qu'elle ne peut la supporter plus de quelques années. Quand la guerre extérieure fait défaut, c'est la guerre intérieure qui prend la relève. Et si, par hasard, il n'y a ni l'une ni l'autre, certains films, certains livres, certaine presse sont là pour assurer l'indispensable ration de violence, de haine, de meurtre.

Paqui s'étant tue en 1947, c'est au tour de Roland de prendre la parole. Ses prophéties concernant l'avenir collectif de la planète se sont révélées terriblement exactes. Le 20 mars 1948, il affirmait, sans fixer la date, ni donner de plus amples explications : « Vous allez traverser de nouvelles angoisses. Des courants vont encore secouer les hommes, des bandes d'ondes chaotiques ébranler les cerveaux. Il n'y aura pas de guerre maintenant; les électricités de combat vont suspendre leurs effets, *mais des guérillas écorcheront sans cesse votre planète;* il faut une plaie ouverte pour que le sang n'arrête pas de couler. Les foyers d'expiation voltigeront sans cesse au-dessus du monde et se poseront de place en place. Les coupables et les innocents périront ensemble. »

Les foyers d'expiation se sont posés de place en place : de Suez au Viêt-Nam, de Chypre à Cuba, de Corée en Algérie, d'Israël au Biafra, de l'Angola au Liban et en Mauritanie...

Albert PAUCHARD, le 6 juillet 1961 : « Les événements algériens agitent beaucoup les esprits, mais ce n'est pas encore le moment d'en finir, hélas ! Il y a ici des musulmans de grande envergure qui essaient d'influencer spirituellement leur pays. Un grand maître, un Mullah, les dirige avec science et dévouement, mais les effets ne se montrent pas encore. Cependant, cela viendra. C'est réconfortant de voir combien dans nos sphères des milliers de chrétiens et d'Arabes s'unissent en prières adressées au même Dieu. »

Cependant, selon Roland, les guérillas qui écorchent notre planète ont l'avantage de nous éviter la guerre mondiale et totale : « Les foyers de combat captent les mauvaises ondes qui survolent votre planète; je crois qu'ils arriveront à drainer la totalité des fluides de choc. Un paratonnerre prend toute l'électricité d'un ciel en colère. La foudre ne tombera peut-être pas sur votre globe grâce à ces abcès de fixation des coups de feu locaux. »

Le 30 novembre 1950, sa mère, angoissée, lui demanda si, comme tout le monde le redoutait alors, la guerre de Corée n'allait pas dégénérer en conflagration générale. Cette fois, devant la gravité des événements, il consentit à répondre. Et ce fut pour la rassurer :

« Ceux qui meurent là-bas sont en train de sauver ceux du continent où tu te trouves. Il faut que le sang coule d'une plaie. Sois calme, optimiste, répands la bonne parole; pour l'instant, la France ne craint rien. »

Lorsque, le 10 décembre 1920, Pierre parlait de « la hideuse puissance qui allait se ruer sur la spiritualité », à quels événements faisait-il allusion ? sont-ils déjà venus ou sont-ils à venir ? :

« Nous voyons ici se préparer cette agression sauvage alors que, sur la terre, vous ne distinguez que des vagues qui viennent mourir sur la grève. Ne remarquez-vous point leur lividité ? Et si vous levez les yeux, vous resterez consternés devant les reflets sanglants qui empourprent le couchant, c'est effectivement le couchant d'une époque... Si vous n'y prenez garde, vous tomberez dans la nuit. Après la nuit, disent les insensés, l'aurore se lève. Oui, sans doute, mais le soleil spirituel aura cessé de briller sur la terre que l'amour a rachetée, car le soleil qui monte à l'horizon sera un soleil de flamme qui carbonise et détruit. »

Je crains fort que ce soleil de flamme qui carbonise et détruit ne soit pas un soleil symbolique, comme Mme Monnier pouvait le penser en relisant ses notes. Dans sa lettre de 1920, Pierre annonçait-il la deuxième guerre mondiale ou la troisième ?

La réponse semble se trouver dans le message de la Vierge de Fatima : « Quand vous verrez une nuit illuminée par une lumière inconnue, sachez que c'est le grand signe que Dieu vous donne pour vous montrer qu'il va punir le monde de ses crimes, par le moyen de la guerre, de la famine et des persécutions contre l'Eglise et le Saint-Père. Le Saint-Père aura beaucoup à souffrir. Plusieurs nations seront anéanties. »

La Vierge prononça ces mots, le 13 juillet 1917. Depuis 1945, nous savons qu'une nation peut littéralement être anéantie. Le pape n'a pas encore eu à souffrir[1], l'Eglise n'a pas encore été persécutée, le soleil de flamme qui carbonise et détruit ne s'est pas encore levé. Nous n'avons pas encore contemplé la nuit illuminée par une lumière inconnue.

A ces événements terrifiants que l'on aperçoit en filigrane, non seulement dans l'Apocalypse, mais aussi dans les Epîtres de saint Pierre et dans les Evangiles, doit succéder une ère d'accom-

1. Dans sa personne physique, du moins.

plissement, de prophéties réalisées et de révélations nouvelles.

Thomas Dowding l'annonce à Wellesley Tudor Pole en lui faisant ses adieux et lui rappelle la vision johannique du fleuve d'eau vive, étincelant comme du cristal, et procédant de Dieu.

« L'enfance de la race humaine finira bientôt. De grandes puissances spirituelles de purification attendent d'être déversées. Créez, dans ce but, des vases[1]. Faites de vous-même un vase afin que vous puissiez recevoir le don de l'Esprit. Vous n'avez besoin d'aucun enseignement venant de l'extérieur. C'est de l'intérieur que viendra à vous la révélation. Retirez-vous dans la demeure du silence. Pensez à ces choses ! Pensez à ces choses... le temps est venu de mon éloignement... »

La partie la plus étonnante de l'œuvre de Pierre, ce sont ses fulgurations concernant les voyages interplanétaires. Dans une lettre datée du 15 décembre 1919, il prophétise : « Vous êtes sur la rive des grands océans inexplorés. Partant de la matière impondérable, vous traverserez des espaces aussi remplis de vie immanente que ce qui est infinitésimal... Vous vous emparerez des richesses insoupçonnées de l'infini qui vous entoure, dont vous ignorez tout puisque votre science est remplie d'erreurs. »

Trois jours plus tard il complète sa pensée :

1. Allusion à l'ère future, celle du Verseau qui tient l'amphore des eaux vives.

« Vous pourrez, par des expériences, de plus en plus précises, contrôler les gestes de l'universalité vivante. Vous pourrez changer le cours normal et la suite logique des méthodes divines... Vous irez bien plus loin encore : vous découvrirez en vous une puissance insoupçonnée et des possibilités merveilleuses d'influence consciente sur la destinée de la matière ambiante[1]. Je t'ai dit que vous pouvez comparer tout ce qui vous entoure à la matière organisée par un procédé inchangeable. Et je ne parle pas seulement de la terre, mais des espaces... Une immensité peuplée de découvertes de plus en plus belles, parfois plus déconcertantes, s'ouvre devant la curiosité des chercheurs de la terre. Mais le terme de tout cela, je veux dire le point que vous ne dépasserez jamais, c'est la manière mystérieuse dont cet univers s'anime par la vie... Et ceci, c'est le secret de Dieu ! C'est la nécessité absolue d'un foyer générateur que vous ne trouverez nulle part, ni dans la matière concentrée, ni dans la matière diffuse... Vous découvrirez les lois étranges, mais rationnelles, régissant toute cette action qui ne ressemble en rien à l'agitation, parce qu'elle s'accomplit dans l'ordre et l'obéissance.

« Mais ce qu'est le souffle de vie... c'est le secret de Dieu. »

1. Comparer avec le message de Roland du 23 février 1968, cité p. 157.

CHAPITRE XX

LE CORPS SPIRITUEL EN CETTE VIE

On sait qu'il y a trois façons de considérer l'homme.

Première conception : Le monisme matérialiste :

L'homme est un être à une dimension. L'homme est un corps. Il n'est que cela. Quand le corps meurt, l'homme meurt : tout est fini. Il ne reste de lui que le souvenir.

Deuxième conception : Le dualisme :

L'homme est un être à deux dimensions. D'une part, le corps; d'autre part, un principe appelé tantôt âme, tantôt esprit. Entre les deux termes la confusion est complète. Quand le corps meurt, il ne reste, dans un vague Au-delà, que l'âme-esprit sans support, sans consistance. Dans la vie éternelle, le dualisme n'est plus qu'un monisme spiritualiste, à peine plus satisfaisant que le monisme matérialiste. Le binaire corps-esprit représente la conception de la philosophie classique, conception qui ne va pas sans difficulté. Le philosophe classique définit, sans trop de peine, les deux substances hétérogènes, corps et esprit, souvent hostiles. Le malheur, c'est qu'il ne parvient pas à les réunir. Il arrive à concevoir un corps, il arrive à concevoir un esprit. Ce qu'il conçoit mal, c'est un esprit uni à un corps. Le dualisme a le grand défaut de faire du spirituel quelque chose de flou, d'inconsistant... de préparer ainsi un terrain favorable aux attaques du matérialisme.

Troisième conception : La conception trivalente :

L'homme est un être à trois dimensions. Il est une triade : esprit, âme et corps; *animus, anima, corpus; pneuma, psyché, soma.* L'homme fait à l'image de Dieu est triple.

Le premier principe, le pneuma, l'esprit, est immortel, indestructible et de nature divine. L'homme fait à l'image de Dieu est esprit. Dans la vie présente, il gouverne simultanément le corps physique et le corps spirituel. Dans la vie future, il ne gouverne plus que le corps spirituel.

Le deuxième principe est la psyché, ou âme, ou corps spirituel : soma pneumatikon qui, comme son nom l'indique, tient de l'esprit et du corps. Il est fait de matière subtile, déconcentrée. Il est l'enveloppe du pneuma. Dans la langue du Nouveau Testament, psyché signifie à la fois âme et vie. On peut le traduire par principe vital. Il est lumière et il retourne à la lumière. Etroitement joint au corps physique, fait de matière subtile et radiante, il survit à la dissolution de ce dernier pour en conserver dans l'Au-delà la forme ennoblie.

Ce deuxième principe, qui est le plus difficile à comprendre et le plus communément mis en doute, est encore appelé, selon les auteurs et les époques, corps glorieux, corps subtil, corps fluidique, corps éthérique, corps métaphysique ou périsprit. On l'appelle aussi double, car il moule de façon étroite le corps physique dont il épouse la forme.

Le troisième principe est le soma ou corps physique. Il est poussière et il retourne à la poussière. Il est terre et il retourne à la terre. Comme il est le seul visible, pour beaucoup de gens il est le seul réel. Pour le corps physique, pas de difficultés pratiques ou doctrinales. Les difficultés commencent avec l'esprit et se poursuivent de plus en plus belle avec le corps spirituel.

Certes, les chrétiens en connaissent l'existence, mais ils ne l'admettent qu'après la mort. Or, comme nous l'enseignent les messagers christiques, le corps spirituel naît en même temps que le corps physique.

L'affirmation que l'homme est triple est la base même de leur doctrine. Pierre la résume en une formule limpide : « L'esprit : lumière de l'âme ! L'âme : lumière du corps ! » Mais comme vingt-cinq siècles de confusion obscurcissent encore le concept âme, il est nécessaire de traduire : Esprit : lumière du corps spirituel ! Corps spirituel : lumière du corps physique ! Ou encore : Esprit : lumière du double ! Double : lumière du corps !

Mais, qu'est-ce que le double ?

« C'est, répond Roland, cet hôte invisible, fait de vibrations, cette sorte de nébuleuse humaine. Ton double est cet impondérable autour de toi, teinté mais invisible. Voilà pourquoi je te dis sans cesse de travailler à le perfectionner, car c'est lui qui doit te survivre.

« Tu dois travailler sans cesse à purifier ton double, c'est-à-dire la partie de toi-même qui communique avec les plans supérieurs. Tu ne te préoccupes pas assez de ce deuxième personnage qui est pourtant attaché à toi, aussi étroitement que ton ombre. Vivre pour Dieu, c'est l'avoir dans son double sans un instant d'interruption. »

Si Pierre et Bertha n'emploient pas expressément le terme de double, ils prennent âme dans ce sens. Cela ressort avec netteté des passages suivants où les mots d'esprit et âme figurent côte à côte comme désignant des réalités bien distinctes.

Pierre : « Au moment où l'esprit quitte la terre et se sépare de la dépouille mortelle, « l'âme » de chacun des atomes qui constituent cette enveloppe se sépare, elle aussi, et survit au travers de l'éparpillement des molécules appelées à d'autres œuvres, pour continuer avec l'esprit-homme, qui était leur centre, la vie d'un microcosme spirituel destiné à l'immortalité. »

L'âme de chacun des atomes... on aura fait le rapprochement avec Leibniz.

Bertha : « Chaque humain vit simultanément sur trois plans, formant ainsi une trinité fonctionnelle : il est à la fois esprit, âme et corps. Or, dans la plupart des cas, le jeu normal des rapports entre ces plans est faussé. Tout devrait avoir sa source dans le plan spirituel, auquel l'âme doit s'attacher pour en être sustentée. Le corps, alors, manifeste tout naturellement la vie une, à son niveau propre. »

Pierre met en relief le caractère presque physiologique du corps subtil : « Le corps spirituel, dont vous a souvent parlé saint Paul, possède lui aussi des organes qui lui sont propres, des facultés qui nous permettent de vous voir, de vous entendre, de vous parler, de nous souvenir, de vous aimer... Nos âmes ont un corps spirituel aussi compliqué, aussi raffiné, et, dans son genre, aussi bien organisé que le corps temporel. Il est évident que certains organes, devenus inutiles, sont remplacés par d'autres. Mais il en est qui, tout comme notre *ego* lui-même, sont simplement transformés, spiritualisés. C'est, en effet, une évolution ascendante qui concorde avec le plan général, adopté par le Créateur... »

Bertha nous enseigne que, dès cette vie, le corps psychique peut se manifester : « Quand vos sens vous font éprouver douleur et désarroi, pensez à votre corps spirituel et, par une parole d'autorité, ordonnez-lui de se manifester. Si votre corps n'offre pas le spectacle d'une parfaite santé, vous risquez de suggérer aux autres que Dieu est impuissant. A la longue, quand vos fonctions physiques s'effectueront du plan de l'Esprit, votre organisme s'affinera et ses réponses seront instantanées. »

Christopher, lui, nous apprend que nos alliés de l'Au-delà peuvent guérir notre corps psychique.

Sa mère lui ayant demandé si les gens qu'il soigne se trouvent dans cette vie ou dans l'autre, il répond : dans les deux ! « Peu importe d'ailleurs qu'ils soient morts ou pas, parce que c'est leur corps éthérique que nous soignons. La plupart d'entre eux sont sur les champs de bataille, et les vibrations de peur et de colère font mal à leurs éthériques. Ils ont donc grand besoin de traitement. C'est alors que nous leur apportons des soins pour les guérir et les apaiser. »

Roland précise que nous pouvons, par de mauvaises actions ou de mauvaises pensées, nuire gravement à notre corps subtil : « Nos pensées et nos actions sont de la plus haute importance pour l'édification du double. Si elles sont mauvaises, elles le mettent en sang, elles le couvrent de plaies. » Il ajoute que le corps spirituel doit, dès ici-bas, s'édifier par nos soins : « Quand tes ferveurs seront arrivées à mon plan, ton enveloppe mortelle périra et tu entreras dans ton corps glorieux. C'est ce corps glorieux qu'il faut construire, jour par jour, étape par étape, point par point, comme on brode une tapisserie. »

Cette notion de corporalité spirituelle, cette conception trinitaire de l'homme, sans lesquelles les phénomènes dits surnaturels sont incompréhensibles, ne sont pas issues d'un rêve que feraient les vivants invisibles. Elles reposent sur de solides bases néo-testamentaires, patristiques et philosophiques, ainsi que sur des faits.

1. *Bases néo-testamentaires :*

De nombreux passages du Nouveau Testament

parlent de l'esprit et de l'âme comme de deux réalités distinctes. « Mon âme magnifie le Seigneur, dit Marie, et mon esprit s'est réjoui en Dieu. » Le second verbe est au passé : l'esprit préexiste à l'âme.

« Le premier homme, Adam, écrit saint Paul, a été fait âme vivante, mais le dernier Adam est un esprit vivifiant. » Il conclut sa lettre aux Thessaloniciens par ces termes : « Que tout ce qui est en vous : l'esprit, l'âme et le corps, soit conservé irrépréhensible ! » L'esprit, l'âme et le corps sont cités dans un ordre hiérarchique descendant.

C'est Paul qui apporte le plus de lumières sur le problème du double. Il enseigne en effet qu'il y a des corps terrestres et des corps célestes. Corps céleste signifie qu'il y a une corporalité du divin. L'apôtre fait une nette distinction entre l'homme extérieur (le corps physique) qui se détruit et l'homme intérieur (le corps subtil) qui se renouvelle de jour en jour; entre le corps naturel (ou animal), celui qui est semé, c'est-à-dire mis en terre, et le corps spirituel, celui qui ressuscite.

2. *Bases patristiques :*

Ce sont surtout les Pères des premiers siècles qui se sont préoccupés du corps subtil. Origène et les Alexandrins se demandèrent s'il peut exister une âme privée de toute texture organique, de toute relation avec le monde réel. Une substance purement intellectuelle leur paraissant inadmissible, ils en déduisirent l'existence du double. Pour Tertullien la corporalité de l'âme est nettement affirmée par les Evangiles. Pour saint

Cyrille de Jérusalem, tout ce qui n'a pas un corps épais et lourd doit être appelé esprit.

Puis c'est saint Augustin qui prit la relève. L'évêque d'Hippone, toujours si averti des choses supraterrestres, pressentait que le corps spirituel n'est pas immatériel, lorsqu'il écrivait à Nébride, évoquant leurs entretiens de jadis : « Souvent nous avons agité, dans des discussions qui nous laissaient tout hors d'haleine et tout échauffés, cette question de savoir si l'âme n'a point à demeure quelque espèce de corps ou quelque chose d'analogue à un corps que certains, comme tu le sais, appellent son véhicule. » Et, dans sa *Cité de Dieu,* il parle du corps translucide, éthéré, *aromal.* Retenons aromal; parfois, les disparus signalent leur présence par des parfums.

Le fait que les créatures invisibles soient, en un certain sens, corporelles, avait été pressenti par le deuxième concile de Nicée (787). Il affirma, en effet, que les anges, les archanges et les âmes, c'est-à-dire les disparus, sont à la vérité spirituels, mais non complètement privés de corps. Ils sont, au contraire, doués d'un corps ténu, aérien ou igné.

Les siècles passent, l'Eglise oublie peu à peu la qualité trinitaire de l'homme. Elle enseigne que le corps spirituel ne paraîtra qu'après la mort dans les espaces célestes. Elle se rallie à la philosophie classique qui ne veut connaître que l'âme et le corps, enfermant la pensée humaine dans le nœud de contradictions de la doctrine dualiste. Certes, un homme tel que saint Bernard se souvient du corps subtil quand il attribue à Dieu seul la vraie incorporalité, ce qui signifie, *a contrario*, que les créatures spirituelles possèdent une sorte de corps.

3. *Bases philosophiques :*

La philosophie des origines avait été trinitaire. Les premiers philosophes grecs avaient distingué : le matériel, le vital et le spirituel, le vital correspondant au corps éthéré, le vital étant fait de matière subtile, déconcentrée.

Déjà, pour Héraclite, l'âme et le corps représentaient divers degrés de tension, comparables à la tension des cordes d'une lyre. La différence n'était plus qu'une affaire de vibrations. Or, les messagers nous expliquent que si les corps spirituels sont invisibles, c'est à cause de la fréquence élevée de leurs vibrations. Dans l'ordre matériel, l'hélice, qui tourne à une vitesse maximale, devient invisible !

Dans la conception d'Aristote, cette psyché, qui est la forme du corps, qui enveloppe le corps, telle une aura, évoque nettement le corps spirituel. Pour Théophraste, disciple d'Aristote, l'homme est composé de trois parties : l'esprit, substance immatérielle, simple, et par conséquent immortelle; l'âme, entité intermédiaire, médiateur plastique; et le corps formé de particules, donc facilement décomposable.

L'intuition que les esprits libérés restent attachés à des organismes subtils faisait souterrainement son chemin dans la pensée grecque. L'hypothèse de véhicules conservés par les disparus remonte, sinon à Platon, du moins aux néo-platoniciens, qui crurent la trouver dans le *Phèdre,* le *Phédon* et le *Timée.* Les néo-platoniciens enseignaient, en effet, qu'il y a deux âmes; la première, émanant du monde intelligible ou archétype, est, de ce fait, indépendante de la nature. Elle correspond au *pneuma* de saint Paul. La seconde étant présente tout entière dans chaque partie du corps, qu'elle double en quelque sorte, correspond à la psyché. Le corps est en elle, bien plus qu'elle n'est dans le corps. Présente au corps par la vie végétative et sensitive, elle lui échappe par la pensée, reflet en nous du monde intelligible, du monde des idées.

Après avoir sommeillé pendant plus de mille ans, de la fin de l'Empire romain au début de la Renaissance, la notion de corps subtil reparaît dans le système du médecin thaumaturge Paracelse. Il explique le développement et le fonctionnement de l'être humain par une archée, principe de vie participant à la fois de la matière et de la pensée. Son disciple van Helmont, médecin, chirurgien et chimiste, reprend cette idée de l'archée, principe vital qui anime le corps tout entier et combat les maladies.

Au XVIIe siècle, c'est Cudworth qui redécouvre ce qu'il appelle le médiateur plastique, substance intermédiaire qui rend possible l'action réciproque de l'esprit et du corps. Mais c'est surtout Leibniz, ami du fils de van Helmont, qui, avec sa théorie des monades, fait les plus intéressantes approches. Ce terme de monade, il l'avait emprunté aux pythagoriciens pour qui elle était l'unité parfaite qui renfermait l'esprit et la matière sans aucune division. La monade de Leibniz est un vivant miroir de l'univers. Chacune est un tout infini et unitaire, bref un microcosme. La différence des monades ne consiste que dans les différents degrés de conscience. Il existe une hiérarchie qui va de « la monade toute nue » représentant le degré inférieur de l'activité, à la monade sensible, puis à la monade spirituelle jusqu'à la monade divine.

Au stade de la monade spirituelle, qui correspond à l'échelon humain, Leibniz explique que notre corps est entièrement composé de monades dont chacune est immortelle. Mais il existe une monade directrice qui est ce qu'on appelle l'âme. Ici, nous ne sommes plus très loin du corps subtil, bien que le mot ne soit pas prononcé. Leibniz avait nettement pressenti que la mort n'est pas une désincarnation totale, que la survie n'est pas l'existence d'un esprit séparé, mais qu'elle implique, au contraire, des activités et des facultés d'un corps différent du corps terrestre.

Leibniz, pour qui l'étendue n'est pas un attribut de la substance, pour qui un psychisme réside au stade le plus simple, a conçu un audacieux atomisme spirituel capable de s'opposer efficacement à l'atomisme matérialiste et mécaniste qui se fragmente à l'infini en particules inanimées. L'étendue sur laquelle ce dernier se fonde, se dissout en poussière.

Au XVIIIe siècle, c'est un médecin, Barthez, qui renonce aux explications chimiques ou mécaniques de la physiologie humaine : il admet une force spéciale distincte des propriétés générales de la matière et qui, même, peut quelquefois la combattre. Il nomme cette troisième force : le principe vital. Il convient de souligner que ce sont précisément des médecins, des chirurgiens et des chimistes qui ont voulu combler le vide gigantesque que Descartes avait creusé entre l'homme et la nature, entre l'esprit et la matière. Ce sont des hommes de science, et non des métaphysiciens, qui ont pressenti l'existence de ce corps de l'esprit dont les messagers affirment l'existence.

Cependant, des gens comme Paracelse, van Helmont, Cudworth, Barthez, étaient des francs-tireurs et n'étaient nullement représentatifs de la philosophie occidentale qui demeurait farouchement, étroitement dualiste.

La philosophie occidentale se trouve prise entre, d'une part, une âme immatérielle et invisible et, d'autre part, un corps périssable, à la merci du moindre accident, de la moindre maladie. Obligée de faire un choix, elle va s'orienter, car l'esprit humain a besoin d'unité, soit vers le monisme spiritualiste, soit vers le monisme matérialiste. Comme le premier répugne à la pensée européenne, c'est le second qui, à partir de la Renaissance, recueillera le plus d'adeptes. Par un bizarre paradoxe, c'est la théorie binaire du corps opposé à l'esprit qui a fait le lit du matérialisme.

Depuis deux siècles, si le matérialisme, sous ses différents noms : marxisme, positivisme, existentialisme athée, a pris une telle extension, c'est que les penseurs chrétiens avaient fait son jeu. A force d'irréaliser le spirituel, ils l'avaient vidé de son contenu. En refusant, ou en oubliant l'existence du troisième terme, ils avaient fait de « spirituel » le synonyme d'inexistant.

Tandis que les spiritualistes immatérialisaient à l'excès l'esprit, les spirites le rematérialisaient, à l'excès eux aussi. Mais ils apportaient les preuves concrètes de l'autre vie, ils affirmaient et confirmaient l'existence du corps subtil qu'Allan Kardec nommait périsprit.

Au XXe siècle, on parle beaucoup de Hegel (ce qui dispense de le lire) et fort peu de Leibniz (ce qui permet de ne pas lui rendre ce qui lui appartient). Les savants qui viennent nous déclarer : « Finalement la matière n'existe pas », ne sont-ils pas les disciples de Leibniz qui, se défiant de l'étendue, se gardait bien d'en faire une réalité première et dernière et se refusait à la prendre pour base de son système. Les biologistes qui nous parlent de conscience cellulaire, de conscience primaire à l'œuvre dans les êtres les plus primitifs et dans les organes en formation, ne ressuscitent-ils pas, sous d'autres noms, les monades?

Lorsque Teilhard découvre du psychisme dans les êtres les plus primitifs, jusque dans la matière, jusque dans les molécules et les atomes, il est bien dans la ligne de Leibniz. Jusqu'au terme de monade qui ressurgit dans son œuvre. Pour expliquer la noosphère, il la compare à un tissu vivant et pensant dont les mailles seraient « les monades réfléchies ». Persuadé qu'il ne doit existter dans le monde qu'une seule énergie, Teilhard ne sépare pas l'esprit de la matière : les deux forces se tiennent comme le recto et le verso de cette feuille.

Sa théorie de l'enroulement, évolution à la fois physique et spirituelle dans la direction de plus de conscience, n'est pas sans évoquer l'élan vital de Bergson. Observons au passage que les témoins de l'Invisible confirment la thèse capitale de ce dernier : l'existence d'une énergie spirituelle autonome, irréductible à l'énergie physique ou biologique, échappant aux catégories de l'espace et de la quantité, se dépensant en explosion de liberté, énergie créatrice et consciente de sa puissance de création.

Teilhard, prêtre catholique, croit *ipso facto* à l'esprit et à l'immortalité de l'esprit. Cependant Teilhard, philosophe et homme de science, doit refaire cette découverte pour son propre compte. En effet, il voit surgir, au bout de ses raisonnements et de ses recherches, l'immortalité. Ayant posé que la pensée réfléchie enfante en l'homme l'exigence d'irréversibilité, il établit que la personne est *self-consistant.* C'est lui qui emploie le terme anglais.

Prise dans le jeu de l'autodétermination, désireuse de garder l'acquis définitivement, la personne humaine émerge de l'espace-temps et débouche hardiment sur l'immortalité. Il écrit : « Du fait que je me pense, je m'établis à jamais. » Autrement dit : « Je pense, donc je suis immortel. »

Si Teilhard restaure dans la philosophie les

deux notions cardinales d'unité du monde et d'immortalité, on ne rencontre pas dans son système quelque chose qui s'apparenterait au médiateur plastique, au troisième terme, au corps subtil.

On le trouve en revanche chez Gabriel Marcel, qui fait une distinction intéressante entre le corps-objet, corps instrument, le seul sur lequel porte la destruction, et le corps-sujet, le corps en première personne, à la fois senti et sentant. Ce corps-sujet n'est pas sans rapport avec le corps subtil. Reste à savoir si le terme figure quelque part dans l'œuvre de Gabriel Marcel. Après quelques recherches, je découvre dans son *Journal métaphysique,* à la date du 13 mars 1919, le passage suivant : « Ce n'est pas d'aujourd'hui que je tends à penser qu'il doit y avoir une réalité proprement psychique du corps, faute de quoi la vie serait inconcevable. Ceci est certainement assez vague, même pour moi; ce que je veux dire, c'est que le corps doit pouvoir être appréhendé en tant que psychique, en tant qu'unité psychique. » Le corps... le psychique! les deux concepts, qui se cherchent comme en une danse de phalènes dans la pensée du philosophe, se rapprochent, sans toutefois s'unir. Gabriel Marcel propose ailleurs : corps médium, mais le terme ne le satisfait pas. Il lui trouve une coloration occulte. Cependant, médium est de la même famille que médiateur et l'on songe au médiateur plastique du philosophe anglais.

Mais tous les arguments néo-testamentaires, patristiques et philosophiques du monde ne parviendront pas à convaincre certains et on les comprend. Aux articles de foi, ils préfèrent les faits. Existe-t-il des faits en ce domaine ? Peut-on déceler la présence du corps spirituel dès cette vie ? Sans aucun doute.

4. *Les faits :*

Sur le plan le plus immédiat, le plus quotidien, la réalité du corps spirituel explique les phénomènes d'attirance, de sympathie, qui ne sont fondés ni sur l'attraction sexuelle, ni sur une harmonie intellectuelle. Cela est valable pour les phénomènes inverses de répulsion et d'antipathie.

C'est le corps spirituel qui agit chez le radiesthésiste, chez le guérisseur, ce dernier travaillant autant sur le corps subtil du malade que sur son corps physique. C'est le corps spirituel du consultant qui agit sur le voyant authentique. La destinée, comme les penchants d'un être, étant inscrite dans le double, le voyant authentique est celui qui sait lire les doubles.

Le corps spirituel coïncide avec le corps physique quand l'être humain est en état de veille. Mais, déjà pendant le sommeil, il peut s'en détacher. D'où cette sensation agréable de vol que l'on a souvent en rêve.

Le corps spirituel peut aussi se dégager du corps physique dans ces circonstances que l'on appelle dédoublement ou bilocation. Le dédoublement, exceptionnel en cette vie, est de règle générale à l'heure de la mort. Quelques exemples de bilocation : l'apôtre Philippe dans les Actes, saint Alphonse de Liguori, saint Antoine de Padoue, et tout près de nous, le Padre Pio, qui a été vu en diverses parties du monde, alors qu'il ne quittait jamais son couvent et son hôpital.

L'existence du double explique de façon satisfaisante les phénomènes de télépathie : télépathie horizontale d'un terrestre à un autre, télépathie verticale d'un terrestre à un invisible et réciproquement. Le corps psychique permet aussi de comprendre les phénomènes d'écriture dite automatique. Il faudrait plutôt dire écriture inspirée, écriture *in spiritu.*

Le corps glorieux d'un vivant incarné devient soudain visible : c'est la transfiguration ou radiance : transfiguration du Christ, mais aussi de Moïse lorsqu'il redescend du Sinaï. Transfiguration d'Etienne au moment de son martyre : son visage devint comme celui d'un ange. Transfiguration de plusieurs saints : Philippe de Neri, Charles Borromée, Ignace de Loyola, François de Sales, le curé d'Ars étaient parfois entourés de lumière lorsqu'ils prêchaient ou lorsqu'ils célébraient la messe.

Quand le corps spirituel domine le corps physique, on assiste au phénomène très exceptionnel, lui aussi, de la lévitation. Ainsi le Christ marchant sur les eaux. Ainsi Thérèse d'Avila, Marie d'Agréda, Gemma Galgani, soulevées au-dessus du sol pendant leurs extases.

Le corps spirituel peut traverser les objets matériels à la façon des rayons X. Il peut pénétrer dans une pièce close. Le Christ ressuscité entra dans la salle où se tenaient les apôtres, toutes portes étant fermées.

La réalité du corps subtil explique, de la façon la plus satisfaisante, les prétendues contradictions des récits évangéliques de la résurrection. Un corps subtil peut passer à travers les portes fermées, et cependant être solide, être touché.

C'est le corps spirituel qui permet aux disparus de se faire reconnaître par les terriens dans la circonstance exceptionnelle appelée apparition. Les apparitions ne sont explicables que par la réalité d'une forme subtile semblable au corps physique... et survivant à sa destruction.

Mais les apparitions du Christ, de la Vierge[1], de saints, d'initiés, de mystiques, sont des grâces qui ne se produisent que quelques fois par siècle et toujours à des êtres d'absolue pureté. D'où leur prédilection pour les enfants.

ROLAND. – « Chez nous, c'est à l'aide de vibrations spirituelles que nous vous envoyons des apparitions; elles ne sont autres que des réverbérations célestes. Nos écrans, ce sont les yeux purs. »

Apparitions, un mot que n'aiment pas certains chrétiens, et pourtant, tout le christianisme a été fondé sur les apparitions de Jésus, preuves tangibles de la résurrection immédiate.

1. Le renouveau du catholicisme est dû, pour une bonne part, aux apparitions de la Vierge qui, depuis plus d'une centaine d'années, s'inquiète de cette humanité dont elle fit partie. Ses retours périodiques coïncident étrangement avec la montée du matérialisme et la multiplication des guerres.

CHAPITRE XXI

LE CORPS SPIRITUEL DANS L'AUTRE VIE

Au moment de la mort, l'esprit et le corps spirituel, abandonnant le corps physique à la désagrégation, entrent ensemble dans l'ultra-monde. La mort est une transsubstantiation, par laquelle notre corps métaphysique passe au travers du corps physique dont il épouse la forme et garde l'identité.

De l'autre côté, l'esprit n'est plus vêtu que de ce corps subtil qui s'était manifesté exceptionnellement sur la terre. C'est le corps spirituel qui nous permet de conserver notre personnalité et qui permet aux disparus de se reconnaître entre eux. Le corps spirituel garde dans l'ultra-monde les mêmes dimensions et presque le même aspect que le corps physique. Plus exactement, il garde l'aspect du corps physique dans son plein épanouissement.

Pour bien comprendre le monde invisible, il faut commencer par bien étudier le monde visible. Pour pressentir les qualités et les beautés du corps spirituel, cherchons dans la nature ce qu'elle a de plus étonnant, de plus surnaturel. La vie universelle qui, sur le plan des grands nombres, ne connaît pas la mort est, en effet, la préfiguration et le gage de la vie éternelle.

Roland : « Je voudrais te donner une description d'un être après sa mort, mais hélas ! je ne le puis, car tu n'as pas étudié la vie de tout ce qui vit sur la terre. Pour avoir la synthèse d'un corps astral, il faudrait commencer par le chant d'un rossignol, finir par la luminosité d'une étoile. Pour définir un être astral, il faudrait faire une synthèse de tous les systèmes nerveux, de toutes les vibrations, de toutes les couleurs. »

Le dégagement de l'esprit et du corps spirituel hors du corps physique est souvent comparé par les messagers à l'effort du papillon qui s'élance hors de la chrysalide.

Max-Getting : « La chenille qui devient papillon n'est-elle pas l'analogie visible ? Elle explique bien l'essor de l'âme qui, transformée, s'échappe dans l'espace. Chenille, âme rudimentaire, elle rampait à terre; métamorphosée en papillon léger et brillant, devenue âme pure, élevée, elle s'envole dans l'éther. »

Voici comme un écho, à vingt-cinq siècles de distance, le dernier des *Vers Dorés* de Pythagore : « Et lorsque tu abandonneras ton corps, tu iras vers l'éther libre... »

Roland a recours à la même parabole : « De la

chenille au papillon, le temps est long. Etudie les papillons ! Il y a beaucoup de lois dissimulées dans leur vie. Que ton intuition cherche et établisse un rapport entre les métamorphoses qui se produisent chez les insectes et celles que vous serez amenés à subir ! Pour se débarrasser de son ancienne enveloppe, la chrysalide est condamnée à des efforts douloureux. Ecoute ceci : tes ailes sont déjà dans ton corps comme dans une chrysalide; ta chair est le cocon. Ton envol est tout près de toi comme un papillon immense. »

Comme tout se rejoint dans le monde de l'Esprit, il n'est pas étonnant que le jeune messager se rencontre avec Dante. Au chant X du Purgatoire, on trouve, en effet, cette terza rima :

Non vi accorgete che noi siam vermi
Nati a formar l'angelica farfalla
Che vola alla giustizia senza schermi[1].

La découverte que leur corps spirituel est autre chose qu'une simple vapeur, idée fausse apportée de la terre, comme tant d'autres, remplit de stupéfaction et de joie ceux qui viennent d'arriver dans l'espace.

Old Lawyer : « C'est étrange, mais il me semble avoir un corps entièrement substantiel, bien qu'au début mes bras et mes jambes m'aient paru s'étaler dans toutes les directions. »

Thomas Dowding mentionne aussi, avec sur-

1. « Ne vous apercevez-vous pas que nous sommes des chrysalides
Nées pour donner forme au papillon angélique
Qui, sans obstacles, vole vers la justice ? »

prise, cette expansion du corps subtil : « Je me sentais simplement libre et léger. Ma personne semblait s'être dilatée. »

Christopher s'étonne, au commencement, de cette solidité de la vie sidérale : « Je pensais que si je mourais, je flotterais, quelque part dans les nuages, mais pas du tout : cette nouvelle sorte de vie est tout à fait consistante... Nos corps sont plus solides à mes yeux que les vôtres. »

Impassibilité, incorruption, subtilité, agilité, clarté : les cinq vertus des corps glorieux, dont nous parle l'ancienne théologie, sont bien une réalité. Mais il convient auparavant d'examiner ces termes, qui ont gardé leur sens latin, et de les retraduire en français moderne.

Impassibilis signifie non pas « impassible », mais « qui n'est pas soumis à la douleur ».

Incorruptio a, chez saint Augustin, le sens d'incorruptibilité, et, chez saint Jérôme, le sens d'éternité. Incorruption égale non-désintégration par le temps, c'est-à-dire jeunesse. De l'incorruption se déduisent la beauté et la fragrance.

Subtilis signifie fin, délié, ténu, fluide. C'est ainsi que *subtilitas vestis* doit se traduire par « finesse d'un tissu » et que les *subtilia primordia* de Lucrèce sont les atomes. En langage moderne, subtilité se dit plasticité, fluidité.

Agilitas a le sens de vitesse, donc de vibrations.

Clarté, à ce terme préférons celui de radiance, qui est plus vaste et plus évocateur. Il est en outre utilisé tant par les messagers français que par les britanniques.

En résumé, les corps glorieux, c'est-à-dire les

corps spirituels qui ont échappé aux royaumes opaques, ont sept qualités essentielles qui sont : la non-souffrance; la jeunesse; la beauté; la fragrance; la fluidité; la vitesse; la radiance.

1. *Non-souffrance.*

Pour certains terrestres, le corps est un instrument de torture : certains sont véritablement crucifiés sur leurs corps. Quand il n'est pas un bourreau, le corps physique est souvent un allié qui trahit. Que de sentiments vagues de mélancolie ont leur origine dans une déficience organique! Que de fois le découragement a des causes purement physiologiques!

Mais de l'autre côté du voile, le corps sidéral, toujours en bon état, toujours disponible, accomplit sans effort toutes les tâches de l'Esprit. Et la douleur physique a disparu avec le corps du même nom. « Ils n'auront plus faim, ils n'auront plus soif, dit saint Jean, ni soleil, ni chaleur ne les accableront! »

PIERRE : « Tu verras comme c'est bon de ne plus souffrir de son corps, d'avoir un corps qui vous sert et ne vous gêne jamais. Pourtant, il fait bien partie de nous ce corps spirituel qui ressemble si fidèlement à notre enveloppe terrestre. Mais il met en valeur notre esprit et ne le cache pas, ne le dissimule pas comme sur la terre. »

Le corps céleste ne connaît plus aucune infirmité. C'est dans le Royaume que les aveugles voient, que les boiteux marchent, que les lépreux sont nettoyés et que les sourds entendent.

Cependant, la douleur morale subsiste. Nous avons vu combien l'indifférence des vivants de la terre fait souffrir les vivants de l'espace. Autre source d'angoisse : l'impossibilité de communiquer. N'oublions pas que les lettres, comme celles qui constituent l'objet de ce livre, sont des grâces rarissimes, des privilèges exceptionnels. Nombreux sont les désincarnés qui souffrent de ne pouvoir faire comprendre aux incarnés qu'ils sont vivants, qu'ils sont présents, qu'ils peuvent éclairer et aider. Mais il y en a tant parmi ces derniers qui n'ont pas su, qui n'ont pas voulu saisir ce qui était offert.

Si le voile est opaque, la faute en revient, la plupart du temps, à l'humanité qui, soit ignorance, soit hostilité, soit indifférence, ne veut pas entendre parler de liaisons spirituelles. En outre, l'absence, même si l'on est persuadé qu'elle n'est que provisoire, reste des deux côtés du voile une épreuve.

ROLAND : « Il ne faut pas croire que vous soyez seuls à souffrir de la séparation. Elle nous est également une privation, une peine qui n'est pas du même ordre, mais qui existe. Tu me manques beaucoup. Il ne faut pas croire que nous soyons sans tourment. Ma présence te manque, ta présence me manque. »

Les manifestations trop violentes de chagrin, de la part des terrestres, sont, pour les disparus, une cause de trouble. Au début de sa nouvelle vie, Paqui exhorte sa mère, qui n'arrive pas à surmonter son déchirement, à accepter le sacrifice : « La seule chose qui puisse ternir ma félicité, c'est de savoir que tu souffres. Et si tu t'abandonnes trop à la douleur, cela me fera beaucoup souffrir aussi. »

Quant à l'apathie, à la résistance passive de ceux d'en bas, elles conduisent Pierre aux limites de l'exaspération et du découragement : « Je suis douloureusement surpris (ne t'ai-je pas dit que nous ressentons cette catégorie de souffrance spirituelle) devant la veulerie morale, avec laquelle les meilleurs d'entre vous continuent leurs gestes, vides de tout sens vital, lors même qu'ils ont reçu les lumières d'en haut. Nous vous appelons à la véritable vie sur la terre : celle qui vous conduira jusqu'à notre vie, si pleine de bonheur. Vous écoutez, vous approuvez, vous critiquez peut-être. Au fond de vous-mêmes, vous admettez la véracité absolue de ce phénomène presque oublié par les croyants des générations dernières : la communion des saints... Nous nous dressons devant vos âmes, plus vivants que jamais, et nous vous apportons la preuve de cette vie. Un bouleversement merveilleux devrait suivre une telle révélation ! Tout cela ne sert de rien. »

2. *Jeunesse.*

Epanouissement de la personne humaine, le corps spirituel n'a plus à subir les atteintes du temps, il est jeunesse éternelle.

Il existe dans l'Au-delà une convergence des âges; les petits enfants évoluent vers l'adolescence et les personnes chargées d'années vers un printemps impérissable.

Pierre : « Tous jeunes, car les vieillards ont acquis la jeunesse en laissant tomber le vêtement usé de leur chair. Tous prêts à l'action, car les petits enfants ont atteint l'adolescence de l'esprit, bien que certains conservent encore l'aspect de l'enfance. »

Le royaume des cieux est ouvert aux enfants, il est pour ceux qui leur ressemblent, car les enfants n'ont pas beaucoup à oublier.

Thomas Dowding, qui a quitté la terre à l'âge de trente-sept ans, se rend compte qu'il a beaucoup à désapprendre.

Lancelot, frère de Christopher, disparu à l'âge de huit ans, enseigne à sa mère qu'il est plus facile aux enfants qu'aux adultes de s'adapter à la vie transformée : « Les gens très âgés sont enclins à prolonger leur sommeil, tandis que les enfants en sortent avec énergie, apportant avec eux la même curiosité qui les animait dans leur vie terrestre. Il n'y a plus de changements violents. Les petits grandissent presque aussi graduellement et imperceptiblement qu'ils l'auraient fait sur terre. Je suis plus âgé et plus malin que vous n'imaginez. Je puis faire par puissance de volonté (*will power* des choses que tu ne peux pas faire, Dad ! Je suis beaucoup plus intelligent que mon propre père. »

Albert Pauchard explique que les disparus ont l'apparence qu'ils se donnent eux-mêmes dans leur pensée : « Souvent, quand le passage a été comme une réelle délivrance, l'individu se sent soulagé et passe par une véritable renaissance. Il se sent et paraît, pour tous ceux qui le voient, rajeuni de dix, vingt, trente ans. »

Une autre fois, le Genevois se revoit en uniforme, donc à l'époque de son service militaire, donc dans l'épanouissement de sa personnalité psychique et physique.

De même Old Lawyer constate qu'après un certain temps, un vieillard oublie son âge : « La tendance est de redevenir jeune en pensée, donc en apparence. Le corps tend à prendre la forme que nous entretenons de lui dans notre mental. »

Ce que disent Old Lawyer et Albert Pauchard de la formation du corps métaphysique est également valable, par la pensée, pour le corps physique.

3. *Beauté.*

Lorsque Pierre affirmait que le corps spirituel est délivré de toute infirmité, il ajoutait qu'il y a des laideurs qui sont de véritables infirmités. Or, dans les sphères blanches, la laideur, cette épreuve, a disparu comme les autres tares. Parce qu'il est incorruptible, le corps spirituel est esthétique.

Mais, de leur vivant déjà, les messagers avaient reçu cette grâce : la beauté. Ils furent des exemplaires accomplis de notre race. Dans un monde où tout est relié, où le dehors est comme le dedans, l'harmonie de leurs traits annonçait la magnificence de leur mission.

Jean Quélavoine était beau, précise M. André Dumas dans son ouvrage *La Science de l'Ame,* consacré aux phénomènes supranormaux.

Les personnes qui ont connu Pierre de son vivant soulignent sa séduction physique. Sportif, bien découplé, le jeune officier avait grande allure. Il était fort recherché, comme l'eût été Roland s'il avait vécu quelques années de plus.

Ce dernier était un adolescent plein de charme, et inconscient de son charme. De ses photographies, et aussi du portrait que j'ai fait de lui, se dégage un puissant magnétisme.

Paqui se souvient que, sur la terre, elle fut jolie. Elle était plus que jolie : la photo que j'ai d'elle le prouve surabondamment. Il y a sur ce document une lumière, une palpitation...

Celle de Christopher offre la même luminosité, la même présence.

Les photographies ont un grand pouvoir, elles sont d'étranges révélateurs. Elles font aussi comme une sorte d'appel. Old Lawyer aime qu'Elsa Barker garde sa photographie sur le manteau de sa cheminée. Cela l'aide à venir.

En comparant les divers portraits des jeunes messagers, on s'aperçoit qu'ils présentent des traits communs : ils ont le type classique : le nez droit, plutôt long; la bouche bien dessinée, pulpeuse, tout le contraire de la bouche mince et sèche des ascétiques; l'œil en amande, bien enchâssé dans l'arcade sourcilière; le regard perçant, très expressif; le visage mince et lisse, visage de la jeunesse et de l'amour mystique. Cette noblesse classique du visage se retrouve souvent chez les scripteurs. Je pense tout particulièrement à Miss Mortley.

Tout cela ne signifie pas que la beauté soit signe de vocation surnaturelle. De grands saints ont été laids, et il y a telle sorte de beauté spirituelle qui est laideur aux yeux du monde. Cependant cette beauté terrestre, déjà très spiritualisée, n'était qu'une préfiguration de leur beauté permanente.

PAQUI : « Je suis toujours ta Paqui, pareille,

exactement comme tu l'as aimée. Seulement tes sens humains ne te permettent pas de voir mon corps spirituel, incomparablement plus beau que celui que j'ai laissé sur la terre... Si tu pouvais seulement m'apercevoir une seconde comme je suis maintenant, tu ne voudrais plus rien regarder ici-bas, car tes yeux seraient continuellement dans l'extase de ma vision. »

ROLAND : « Si tu pouvais me voir, tu serais ravie! Je suis dans des irradiations; des pastilles de toutes les couleurs m'encerclent, mille symphonies éclatent autour de moi. Je suis très, très heureux. »

Paqui parle d'extase, Roland de ravissement; le départ de la phrase est exactement le même. Cercles lumineux, irradiations multicolores, multiples symphonies... l'adolescent décrit cet état qui est simultanément lumière, couleur, sonorité... et qui s'appelle radiance.

Christopher compare son frère, Lancelot, à un merveilleux esprit de feu, cependant comme lui humain.

La beauté de certaines choses terrestres est le signe et le gage de la beauté du monde futur, car ce qui est en bas est comme ce qui est en haut. Un beau jardin est une promesse de paradis : paradis est un mot qui signifie jardin[1].

Roland voudrait que sa mère le place au centre de toute beauté terrestre, qu'elle s'habitue à relier le naturel au surnaturel. Ainsi elle préparera son ambiance future.

1. Message reçu par l'auteur : « Ceux qui aiment la nature seront comblés là-haut. Un paradis sans oiseaux ne serait pas le paradis... » (9 janvier 1969)

« Et la grande vie du ciel t'imprègne peu à peu. Fais de ton mieux pour t'entourer de beauté. C'est ainsi que tu t'approcheras le plus de mes paysages. »

Pierre évoque l'enthousiasme qui jadis s'emparait de tout son être quand il se trouvait devant un spectacle de beauté, que cette beauté vînt de la nature, de l'art ou des énergies psychiques.

« Ce frémissement intérieur, qui émeut les jeunes hommes, est un symptôme généreux que nous retrouvons au pays de l'éternelle jeunesse. » L'un dit : paysage, l'autre : pays, mots humains, trop humains pour désigner le surréel futur. Certes, Pierre avait fait de solides études classiques; cependant, même les messagers qui, de leur vivant, n'avaient pas lu Platon, sont tout aussi platoniciens.

Ils enseignent que nous possédons en nous l'idée du Beau[1] archétype et que cette idée est

1. Ce n'est pas d'aujourd'hui que ce problème me préoccupe. Ce qui m'a toujours troublé, ce n'est pas tant que les choses soient, mais qu'elles soient belles. Malheureusement la beauté, cette fantaisie, cette gratuité, ce sourire, ce signe, ce scandale, cette empêcheuse de penser en rond, n'avait de place ni dans la religion où j'avais été élevé, ni dans la philosophie que l'on m'enseignait à l'université. Quand j'étais en khâgne, à Condorcet en 1933, j'avais remis à mon professeur, qui n'était autre que Louis Lavelle, un petit essai intitulé *La Sphère et l'Angle droit,* la sphère symbolisant le domaine biologique, l'angle droit le domaine logique. Dans ces pages où j'exaltais le non-visible, le non-tangible, l'apparent, l'odorant, je demandais à mon enseignant, tout en concluant par l'affirmative, si ce reliquat gigantesque où s'entassaient toutes ces valeurs qui culminent dans la joie et l'extase, si toutes ces valeurs décrétées illusoires et qui sont justement le charme de la vie n'étaient pas des réalités finales.

Lavelle, qui avait écrit sur ma copie : « Ceci n'est pas une dissertation, mais une profession de foi » me donna pleinement raison et m'assura que les valeurs subjectives seraient pleinement réintégrées dans la philosophie et la science de la seconde partie du siècle.

l'image du Créateur. Car ils savent, pour l'avoir constaté *de visu,* que les êtres et les choses sont d'autant plus beaux qu'ils participent davantage de Dieu. Ils savent que la perfection du cosmos est comme la splendeur de son visage.

4. *Fragrance.*

Les effluves aromatiques sont parfois symptômes de présences invisibles. Parce qu'il est incorruptible, le corps spirituel est aromal. Pour le définir, Roland propose la sensibilité d'un pétale, le parfum d'un calice.

Quand Paqui parle de fleurs et de parfums, c'est pour faire mieux comprendre combien tout est pur et odorant dans les sphères célestes. Old Lawyer demande à Elsa Barker si elle n'a jamais senti une délicieuse senteur dont elle ne pouvait déceler l'origine. Dans l'affirmative, il est possible qu'un être qui l'a aimée ait répandu autour d'elle des fleurs invisibles. C'est en ce sens qu'il faut entendre les pluies de roses.

Mary Bruce Wallace déclare qu'elle perçoit l'approche de son ami A.B. dans une atmosphère de tendresse, de sympathie et de parfums. « *I feel also a soft breeze wafting the fragrance of flowers.* »

Les saints étant proches du monde incorruptible, il n'est pas étonnant que dans leur vie *ante mortem* ou *post mortem,* on ait parfois constaté des émissions d'odeurs délicieuses. Le texte le plus ancien attestant la fragrance est sans doute cette lettre des chrétiens de Smyrne, relatant le martyre de Polycarpe, disciple de l'apôtre Jean. Comme, ce soir-là, les jeux du cirque étaient terminés, les païens décidèrent de le brûler vif. Et au lieu de la chair brûlée, les fidèles sentirent comme une odeur flottante d'encens ou de quelque autre précieux aromate.

Certes, il y a un texte antérieur à la lettre de Smyrne, c'est la seconde aux Corinthiens : « Grâces soient rendues à Dieu qui manifeste par nous l'odeur de sa connaissance en tout lieu, car nous sommes la bonne odeur de Christ pour Dieu. » Faut-il prendre cette bonne odeur au sens littéral ou au sens métaphorique ?

Cependant, ils n'étaient pas métaphoriques les parfums qui se dégageaient des extases de Catherine de Ricci, ni ceux qui se répandirent dans sa chambre mortuaire, puis, pendant un an, autour de sa tombe. Il en fut de même pour les arômes qui émanèrent des stigmates de Véronique Giuliani et pour ceux qui imprégnèrent la cellule, puis la tombe de la mère Agnès de Jésus.

On me dit que les phénomènes de fragrance sont les moins convaincants parce que les plus subjectifs. Personnellement, je leur attache une grande importance parce que je crois en la primauté du subjectif, et que j'ai pu les constater. J'en ai eu plusieurs et n'en citerai que deux qui concernent directement cette étude.

Roland, qui fut le premier messager dont je connus les écrits, fut aussi le premier à me dispenser des fragrances. J'étais chez une amie, Mlle A.-M. M. Nous nous entretenions des manifestations du jeune messager sur les flammes des bougies, manifestations auxquelles j'ai fait allusion dans le chapitre qui lui est consacré, lorsque la pièce fut envahie par une forte odeur de cierge qui persista pendant quelques minutes. C'était le type même du phénomène inattendu, donné, non provoqué.

Un autre messager, précisément celui avec lequel j'avais le moins d'affinités, voulut bien m'accorder la même faveur. J'étais en train de lire le *Manuscrit du Purgatoire* pour lequel, je dois l'avouer, je ressentais à l'époque une certaine défiance. Il ne me paraissait pas présenter les garanties que m'offraient les écrits de Pierre et ceux de Roland. J'en étais à me demander s'il convenait de le citer dans cet ouvrage. C'étaient pour moi des histoires de couvent dont le style saint-sulpicien m'exaspérait. En outre, j'étais choqué par le fait que sœur Marie-Gabrielle s'étonnât qu'il pût y avoir des protestants sauvés. Je lisais donc la brochure, en proie à des sentiments de scepticisme, d'agacement et d'ironie, quand je fus entouré par des senteurs d'encens. Le phénomène très franc, très net, se produisit dans un lieu aussi peu réputé pour son odorance que pour ses effusions mystiques : dans un wagon du métro, entre Notre-Dame-des-Champs et Saint-Lazare.

5. *Fluidité.*

Un esprit peut modifier sa forme et son ambiance instantanément sous l'impulsion de ses vibrations mentales. La vie sidérale est bien plus active que la vie physique, car la substance spirituelle répond sans cesse aux ordres de la pensée, de la volonté et de l'imagination, cette faculté qui, sur la terre, est toujours un peu suspecte.

Albert PAUCHARD énonce le théorème : « Plus diaphane est la substance, plus elle est soumise à la volonté. »

A. B. dicte à Mary Bruce Wallace le corollaire : « La substance de l'univers est plastique pour la puissance de la pensée. »

Sur la terre, quand nous voulons exercer notre pouvoir créateur, il faut mettre la main à la pâte. Dans l'ultra-monde, la création s'effectue d'elle-même, par le seul pouvoir de l'imagination. Mais si la matière éthérique répond aussitôt à la force mentale, elle ne répond ni à la faiblesse, ni à la velléité.

Le juge Hatels s'enthousiasme à l'idée de former un rêve et de l'objectiver aussitôt car, dans les sphères, réalisation et réalité vont de pair avec le désir. « Les choses sont si réelles, l'imagination est si puissante, et si grand le pouvoir de combiner les choses ! Pouvoir presque illimité ! »

Pierre complète si parfaitement la pensée des trois précédents que l'on pourrait croire que c'est le même texte qui continue : « Notre puissance d'action est bien plus grande, puisque la matière ne nous arrête plus. Vous songez à un palais : il s'édifie; à un temple : vous pouvez y prier; à un océan : il vous est possible d'y naviguer. »

Bertha, elle aussi, découvre avec exaltation cette faculté que possède désormais sa pensée de produire immédiatement ce qu'elle souhaite : « Je n'avais pas plus tôt songé à quelque chose que j'en voyais la réalisation. M'arrivait-il, par exemple, de désirer être tranquille pour méditer, je me voyais instantanément transportée dans un bosquet où tout était silence et m'invitait à la détente. Ou bien m'arrivait-il de penser à de la musique, aussitôt se faisaient entendre les accords les plus sublimes... »

Old Lawyer constate que la substance-pensée, dont sont formés ses vêtements, se présente comme une forme extrêmement ténue de la matière, tandis que son corps lui paraît solide. Ses compagnons et lui ne se sentent pas du tout comme des anges transparents assis sur des nuages.

On se souvient que Christopher avait dit : « Nos corps sont plus solides à mes yeux que les vôtres. » Et le jeune Anglais ajoute qu'il peut faire des choses qui lui étaient impossibles auparavant, comme de voler et de traverser les objets les plus compacts : « Je n'ai pas besoin d'ouvrir une porte pour entrer dans une pièce, je passe simplement à travers. Elle me paraît une chose si molle et si brumeuse... et c'est moi qui suis solide. »

« Je n'ai pas besoin d'ouvrir une porte, je passe simplement à travers. » Cela rappelle quelque chose, cela rappelle Quelqu'Un.

6. *Vitesse.*

Sous le crayon des messagers, un terme revient souvent : quatrième dimension. Nous avons examiné cette hypothèse selon laquelle entrer dans la quatrième dimension, ce serait atteindre ou dépasser la vitesse de la lumière. Or le spirituel a plus d'un rapport avec la vitesse[1] :

C'est la vitesse qui explique l'invisibilité :

1. La civilisation actuelle, basée sur une fantastique accélération générale, serait-elle, à son insu, une préparation à la civilisation spirituelle ?

Christopher : « Je vibre maintenant beaucoup plus rapidement que dans la vie du corps. C'est pour cette raison que vous ne pouvez me voir. »

Roland : « Dès l'instant où vous faites entrer la notion de mouvement dans la structure psychique, votre champ de connaissance s'élargit, car dans l'invisible tout est relié à la vitesse. Il vous est donné de voir un champ de coquelicots et il ne vous est pas donné de voir un champ d'atomes. Il vous est donné d'entendre le sifflement d'une balle et il ne vous est pas donné de la distinguer. Pourquoi ? Parce que sa rapidité est trop grande. Une hélice qui tourne devient invisible à partir d'une certaine accélération. Vous ne voyez pas les pensées en raison de la vitesse de leurs vibrations. »

Cette notion de vitesse, je ne m'attendais pas à la trouver dans la Bible. Or, dans le livre de la Sagesse, j'ai eu la stupéfaction de découvrir ce passage qui contient, en outre, une nette allusion aux purgatoires :

> « Après une légère correction, ils jouiront d'un grand bonheur,
> car Dieu les a éprouvés, et les a trouvés dignes de lui.
> Il les a essayés comme l'or au creuset et les a agréés
> comme le feu qui consume le sacrifice.
> Au temps où ils seront examinés, ils brilleront.
> Comme des étincelles qui se propagent dans un chaume,
> ils courront de tous côtés. »

La notion de vitesse est liée aux notions d'ondes et de vibrations. Tout ce qui existe (perceptible ou non par nous) est ondes et vibrations : la lumière, les sons, les ultra-sons, les couleurs, les parfums, la prière... et des inventions telles que la radio et la télévision. Vibrations aussi les rayons cosmiques émanés des astres. Vibrations aussi les corps spirituels.

PAQUI : « Nous ne sommes plus que vibrations. Nos corps n'existant plus, nous n'avons plus besoin de mots pour nous exprimer. Nous sentons, nous voyons tout par fluides, par rayonnements, par vibrations. »

PIERRE : « Tu seras surprise de savoir que nous percevons le bruit du canon et les voix humaines, tous les sons divers qui entourent la terre. Tu oublies que ce sont là des vibrations et que nous ressentons les vibrations mieux encore qu'autrefois. Nous ne pouvons pas dire que nous entendons, car les sens en réalité n'existent plus pour nous. Mais nous avons conscience de ces vibrations, et nous associons cette impression avec les bruits venus de l'humanité, ce qui équivaut à les entendre. »

7. *Radiance.*

La radiance englobe la lumière, la couleur et la sonorité.

Le monde christique est un monde de lumière. Ce vocable signifie à la fois : vérité, vie éternelle, incorruption, vitesse et couleurs. Qu'il soit visible ou invisible, l'univers est en expansion. Dans les mondes supérieurs comme dans celui-ci, la matière se transforme perpétuellement en énergie, plus précisément en rayonnement. Dans les mondes supérieurs comme dans celui-ci, le blanc est la synthèse de toutes les couleurs. Et Newton, ce mathématicien qui commenta l'Apocalypse, fut inspiré, au sens le plus rigoureux du terme, quand il imagina de faire tourner à toute vitesse un disque polychrome pour obtenir le blanc.

ROLAND : « Le blanc, contrairement à ce que disent les hommes, est la super-couleur. Il est au-delà des sept teintes qui servent à composer les rayons lumineux. »

PIERRE : « Cette patrie est éblouissante de lumière blanche et radieuse. Symbole! mais pour nos esprits dépouillés, les symboles sont des réalités. Si nous ne pouvions pas nous unir à cette radiance et à cette blancheur, nous serions exclus de la sphère, et cela par la force des choses. »

Old LAWYER : « La substance dont nos corps sont composés est radiante. Comment nos corps pourraient-ils projeter des ombres puisque la lumière en irradie dans toutes les directions ? A la lumière du jour, on ne peut pas nous voir. La clarté du soleil est dure et crue et fait évanouir la lumière des esprits. »

Albert PAUCHARD : « Chaque être et chaque chose sont ici une lumière dans une lumière. Et non pas une lumière dans les ténèbres qu'elle éclairerait. »

Lumen in lumine! Lumen de lumine!

Il n'est pas facile pour l'inspirateur de Mary Bruce Wallace de décrire la beauté constellée de ces êtres radiants. « Leur corps ressemble à une lampe d'albâtre nuancé de rose, à travers laquelle resplendit la gloire de l'esprit, gloire qui illumine même le vêtement et crée une atmosphère, une aura. » Cette aura est plus ou moins éblouissante selon le degré de développement de l'être spirituel.

Ce monde de lumière est aussi un éclatement de bleu, de vert et d'écarlate dont le pressentiment nous est offert dans les rosaces des cathédrales. Passée la période d'épreuves, Roland se retrouve au milieu d'un mirage de vitraux... Il évolue dans l'éther fluide et diapré.

Les sphères ouraniennes ne sont pas du tout ce domaine délavé, vaporeux, somnolent, immobile que l'on imagine communément. C'est un monde de joie. Y a-t-il de la joie sans mouvement ? Y a-t-il de la joie sans couleurs ?

Et le jeune homme nous reproche de ne pas soupçonner l'importance des vibrations colorées. Il nous plaint d'ignorer tout ce qui se dégage d'un violet ou d'un rouge : « Dans l'astral, les teintes ont leur efficacité; elles fusent, elles irradient; elles attirent certains rayons qui émettent des ondes appropriées. La synthèse des couleurs est contenue tout entière dans le culte catholique[1]... Fais en sorte que tes cellules psychiques soient un prisme : alors tu t'envoleras dans le royaume aux sept couleurs, celui où je vais arriver. »

Le royaume aux sept couleurs est le plus haut lieu du monde invisible, c'est le naos du sanc-

1. Parmi les protestants, seuls les anglicans ont conservé les couleurs liturgiques.

tuaire, le saint des saints, le ciel des cieux. Il est symbolisé par l'arc-en-ciel. Mais peut-on dire symbolisé? Car il y a là plus que des symboles. Cela, nous le savions depuis l'Apocalypse :

Lorsque le voyant de Patmos décrit les apôtres dans l'ultra-monde comme des jaspes, des saphirs, des calcédoines, des émeraudes qui jettent tous leurs feux, il ne s'agit plus d'une métaphore de poète, mais d'une réalité suprasensible.

Si Jean compare les corps spirituels aux pierres précieuses, Paul, lui, les compare aux étoiles, ces pierres précieuses de l'espace.

« Il y a des corps célestes et des corps terrestres. Mais autre est l'éclat des corps célestes, autre celui des corps terrestres. Autre l'éclat du soleil, autre l'éclat de la lune, autre l'éclat des étoiles. Une étoile même diffère en éclat d'une autre étoile. Ainsi en va-t-il pour la résurrection des morts. »

Eclat traduit tant bien que mal *doxa,* qui signifie à la fois gloire, brillance, honneur. Une version audacieuse et exacte devrait rendre *doxa* par radiance.

Une étoile diffère en éclat d'une autre étoile, elle diffère aussi en couleur, parce qu'elle diffère en température : Antarès, la rouge, est à 3000°, Véga, la bleue, à 10000. Quelle fête de couleurs dans les cieux physiques qui, comme les cieux métaphysiques, racontent la gloire de Dieu! Castor bleue, Pollux orange, Bételgeuse orangée, Aldébaran rouge, Mira Ceti qui passe du jaune au rouge, Eta, de la couronne boréale, jaune, Rigel bleue et blanche... et Sirius changeante. Toutes les étoiles ne jettent pas les mêmes feux, tous les corps sidéraux n'ont pas la même clarté. Les vivants de l'éther sont pareils aux étoiles.

Dans un monde où tout est lié, les couleurs correspondent au psychisme des êtres.

ROLAND : « Les couleurs de l'âme sont perceptibles aux yeux des purs, comme à ceux des simples. Irradiations invisibles, dont le phosphore fait vibrer le sixième sens. »

Etant parvenu, le jour anniversaire de sa naissance, à projeter des faisceaux de couleurs sur les murs de la chambre maternelle, il s'écrie, joyeux comme un gamin qui a réussi un bon tour : « Je me suis bien amusé ! »

PIERRE : « Lorsque vous arriverez dans nos sphères où la sincérité est inévitable, vous comprendrez la laideur des demi-teintes morales. Ici, certains esprits cherchent à tromper leurs compagnons de travail, mais, bien vite, ils restent confus en découvrant les taches visibles que leur hypocrisie imprime sur leurs vêtements. Ces vêtements sont, en quelque sorte, partie de nous-mêmes. Ils varient à l'infini avec la qualité spirituelle de chacun de nous. C'est pour cela que nous sommes environnés de couleurs diverses qui vous sont inconnues pour la plupart. Vous pouvez voir certains bleus ou mauves; *les gris et les bruns, couleur indicatrice d'évolution très imparfaite.* Et puis toutes les gammes des roses. Enfin le blanc, de plus en plus pur et lumineux à mesure que l'âme s'élève. »

Roland : « La fête des anges est blanche comme la tombée de la neige...

« Je suis en blanc ce soir et j'orne ta future maison de toutes tes prières, de tous tes recueillements. »

Paqui : « Je suis comme une lumière et je suis éblouie de moi-même. Je ne peux imaginer comment j'ai mérité semblable diadème. Je suis blanche, blanche ! Oh ! mais d'un blanc que tu ne connais pas. »

Les grands initiés de l'Antiquité connaissaient cette correspondance de la couleur et du psychisme. Plutarque, dans son livre *Des délais de la Justice divine*[1], qui décrit les expériences *post mortem* d'un incrédule, s'exprime dans des termes étrangement semblables à ceux de Pierre :

« Vois les couleurs bigarrées et variées des âmes. *La couleur sombre et sale est l'enduit de la bassesse et de la cupidité,* la couleur rouge et enflammée, celui de la cruauté et de la dureté. Lorsqu'il y a une teinte verte, là se trouve l'intempérance dans les plaisirs qui ne s'arrache qu'avec peine. La malveillance, accompagnée d'envie, émet cette teinte rouillée et malsaine comme les seiches émettent leur couleur noire. Là-bas, la malice de l'âme, tourmentée par les passions et tourmentant le corps, donne ces couleurs. Ici, c'est l'achèvement de la purification et du châtiment : l'âme devient complètement brillante et de couleur unie. »

1. Livre initiatique déjà cité à propos d'une étonnante similitude avec Roland, Chapitre XIII, Le Passage.

Mais déjà sur cette terre les couleurs traduisent l'évolution psychique :

Pour Roland, l'essentiel est d'être auréolé de halos innombrables. « Ces cercles se construisent autour de vous selon la puissance de vos vibrations psychiques. Si vous le vouliez, vous pourriez tous être entourés de véritables arcs-en-ciel. »

Sans doute, sa mère a-t-elle eu la volonté de s'approfondir en connaissance et en amour, car il la voit bientôt prise dans d'immenses anneaux blancs et ses teintes s'irisent... Arc-en-ciel se dit en grec *iris*.

« Aujourd'hui, continue Roland, j'ai beaucoup regardé la terre, et vos pensées, qui furent particulièrement préoccupées de moi, m'apparurent comme des phares. Elles ont projeté de grands halos de lumière. »

Et Christopher achève : « Les pensées d'amour font de la lumière. »

PIERRE : « La couleur n'est pas réservée exclusivement à notre état d'entité spirituelle, car les voyants terrestres discernent l'aura des vivants. La couleur est le signe de l'évolution atteinte par l'âme, puisque l'âme sécrète, si je puis dire, ces vibrations intimes. Un esprit rouge, ou un esprit bleu, ou un esprit blanc ne sont pas au même degré d'évolution. Je ne parle pas des nuances intermédiaires. Je n'entends point par là que nous sommes réellement rouges, bleus ou blancs; mais je dis que notre radiance se traduit en telle ou telle de ces couleurs et de leurs dérivés. Tout comme la lumière projetée par différents produits éclairants : gaz, électricité, acétylène, a un reflet particulier personnel : plus jaune, plus blanc, plus bleuté. Notre richesse spirituelle est l'huile qui alimente notre lampe. Selon sa qualité, la lueur qui nous révèle sera d'une teinte plus ou moins épurée, et dénonciatrice de bien ou de mal. »

Comme la vie des sphères blanches est la remise en état de toutes les valeurs, les êtres sont enfin connus et reconnus. Il n'y a plus de différence entre paraître et être; cette fois, le dehors est comme le dedans. Le degré d'évolution d'une personnalité hors de la chair est visible comme ici la nuance d'une fleur.

« Dans la sphère où je me trouve, poursuit Pierre, selon l'avancement qu'ils ont obtenu par leurs efforts persévérants, les esprits sont enveloppés d'un rayonnement bleu ou blanc. Mais plus nous nous élevons, plus la hauteur de ce rayonnement s'accentue. Et la vision de nos maîtres nous rappelle les paroles d'un apôtre : « Il n'est point de foulon qui puisse blanchir de cette blancheur qui est plus blanche que la neige. »

Cet apôtre est Marc, car lui seul parle de foulon. En faisant la synthèse des trois synoptiques, en suivant de très près la traduction grecque et la traduction latine, auxquelles il faut se référer sans cesse, on obtient en surimpression une description évocatrice de la splendeur du corps spirituel :

« Alors, en leur présence, il se transfigura. Et tandis qu'il priait, son visage devint autre. Son visage resplendit ainsi que le soleil, son vêtement devint d'un blanc éblouissant, ses vêtements devinrent blancs comme la lumière, ses vêtements devinrent étincelants, tout blancs comme la neige, tout blancs, tels qu'il n'existe point de foulon sur la terre qui puisse ainsi blanchir. »

La transfiguration est une préfiguration. Préfiguration de sa gloire à venir, ainsi que de la nôtre. Transfiguration et résurrection : les deux mystères sont tellement liés qu'Il leur enjoignit de ne point parler de la vision jusqu'à ce qu'il fût monté d'entre les morts.

Les sphères les plus élevées sont de couleur blanche. Une fois de plus les envoyés sont unanimes. Une fois de plus, ouvrons l'Apocalypse, le plus grand des livres consacrés à l'Au-delà : *Apocalupsis* ou levée du voile. Nous verrons paraître, au chapitre premier, vêtu de blanc, celui qui a les cheveux blancs. Celui qui dit : « J'ai été mort, mais maintenant je suis vivant ! Je suis vivant aux éternités des éternités ! »

Les couleurs correspondent non seulement à des sentiments, mais aussi à des tonalités musicales.

A. B. évoquant pour Mary Bruce Wallace les puissants rayons, les milliers de nuances au-delà de nos spectres, les milliers de nuances qui traversent les mondes, lui enseigne que chaque esprit a sa couleur. Couleur unique, couleur divine qui peut être comparée à une clef musicale, clef sur laquelle il vibre.

« Toutes les âmes, qui sont sympathiques en des clefs variées, sont naturellement attirées les unes vers les autres. Tandis que les siècles passent, des affinités dispersées s'assemblent de nouveau, enrichies et magnifiées par leur évolution ascendante sur le plan physique. Et le grand hymne de la création devient de plus en plus harmonieux au fur et à mesure que chaque instrument humain se perfectionne et devient capable de jouer la partie qui lui fut assignée dès la création. »

Tout est couleur autour de Bertha, des nuances à l'infini émanent des trois dominantes : rouge, bleu et jaune... et s'harmonisent en symphonie. « Les couleurs deviennent sonores, et bientôt apparaissent des fleurs... Non, je ne puis décrire cette splendeur, car le plan physique n'offre rien d'analogue. C'est une plénitude de lumière animée. Impossible pour moi de décrire, ou pour vous d'imaginer pareille symphonie vivante de couleurs, de sons et de formes. »

Albert Pauchard voit des fontaines qui, de toute part, fusent. Mais ce n'est pas de l'eau qui jaillit, c'est une intense lumière. Pour d'autres, cette lumière est une sonorité, une note musicale qui vibre jusqu'aux extrémités de l'univers terrestre. Les mouvements de l'Univers forment, vus d'une suffisante distance, des figures géométriques, et il y a correspondance entre certaines de ces figures et les mouvements de l'émotion et de la pensée. Avec la musique, c'est la même chose... Son, couleur, lumière, tout est animé.

ROLAND : « La lumière pour nous est sonore. »

BERTHA : « Ce n'est pas une simple figure de rhétorique que de parler de musique des sphères, car l'ensemble des cieux est pénétré de mélodies lorsque les mondes sont créés. De vrais musiciens ont entendu, ont senti, ont essayé d'en exprimer quelque chose. »

Liszt est de ces musiciens qui, les ayant perçues, nous font percevoir les harmonies cosmiques. Certains accords de Debussy ont également des résonances métaphysiques, ils transportent ceux qui savent, ils les transposent.

La musique des sphères, dont il est fait mention chez les philosophes grecs et aussi chez les Pères, redevient une réalité. Les uns et les autres avaient donc raison d'affirmer qu'il est impossible que des globes de lumière, d'une vitesse et d'une masse aussi prodigieuses, soient silencieux et que l'éther, constamment agité par leurs vibrations, ne rende pas les harmoniques correspondants. Ils avaient raison d'affirmer que ces globes n'ayant jamais les mêmes rythmes de rotation et de révolution, les différentes sonorités, provenant de la variété de leurs mouvements, doivent produire l'équivalent de nos symphonies. Toutes leurs intuitions étaient justes et la science actuelle, qui a découvert que les constellations émettent des ondes radio, n'hésite pas à parler de la musique des galaxies.

CHAPITRE XXII

LE SURVITALISME

Ce terme, que les dictionnaires ignorent, a été prononcé plusieurs fois au cours de cet ouvrage. Nous n'aimons pas tellement les néologismes, qui ne sont souvent que des étiquettes nouvelles collées sur des produits vieux comme le commerce, mais il s'agissait de nommer une réalité originale, irréductible à la science comme à la religion. Un mot s'est imposé de lui-même : survitalisme, formé sur l'adjectif survital, qui n'existe pas davantage dans les dictionnaires, mais qui correspond bien à survie et à survivance, les deux vocables désignant l'existence qui continue après la mort.

Le survitalisme est donc la croyance en la possibilité exceptionnelle d'établir des communications avec les sphères christiques, par permission divine. Communications données d'en haut, non provoquées d'en bas. Communications établies par l'amour.

Le survitalisme est la croyance en la survivance immédiate, personnelle, active, évolutive.

Survivance immédiate : Immédiat ne doit pas être pris à la lettre. Le réveil dans le monde invisible se produit après un temps de sommeil plus ou moins long selon les personnes. Résurrection immédiate signifie : pas de néant, ni de sommeil en attendant la résurrection à la fin des temps; à la fin des temps, c'est-à-dire jamais.

Survivance personnelle : Pas de fusion, pas de dissolution dans un magma spirituel. L'immortalité sans la personnalité serait une duperie.

Survivance active : Pas de farniente éternel, pas de torpeur ni de léthargie. Aucune diminution des fonctions de pensée et d'effort. Bien au contraire, multiplication de ces fonctions dans la vie surabondante.

Survivance évolutive : Pas de blocage, pas d'arrêt spirituel après la désintégration du corps physique. Le progrès continue si l'homme le désire, car le libre arbitre subsiste lui aussi dans l'ultramonde.

La doctrine des messages, ou survitalisme, peut se résumer en quatre grands principes : unité-correspondance, liberté-responsabilité, évolution-hiérarchie, amour universel.

1. *Principe d'unité-correspondance :*

Pierre a parfaitement mis en relief l'unité de la pensée créatrice, le système universel que Dieu a mis en œuvre en tout temps, en tout lieu. « Vous retrouverez ce système toujours identique à soi-même dans la constitution des métaux, dans la vie du protozoaire ou de la plante comme dans le cosmos humain... Vous arriverez à vous rapprocher des connaissances cosmologiques, elles vous montreront l'unité de Dieu et de sa création. »

Il n'existe qu'une seule sorte de substance dans les deux mondes. La différence entre eux n'est qu'une affaire de densité, de vibration.

Roland : « Tout le cosmos circule en vous parce que les vibrations de l'univers sont une. »

Old Lawyer : « Les deux mondes sont composés de matière, non seulement animée d'un différent taux de vibration, mais aussi chargée d'un magnétisme différent. »

Cette unité de l'invisible et du visible, le deuxième verset de la Table d'Emeraude l'affirme depuis l'Antiquité : « Ce qui est en bas est comme ce qui est en haut. Ce qui est en haut est comme ce qui est en bas pour accomplir les miracles de la chose unique. » Cette chose unique qui est à la fois de la matière et de l'esprit.

Ce qui est en bas est comme ce qui est en haut. Le tangible est comme l'intangible. L'infiniment petit est comme l'infiniment grand. Ce qui est au-dehors est comme ce qui est au-dedans. Ce qui sera est comme ce qui fut.

Pas de substance sans conscience, pas de conscience sans substance. Pas de corps sans esprit, pas d'esprit sans corps : réalité du corps spirituel.

Toutes choses dans le tout ont leurs correspondances. Il existe une merveilleuse convergence entre le visible et l'invisible, entre le naturel et le surnaturel.

Cependant unité ne signifie pas uniformité, l'univers devrait se nommer unidivers. La perte de l'unité (unité avec Dieu, avec la nature, avec les autres hommes) est la chute ou retour au chaos. C'est le malheur de notre époque, mais on sent partout la nostalgie de l'unité, partout il y a des mains qui se tendent et se cherchent.

Le principe d'unité-correspondance a été étudié dans le chapitre consacré au premier royaume.

2. *Principe de liberté-responsabilité :*

Etant des créatures douées (en principe) de raison, nous tenons entre nos mains notre destinée. Il s'agit pour nous de faire fructifier les talents qui nous ont été remis. La solution ne peut venir que de nous. Les Invisibles peuvent nous aider, ils ne peuvent vivre à notre place.

Old Lawyer : « La volonté est libre. »

Paqui : « Vous êtes libres de suivre la voie du Christ ou de vous en écarter. »

Cette liberté va très loin, puisqu'elle peut faire échec à Dieu : moyen de la création, elle est obstacle au créateur.

Pierre : « Ce qui a contrarié le plan de Dieu, c'est cette liberté même, sans laquelle cependant son plan (vous diriez son rêve) ne peut s'accomplir... Vous êtes presque désolés de la décision du Père créateur : donner à sa créature la liberté absolue. Il vous semblerait plus facile de trouver en lui l'autorité totale d'un tyran qui vous permettrait de rejeter sur lui seul les conséquences du péché général. »

Libre, libre, il est des jours où l'homme se voudrait un peu moins libre. Certains rêvent d'être soustraits à la douleur de choisir. Certains haïssent le libre arbitre, cette gloire et cette servitude. Prédestinés à la liberté, ils auraient préféré être prédestinés, contraints au bien et au bonheur. Mais Dieu est roi, il n'est pas dictateur.

Cependant le fatum est tout aussi réel que le libre arbitre. Tous deux sont vrais, tous deux sont contenus dans la parole suivante : « Il est nécessaire (c'est-à-dire fatal) que des scandales arrivent, mais malheur à celui par qui arrive le scandale ! » La première proposition concerne le fatum, la seconde le libre arbitre. Un message britannique donne une explication de ce mystère en comparant le fatum et le libre arbitre à deux roues tournant à l'intérieur l'une de l'autre à des vitesses différentes.

Le principe de liberté-responsabilité, qui concerne principalement l'homme, a été étudié dans le chapitre consacré au quatrième royaume.

3. *Principe d'évolution-hiérarchie :*

L'évolution, cette suite de transformations graduelles et continues, cette création toujours actuelle, toujours en devenir, toujours recommencée, explique aussi bien le monde spirituel que le monde physique. « La terre, comme toute la création, évolue, dit Pierre. Je ne parle pas seulement de l'humanité qui la peuple, mais de la terre en tant que matière. La loi du progrès est essentiellement la loi de Dieu. Tout progresse, tout s'affine, tout se spiritualise... »

Tout a un sens, tout a un devoir dans l'évolution. « Même le cri du grillon, dicte Roland, détermine une vibration qui se place dans l'évolution pyramidale. »

L'évolution pyramidale est un accroissement de la liberté, donc de l'esprit, donc du positif. L'évolution universelle qui se définit comme une autonomie et une conscience de plus en plus grandes, comme une unité de plus en plus diverse, marche de l'homogène confus vers l'hétérogène de plus en plus caractérisé, de l'abstrait vers le concret et l'extrême particulier, car l'inorganique est abstrait par rapport à l'organique.

L'évolution universelle est une montée vers le concret. L'Incarnation est justement du concret.

4. *Principe d'amour universel :*

Mais tout d'abord qu'est-ce que l'amour ? Sous cet immense vocable, il faut comprendre l'ensemble des valeurs subjectives que l'on peut affecter du signe plus, toutes ces énergies réelles, bien que non mesurables, qui ont pour nom la joie, le sentiment du beau, l'admiration, le désir d'union, l'exigence d'unité, de fusion avec quelque chose ou quelqu'un de plus grand. L'amour est cette ouverture sur l'infini, cette participation à l'acte créateur, cet appel à nous dépasser.

L'amour est la clef des mondes supérieurs, c'est lui qui établit le lien entre les disparus et ceux d'entre nous qui ont reçu le privilège de communiquer avec eux.

L'amour est l'origine, l'amour est le moyen, il est aussi le but. Seul l'amour peut trouver l'amour. Si la raison et l'action ne suivent pas la trajectoire du cœur, elles ne sont que des flèches perdues. Pas plus qu'on ne peut capter l'eau dans un filet, on ne peut saisir l'Esprit dans les réseaux de la seule logique. La pensée sans l'amour ne peut saisir l'essentiel.

Le principe d'amour universel ne trouve son épanouissement définitif que dans les sphères blanches. Ici-bas l'amour n'est pas aimé, il est humilié, bafoué, méconnu; là-haut, il est glorifié et reconnu. Les sphères blanches sont justement l'antimonde de la terre.

L'amour est l'alpha et l'oméga, le commencement et l'aboutissement. Surgi de Dieu, il vivifie la création et retourne vers lui pour se perdre en son cœur.

L'amour est l'alpha. Le séculaire adage : *nihil ex nihilo* doit être corrigé ainsi : *omnia ex amore.*

ALBERT PAUCHARD : « L'amour est le fondement même de l'univers et de tout ce qui vit dans l'univers. »

PIERRE : « La création ne sort pas du néant, mais de l'amour de Dieu... L'amour est réellement la pierre angulaire. »

ROLAND : « L'amour est la pierre angulaire de toutes les constructions célestes. »

Le concept d'amour est lié au concept de création, de cette création dont il forme le corps. « L'amour est aussi une science exacte, dit une intelligence, car sans lui rien ne se crée, rien ne se construit et bien des planètes avant la terre l'ont compris et réalisé. »

Il est frappant de voir combien les êtres spirituels sont bergsoniens. Cela signifie-t-il qu'ils aient lu Bergson de leur vivant et qu'ils s'en souviennent? Non, cela signifie que Bergson, cet inspiré, était dirigé par eux, lorsqu'il définissait la création comme une entreprise de Dieu pour créer des créateurs et pour s'adjoindre des êtres dignes de son amour.

Le grand péché de la plupart des penseurs européens à partir de la Renaissance est d'avoir refusé tout caractère de réalité à l'immense domaine affectif. Or la vie dans les espaces de l'esprit, qu'elle soit heureuse ou malheureuse, lumineuse ou opaque, est justement, est essentiellement de l'affectif.

ALBERT PAUCHARD : « Il me faut faire un effort pour me placer à votre point de vue, car de votre côté le mot expérience comporte toujours une prépondérance d'idées objectives, tandis que du nôtre la réalité n'est pas tant dans la question d'événements que dans celle de réalisation intérieure. Nous vivons de façon prédominante dans le subjectif. C'est dans le sentiment que nous trouvons à présent notre substance vitale. »

Le mépris du subjectif est le mépris de l'amour. En se voulant uniquement objective, la science s'est privée de la dimension capitale.

Dieu ne se laisse pas connaître, mais il se laisse aimer. La démarche de toute philosophie non reliée est la suivante : on essaie de connaître l'inconnaissable, on échoue. On en conclut que l'inconnaissable est l'inexistant. A partir de cette prise de position, c'est la désintégration en chaîne : le monde apparaît soudain absurde, l'existence individuelle devient un chaos de faits désordonnés. Dans un monde désacralisé, l'homme se déshumanise : la régression est amorcée.

L'amour est l'oméga. Une des premières choses que Pierre ait apprises à son arrivée dans les sphères blanches, c'est que l'amour est le but de toute la création dans toutes ses manifestations. Dans toutes ses manifestations physiques et métaphysiques.

PIERRE : « Le Ciel est une radiation d'amour et ses habitants spirituels une radiance d'amour. »

ROLAND : « Redis cette parole à tous ceux qui se croient déshérités humainement : des flots d'amour les attendent au Ciel. »

Les actions et les êtres qui ne relèvent pas de l'amour seront anéantis : tout ce qui fut pensé dans une autre intention sera nul et perdu.

L'amour est l'alpha et l'oméga. Cette intégration de l'affectif dans l'évolution, c'est ce que Teilhard de Chardin a enseigné sous le nom d'amorisation. Il considère l'affectivité, qui grandit dans le monde, comme une valeur physique palpable. Le mouvement commencé de son vivant se poursuit après lui et, grâce aux découvertes de la microphysique, on commence à pressentir que les valeurs affectives sont des réalités au même titre que les métalloïdes ou le protoplasme.

Confirmant les intuitions de Bergson, de Lavelle et de Gabriel Marcel, certains physiciens de la vague la plus récente admettent l'existence objective des valeurs affectives. Ils ne sont pas éloignés de penser qu'elles sont le sens du monde et ses finalités dernières. Mais ils ne les intègrent pas pour autant dans leur système général. C'est grand dommage, non pour les finalités dernières qui ne s'en portent pas plus mal, mais pour les systèmes scientifiques en question, aigles auxquels on a coupé les ailes.

L'objectif et l'affectif, le visible et l'invisible, le physique et le métaphysique, ces vieux couples ennemis, ont désormais un terrain d'entente : les vibrations.

Dieu est amour ! cria saint Jean. L'amour, c'est Dieu ! ont répondu les messagers. Dès qu'il est question de l'amour, les convergences de leur pensée atteignent à l'identité des termes.

Paqui : « Plus nombreux sont les maillons, plus Paqui les manœuvre parfaitement, ce qui la remplit de joie et de reconnaissance... Paqui voudrait soulever le monde pour l'élever vers le bonheur, la paix, l'amour, car l'amour, c'est Dieu... Soyez des témoins du parfait-amour ! »

Cette dernière phrase ne semble-t-elle pas jaillie des Epîtres ou des Evangiles ?

Bertha : « Sans quitter la terre, décide de ne plus connaître que Dieu, car l'amour qui est Dieu ne passera jamais. »

Thomas Dowding : « Aimez Dieu en vous vidant de votre ego ! Aimez vos compagnons en leur donnant tout ce que vous possédez de lumière et de vérité ! Aimez l'amour pour le seul amour de lui ! »

Lancelot : « Christ est amour et il est la croissance de nos esprits... Dieu est en tout amour et l'amour est la totalité de toute chose. »

Pierre : « Quand l'amour sera réalisé sur terre,

sans ombres, sans défaut, sans bornes, ce sera alors la nouvelle Jérusalem, ainsi que l'ange de Dieu a désigné l'Eglise, corps du Christ parfait-amour... Le Nom unique vous garantit trois fois l'amour : Père, Fils, Esprit... L'égoïsme, c'est l'homme en l'homme. L'amour, c'est Dieu en l'homme, sous la loi sainte du Christ parfait-amour. En vérité, en vérité, l'amour, c'est Dieu... Je t'apporte le message de l'amour qui est Dieu... Dieu est amour, et que sommes-nous, sinon des étincelles jaillies de ce brasier qui se consume sans se détruire ? Il n'est pas d'étincelle qui ne se survive. »

Roland évoque lui aussi ce brasier mystique : « L'amour divin est ce brasier intérieur qui s'allume aux étoiles et réchauffe votre misère. Il est ce qui vous perpétue à travers l'infini. Il est ce feu qui brûle vos mauvaises herbes. »

Au moment de mourir, le jeune garçon ne fut conscient que de l'amour. Dans la lumière, trois ans plus tard, il se souvient : « Nous avions encore un jour à vivre ensemble... Le monde chancelait en moi. J'avais réalisé que je te quittais, puisque je te parlais de notre séparation. Je n'avais plus la force que de penser à toi, car tout se brouille au moment de la mort. Sauf le sentiment de l'amour, parce que l'amour divin déjà frissonne en nous. » Sa définition de l'amour : une invasion, la substitution d'une personnalité à la nôtre, rejoint celle de Pierre : l'amour, c'est Dieu en l'homme. « Celui qui a aimé de cet amour-là, poursuit l'adolescent, est un privilégié, car il a reçu la graine qui lèvera un jour à la chaleur divine. Les grands mystiques sont pris dans un rayon surnaturel d'adoration. »

Cependant cette irruption du divin en l'homme respecte notre libre arbitre. Il nous est toujours possible de l'accueillir ou de le repousser. Il se propose, il ne s'impose pas. S'il s'imposait, il faudrait parler de possession, et l'homme serait un automate de la grâce.

Pour expliquer cette liberté humaine, qui se vérifie une fois de plus, Paqui dicte ce pur alexandrin :

« Dieu, étant tout amour, ne force pas l'amour. »

L'amour qui contraint n'est pas l'amour. L'amour qui se limite n'est pas l'amour. L'amour est universel ou il n'est pas. Amour universel, ce vocable revient plus d'une fois sous le crayon des messagers :

Roland : « Cesse de croire que tu ne travailles pas lorsque, cloîtrée dans ta solitude, tu pries. De tes cellules psychiques émanent alors des vibrations d'amour universel. »

Paqui : « Priez avec les anges au service de Dieu que son règne arrive, règne d'amour universel. »

Pierre : « Quelle beauté dans cette conception de l'amour universel, à la fois effet et cause, qui donne à la vie humaine, même pendant sa période de médiocrité terrestre, une incomparable grandeur. »

Mais qu'est-ce que l'amour universel ? Pierre le définit comme le plan même de Dieu à l'échelle du cosmos, plan dont il ne veut pas retrancher l'humanité empêtrée dans son matérialisme. Il attend...

Pour Roland, l'amour universel est le dépassement de l'amour.

L'amour humain doit en effet se dépasser : se dépasser dans toutes les directions : vers la gauche comme vers la droite, vers le haut comme vers le bas. Il doit s'étendre vers les autres religions, vers les autres races, vers une humanité totale.

L'amour humain doit s'élever vers les disparus et vers ces disparus privilégiés qu'on appelle les saints, les initiés, les maîtres. Sa montée se poursuivra vers les anges, vers le Christ, vers Dieu.

Mais en même temps cet amour redescendra vers les petites âmes dont nous sommes responsables : les animaux et les végétaux. Il s'attachera à une nature redevenue sacrée, une nature-temple, une nature-parabole.

A la fois vertical et horizontal, ce double mouvement de l'amour universel tracera une croix dans l'espace-temps.

L'amour universel est aussi celui que Dieu éprouve pour sa création, pour toutes ses créations, en particulier pour l'humanité, qu'elle soit sur la terre ou dans les espaces de l'esprit.

BIBLIOGRAPHIE

Raymond CHASLES :
De la mort à la vie. Fischbacher, 33, rue de Seine, Paris 6e.

Pierre MONNIER :
Lettres, idem. Fernand Lanore, 1, rue Palatine, Paris 6e.

Emmanuel SWEDENBORG :
Le Manuscrit du Purgatoire, publié par l'Association Notre-Dame de la Bonne-Mort, Sainte-Marie, Tinchebray (Orne).

Gabriel MARCEL :
Les hommes contre l'humain, Fayard.
Percées vers un ailleurs, Fayard.
Présence et immortalité, Flammarion.
En chemin vers quel éveil, Grasset.

Marcelle de JOUVENEL :
Au diapason du ciel, Fernand Lanore.
La seconde vie, idem.
Quand les sources chantent, idem.
Au seuil du royaume, idem.
En absolue fidélité, idem.

Paul MISRAKI :
L'expérience de l'après-vie, Laffont.

BELLINE :
Anthologie de l'Au-delà (deux tomes), idem.
La Troisième Oreille, idem.

Sheila OSTRANDER et Lynn SCHROEDER :
Fantastiques recherches parapsychiques en U.R.S.S., idem.

Dr Raymond MOODY :
La vie après la vie, idem.

Wellesley TUDOR POLE :
Private Dowding. Watkins, 21 Cecil COURT, Charing Cross Road. Londres.

Mary Bruce WALLACE :
The thinning of the veil, idem.
The coming light, idem.

Alice MORTLEY :
Christ en vous. Astra, 10 rue Rochambeau, Paris 9e.

Albert PAUCHARD :
Sur le chemin.
L'autre monde.
Diffusion Dervy-Livres et Editions Amour et Vie. 21 Autricourt.

Jeanne MORRANNIER :
La mort est un réveil, Fernand Lanore.

TABLE

PREMIÈRE PARTIE

LES TÉMOINS

DEUXIÈME PARTIE

LES ROYAUMES VISIBLES

TROISIÈME PARTIE

LES ROYAUMES INVISIBLES

DU MÊME AUTEUR

Aux Éditions Fernand Lanore :

CET AU-DELÀ QUI NOUS ATTEND, 1974/1979.
L'APOCALYPSE, RÉVÉLATION SUR LA VIE FUTURE, 1976/1981.
LES TABLETTES D'OR (autour de Roland de Jouvenel), 1979.
NAVIRES POUR L'ATLANTIDE, 1980.
LES SYMBOLES UNIVERSELS, 1982.

Aux Éditions Fayard :

LES TÉMOINS DE L'INVISIBLE, 1972/1974/1975 - *Lancre* et *Livre de Poche.*
LES « MORTS » ONT DONNÉ SIGNES DE VIE, 1976 - *Livre de Poche, nº 6808.*
LES VISITEURS DE L'AUTRE MONDE, 1977 - *Livre de Poche, nº 6815.*

Aux Éditions Robert Laffont :

L'AURA ET LE CORPS IMMORTEL, 1979.
LE LIVRE DES MORTS DES OCCIDENTAUX, 1981.
ZARATHOUSTRA, HOMME DE LUMIÈRE, 1982.

Cercle Swedenborg et Dervy-livres :

UN PROPHÈTE POUR NOTRE TEMPS : SWEDENBORG, 1970.

IMPRIMÉ EN FRANCE PAR BRODARD ET TAUPIN
7, bd Romain-Rolland - Montrouge - Usine de La Flèche.
LIBRAIRIE GÉNÉRALE FRANÇAISE.

ISBN : 2 - 253 - 02054 - 0 30/6804/6